"十二五"职业教育国家规划教材
经全国职业教育教材审定委员会审定

i教育·融合创新一体化教材

学前儿童游戏与指导（第二版）

微课版

主编 ◎ 霍习霞

配有
11个视频资源

华东师范大学出版社
上海

图书在版编目(CIP)数据

学前儿童游戏与指导/霍习霞主编. —2版. —上海:华东师范大学出版社,2021
ISBN 978-7-5760-1376-4

Ⅰ.①学… Ⅱ.①霍… Ⅲ.①学前儿童-游戏课-幼儿师范学校-教材 Ⅳ.①G613.7

中国版本图书馆CIP数据核字(2021)第031636号

学前儿童游戏与指导(第二版)

主　　编　霍习霞
责任编辑　刘　雪　罗　彦
责任校对　王丽平
版式设计　庄玉侠

出版发行　华东师范大学出版社
社　　址　上海市中山北路3663号　邮编 200062
网　　址　www.ecnupress.com.cn
电　　话　021-60821666　行政传真 021-62572105
客服电话　021-62865537　门市(邮购)电话 021-62869887
地　　址　上海市中山北路3663号华东师范大学校内先锋路口
网　　店　http://hdsdcbs.tmall.com

印　刷　者　上海崇明县裕安印刷厂
开　　本　787毫米×1092毫米　1/16
印　　张　14.75
字　　数　323千字
版　　次　2021年6月第2版
印　　次　2024年8月第6次
书　　号　ISBN 978-7-5760-1376-4
定　　价　45.00元

出 版 人　王　焰

(如发现本版图书有印订质量问题,请寄回本社客服中心调换或电话021-62865537联系)

学前儿童游戏与指导（第二版）

主　编◎霍习霞

副主编◎全晓燕　张瑞英

编　者◎霍习霞　全晓燕　张瑞英　王燕玲　许艳玲　黄琼慧
　　　　王　芳　粟　怡　李志芳　王　齐　张　晴

前言
QIAN YAN

党的二十大报告提出,办好人民满意的教育。具体来说,就是要"坚持以人民为中心发展教育,加快建设高质量教育体系,发展素质教育,促进教育公平","强化学前教育、特殊教育普惠发展"。根据党的教育事业在立德树人根本任务、素质教育发展、高质量均衡发展上的系列部署,我们可以看到未来对儿童的教育将更加尊重儿童、充满活力,更加具有基础性和先导性,培养儿童成为更加具有家国情怀、实践能力、创新精神的人。

游戏是学前儿童最喜爱的活动,也是其学习的主要方式,有着独特的价值。游戏可以有效促进学前儿童身体、心理、社会性等各方面的发展。学习儿童的游戏,研究儿童的游戏,并促进儿童的游戏,是幼教工作者的必修课。这也是古今中外儿童游戏研究的学者们得出的一致结论。世界各国普遍把游戏作为儿童的一项权利加以保护。我国1996年颁布(2016年修订)的《幼儿园工作规程》明确规定幼儿园的教育"以游戏为基本活动,寓教育于各项活动之中"。2001年颁布的《幼儿园教育指导纲要(试行)》再次明确提出:"幼儿园教育应尊重幼儿的人格和权利,尊重幼儿身心发展的规律和学习特点,以游戏为基本活动,保教并重,关注个别差异,促进每个幼儿富有个性的发展。"2010年国务院《关于当前发展学前教育的若干意见》重申:"幼儿园要坚持科学保教,促进幼儿身心健康发展。""坚持以游戏为基本活动,保教结合……防止和纠正幼儿园'小学化'倾向。"2011年教育部颁布的《幼儿园教师专业标准(试行)》也规定了幼儿教师要在理念上"重视环境和游戏对幼儿的独特价值,保证游戏开展",还要具备"支持和引导幼儿游戏"的专业技能。2012年颁布的《3—6岁儿童学习与发展指南》提出"要珍视游戏和生活的独特价值",并对各领域的具体游戏内容提了建议。2022年出台的《幼儿园保育教育质量评估指南》在"教育过程"方面围绕"活动组织、师幼互动和家园共育"提出3项关键指标和17个考查要点,旨在落实以游戏为基本活动的要求。虽然我国的各项规章都提出游戏应当是幼儿园的基本活动,但鉴于历史、社会等种种原因,我国学前儿童游戏的开展不尽如人意。其中,学前教师的儿童游戏观念和科学指导儿童游戏技能的欠缺已成为一个重要原因。因此,落实国家的各项规定,培养具备现代儿童游戏理念、掌握科学指导儿童游戏技能的教师已经成为21世纪学前专业教师培养的重要内容和迫切任务。于是,立足于培养新型师资的实训实践、"课证融合"的本教材就应运而生了。

本教材此次修订的特点是基于《幼儿园工作规程》《幼儿园教育指导纲要(试行)》《3—6岁儿童学习与发展指南》《幼儿园教师专业标准(试行)》的精神,遵循教育部颁布的《教师教育课程标准(试行)》以及高职学前教育专业教学标准的要求,充分体现时代要求,借鉴学前教育界前辈和同行的研究成果,力求扬长避短;尽力把幼儿园一线老师的问题和困惑作为实训内容,实现理论与实践的结合;增加相关图片及微课视频等资源,总体上力求时代性、系统性、操作性和实用性相统一。

  本教材分游戏理论篇和实施篇两部分,共九章。理论篇主要介绍学前游戏的主要概念、理论、特点、价值以及地位等,实施篇紧紧围绕游戏的指导、环境材料的规划、各类游戏的设计以及游戏的观察评价等。本教材始终围绕理论指导实践、实践丰富理论的思路设计,以问题为引导、以知识阐述为载体、以岗位实训为落脚点,以期实现学前教育专业问题思考、理论理解、问题解决、岗位实践高度统一的学前教师培养实训新模式;写作风格上深入浅出、通俗易懂、生动有趣,突出专业性、互动性和操作性。

  本教材的创新之处在于以下几个方面:

(1) 问题引导,探微知本。每章的开始都利用一个与本章内容直接相关的儿童游戏的场景为开场,然后对此现象提出问题。开篇生动有趣,问题入木三分,从现象的提出到揭示问题的本质,呈现本章的学习内容和要求。这样的设计避免了通篇抽象理论的堆砌,既使理论知识变成生动鲜活的解决问题的钥匙,也使教材生动有趣,通俗易懂。

(2) 理论和实践的高度统一。本教材在每章节的写作中都采用了先进行理论阐述再进行案例讨论和实践设计等的方式,以便把理论与实践中的实际问题相对照,引导学生养成学以致用、解决实际问题的思维习惯。

(3) 基础性和时代性相统一。本教材注重对基础知识的系统阐述,同时,考虑时代发展,通过案例、实验结论等增加了新的元素,特别是注重展示21世纪学前儿童未来的发展方向。

(4) 系统性与简洁性相统一。本教材在写作时注重知识的系统性,但在阐述时以简洁性、实用性为原则,考虑高职高专学生的学习特点,系统而不枯燥,实用而不琐碎,以期给学生以清新的知识印象。

  本版教材由石家庄幼儿师范高等专科学校霍习霞教授担任主编,负责修订完成。川南幼儿师范高等专科学校全晓燕老师、四川幼儿师范高等专科学校张瑞英老师担任副主编。参与编写的老师有:石家庄幼儿师范高等专科学校霍习霞、许艳玲;石家庄市教科所学前所王燕玲;川南幼儿师范高等专科学校黄琼慧、王芳;四川幼儿师范高等专科学校张瑞英、粟怡。

  石家庄幼儿师范高等专科学校实训中心及河北省直机关第七幼儿园园长李志芳,以及张晴、王齐老师为本教材的修订提供了相关视频资料与图片,在此一并表示感谢。此外,编者在编写过程中参阅了大量同行的文献,采集了幼儿园一线老师的问题案例,同样表示感谢,未尽事宜请及时联系。

  最后,本教材的实用性和创新成果要通过各位老师、同学的实践检验,不足之处恳请斧正,先表谢意!

编 者
2023 年 7 月

目录

MU LU

视频资源索引 / 1

理 论 篇

第一章　游戏的概念与理论 / 3

第一节　多视角的游戏定义 / 3

第二节　国外经典的游戏理论 / 9

第三节　学前儿童游戏的特点与分类 / 22

第二章　游戏与学前儿童发展 / 31

第一节　游戏与学前儿童身体发展 / 31

第二节　游戏与学前儿童认知发展 / 35

第三节　游戏与学前儿童情绪发展 / 41

第四节　游戏与学前儿童社会性发展 / 44

第三章　游戏在幼儿园中的地位 / 51

第一节　游戏在幼儿园中的法规地位 / 51

第二节　游戏在幼儿园课程中的地位 / 54

第三节　幼儿园以游戏为基本活动的实现 / 64

第四章 促进儿童游戏的条件 / 70

第一节 物质因素 / 70
第二节 精神因素 / 81

实 施 篇

第五章 学前儿童游戏环境规划 / 93

第一节 游戏环境规划概述 / 93
第二节 室内游戏环境的规划 / 97
第三节 室外游戏环境的规划 / 107
第四节 玩具和游戏材料的提供 / 112

第六章 指导儿童游戏的策略 / 126

第一节 预设策略 / 126
第二节 介入策略 / 131
第三节 推动策略 / 137

第七章 幼儿园各类游戏的指导 / 146

第一节 感知觉游戏指导 / 146
第二节 幼儿园角色游戏指导 / 151
第三节 幼儿园结构游戏指导 / 157
第四节 幼儿园表演游戏指导 / 162
第五节 幼儿园规则游戏指导 / 166

第八章 游戏观察与评析 / 172

第一节 游戏观察的概述 / 172
第二节 观察记录 / 177

第三节 游戏观察量表简介 / 182

第九章 其他游戏资源简介 / 194

第一节 民间游戏的传承与开发 / 194
第二节 亲子游戏的设计与指导 / 210

主要参考文献 / 222

视频资源索引

SHI PIN ZI YUAN SUO YIN

 扫描列表中对应的二维码，即可获取相关视频。

创作性游戏"我爸爸" / 29

运动与游戏 / 32

教学游戏化 / 59

幼儿园一日活动 / 65

学前教育实训中心 / 73

"智慧空间"绘本馆 / 96

区域活动材料 / 98

主题环境 / 104

室外环境 / 109

户外运动器械 / 123

家园合作 / 194

理论篇

内容导览

第一章　游戏的概念与理论

第二章　游戏与学前儿童发展

第三章　游戏在幼儿园中的地位

第四章　促进儿童游戏的条件

第一章 游戏的概念与理论

> **学习目标**
> 1. 理解儿童游戏的定义与理论
> 2. 掌握儿童游戏的特点与分类
> 3. 树立科学的儿童游戏观

 问题提出

"看呀,阳阳把沙子装进小桶,又倒出来,翻来覆去都快一个小时了,还那么认真,好像在干什么重要的事,真不知道有什么玩头?"阳阳的妈妈厌烦地向丈夫嘟囔着。(阳阳是个3岁半的小男孩,正在自己玩沙子)

游戏是每个人一出生就会做的事,儿童在游戏中生机勃勃,成人在游戏中流连忘返。游戏现象一直是人类学、社会学、心理学等各学界研究关注的热点。那么,究竟游戏是什么呢?怎样理解游戏?儿童游戏中又隐藏着怎样的秘密?学前儿童玩沙、玩水、玩积木、玩各种各样成人不以为然的东西,常常乐此不疲。那么,儿童游戏具备哪些与成人游戏不同的特征,又有哪些类型呢?学完本章,相信同学们就会有自己理想的答案了。

爱玩是幼儿的天性

第一节 多视角的游戏定义

对于游戏到底是什么、人为什么会游戏、游戏是怎样产生的等问题,在游戏研究史上,众多学者仁者见仁、智者见智,从不同角度对游戏有不同的认识和分析,这些研究成果为我们提供了理解游戏的思路。

一、多视角的游戏定义

(一) 文化研究视角的游戏

从文化研究的角度看,游戏是一种特殊的文化现象。人类的文化可以分为两种类型:一种是多游戏文化;另一种是少游戏文化。研究发现:处于多游戏文化的民族,不但在其文化体系中有种类繁多的游戏,构成他们日常生活的一部分,而且这些游戏的存在可追溯到遥远的年代;处于少游戏文化的民族,通常都文明落后、历史贫乏、人与人之间缺乏交往的机会,很难有产生游戏的条件。因此,人类种族演变的程度,在某种意义上,可用其存在的游戏数量来作为指标加以衡量。游戏先于文化,文化反过来又制约着游戏的行为。游戏中潜伏着一种结构及文化的向心力,它制约着儿童可以做哪些,不可以做哪些。但是,儿童社会文化中的规则对儿童能够想象得出来的任何新游戏都起着"结构"的作用。同时,儿童需要不断地游戏,通过游戏来建构文化、更新文化。

(二) 社会学视野中的游戏

社会学家认为游戏是社会结构和价值观的一种表现。游戏与工作是对立的:从本质上来看,游戏的成果是无效用的,而工作的本质是成果具有效用性;从目的来看,游戏的目的在于过程,而工作的目的在其结果。游戏与工作是可以相互转换的,人类的一切活动对当事者来说,都可能成为游戏,只要他沉醉于活动本身,而淡漠其结果导致的收益。比如:科学史上最伟大的发明多是游戏而不是功利的产物。游戏是儿童学习社会生活的关键步骤。美国社会学家米德指出,儿童社会化过程有两个步骤:一是模仿阶段,二是游戏阶段。游戏是儿童学习社会生活的关键步骤。"社会化"的最终目的是要让儿童学会在今后的社会生活中成功地扮演各种社会角色,而这种角色扮演不是看会的、教会的,必须通过实际的操作、练习,游戏则是最好的实践机会。游戏不是人类的实用活动,而是人造的娱乐方式。游戏的魅力在于其处于人生的"像"与"不像"之间。"像"使游戏存在,而"不像"则使游戏超越于现实。游戏是对人生的模拟,游戏中的人认真、专注,而游戏以外的人则认为是作假。游戏的一大魅力就在于"未知性",未知永远蕴含着魅力,使人们一直专注于游戏过程本身。

(三) 语言学视角的游戏

语言学认为游戏是用一个词表述的一种观念。世界上不同地方的人都在游戏,游戏的内容是如此地相似,但他们用语言来表达的游戏概念的形式却大为不同,有的语言比其他语言更成功地用一个词归纳了游戏的多个方面。荷兰语言学家约翰·赫伊津哈指出:"一个普通的囊括所有且逻辑上同质的游戏概念,是语言相当晚的创造物。"他对包括希腊语、梵语、闪族语、拉丁语、日语、汉语、日耳曼语、英语等十几种语言在内的游戏概念的语言表达作了较为详细的分析。他的分析表明人们有多少种游戏本能,就有多少种对游戏活动的表达。在希腊语中,对游戏的表达有三种含义:适合于儿童的游戏,音节不表示任何东西,只蕴含玩某种东西的意思;玩、玩具,适合于种种游戏,有轻松自在的痕迹;琐碎、无价值的意思。在梵语中游戏有四层含义:动物、儿童、成人的游戏;风或浪的运动;单足跳、跳跃、舞蹈、赌博、掷骰子、哭泣、戏弄;轻闲的、不费力的、模样、仿佛等意思。而闪族语里游戏则主要是松散之意。由此,我们可以看出,快速运动是许多游戏词汇的共有含义。

在现代英语中,关于游戏的词是泛指小孩的假装行为、成人的各种体育活动、玩笑幽默、艺术活动等。据统计,1972年出版的韦氏新世界词典(Webster's New World Dictionary)中关于游戏有59个定义。英语中"play"一词既可用作名词又可用作动词,作为名词它泛指一类活动的总称;作为动词,则表示各种操作、摆弄、玩弄等注重手指的敏感而有秩序的活动。游戏使人感到轻松、愉快,且不要求沉重的工作负担。在游戏一词中,也大量包含了人们对于这类活动的体验、感受和判断。如轻松、紧张、结果难卜、自由选择、琐碎、闲散放浪、无价值等。汉语中对游戏一词,有好几种表达方式,主要有"玩""游""嬉""遨"等。从汉语中有关游戏的解释中,可以窥见游戏有以下两层含义:第一,游戏是一种供人们在休息、闲暇时娱乐的活动或运动,有随心所欲的意思;第二,游戏有不认真、不严肃等意思,有玩世不恭之意。

(四) 生物学视角的游戏

基于生物学视角对游戏的研究,是在19世纪后半期才开始的。在达尔文生物进化论思想的直接影响下,人们开始对儿童游戏的意义及其出现的原因加以关注。通过对动物的游戏研究来解释儿童游戏,把游戏看成为一种生物本能的活动,是发泄过剩能量或恢复、补充能量的活动;游戏是个体练习成年后维持其生存所必需的技能的活动,儿童先天的本质不能适应未来生活的需要,因此需加以练习;还有的认为游戏是一般愿望的满足,认为游戏是受生理成熟机制所制约的。对游戏的起源和原因被某些研究描述为过剩的生命能量的转换,另一研究则认为游戏是某种"模拟本能"的释放,或再简化为放松的一种"需要"。有的理论认为游戏是对年轻活力的一种训练,是为今后生活所需的严肃工作而设的;有的理论则认为游戏是一种对个体的必要克制的练习;还有的研究则认为游戏是复演人类行为进化的过程,童年是连接人和动物之间的过渡期。

(五) 人类学视野中的游戏

人类学家着重研究人类生活的本质,认为游戏是人类从追求生存发展到追求享受的需要,是人类从儿童成长为大人的过程中的一种自然现象。任何一个国家、一个民族的儿童,都是在游戏的欢乐中获得发展而长大成人的。因此,儿童的游戏一方面是学习面对真实的生活,另一方面又超越真实生活的限制,寻求个人的自由。儿童人类学家朗格威尔认为:儿童的世界就是学习的世界。儿童的世界具有三种意义:第一是开放的意义,儿童从事着人类共同的生活、工作;第二是无拘无束的意义,儿童能无拘无束地游玩,玩各种游戏;第三是创造的世界,儿童能像艺术家一样地创造。

著名的人类学家阿什利·蒙塔古(1981)认为,健康的儿童期是健康的成年期的先声,即一个健康的儿童拥有那些一旦得到了全面的发展,便能够造就充实的人性的所有特性。他认为,为了防止"心理硬化"(psychosclerosis),在生命的所有时间里,都需要游戏,即继续去发出欢笑、歌唱、跳舞、恋爱、尝试和探索。

(六)心理学视野中的游戏

心理学对游戏的研究具有重大的贡献,20世纪有著名的三大游戏理论:精神分析学派的游戏理论、认知发展学派的游戏理论、社会文化历史学派的游戏理论,这些都是各心理学派研究的结果,它们促进了儿童游戏理论的发展。心理学研究主要围绕游戏行为的解释、儿童游戏的发展阶段、游戏与儿童发展的关系等方面对游戏加以论述。他们对游戏行为的意义的主要观点是:游戏是由内在动机引起的,自动自发、自由选择的;游戏不同于探索行为,探索在先,游戏在后;游戏不受外在规则的限制,但游戏本身常有其非正式或正式的内在规则,由儿童自行协调制定;游戏随着儿童和情境的不同而有弹性的变化;游戏需要游戏者积极主动地参与,带有愉悦的体验。

总之,虽然不同的研究从各自的视角对游戏进行了很多解释,但是其本质上都有共性:游戏是一种自发的、愉悦的、没有明确的外部规则和任务压力的活动。学前儿童游戏是一种由内部动机支配,借助语言、动作、玩具等工具在假想的情景中自发的活动。

思考与实践

观察不同民族、地域和儿童个体、集体的游戏,尝试在不同视角下分析这些游戏现象的原因以及有哪些共同特征。

二、对学前儿童游戏的理解

从游戏的基本特征出发,我们可以这样定义:游戏是儿童在某一固定时空中,遵从一定规则,伴有愉悦情绪,自发、自愿进行的有序活动。我们通过儿童的表情、动作、角色扮演、言语及材料等,可以判断儿童的行为是游戏还是非游戏。

(一)游戏是儿童的需要

西方心理学家马斯洛将人类的需要划分为七个层次,即生理需要、安全需要、归属和爱的需要、尊重需要、认知需要、审美需要和自我实现的需要。我国学者刘焱在此基础上,把儿童的生理需要和心理需要划分为三个层次九种需要。其中,驱使儿童游戏的三个层次的需要因素主要有身体活动的需要、认知的需要及社会交往和自我实现的需要,而基本生存需要和安全需要的满足是儿童游戏的前提。多种需要激发了游戏,游戏使各种需要得到满足,需要的满足带来了快乐,快乐作为强化物使儿童对游戏活动本身产生兴趣,兴趣和快乐这两种正情绪体验相互作用、相互补充,进一步支持和促进儿童去游戏。游戏活动可以发生在儿童活动的任何领域,各领域的活动场均可以构成游戏发生的背景。在一种具体的游戏中,各种需要所占的比重可能不同。例如:在智力游戏中,认知的需要所占比重会多些;而在角色游戏中,社会性交往的需要所占的比重更大些;在体育游戏中,身体活动的需要所占的比重更大。

1. 游戏是儿童身体活动的需要

当儿童吃、喝、睡等基本的生存需要和安全需要得到满足后,儿童就有身体活动的需要。由于儿童神经系统特别是高级神经系统的活动还不成熟、不平衡,总是表现为兴奋强于抑制,兴奋性强的外部表现形式就是好动,因此他们总是一刻不停地做各种动作;同时,儿童的骨骼肌肉在生长发育的过程中又需要不断地补充营养、氧气。游戏是一种积极的身体活动,儿童在游戏中可以自由地变换动作、自由地重复感兴趣的动作和活动,不但使身体随时保持最佳的舒适状态,而且可以使儿童产生愉快的情绪体验。可见,游戏可以满足儿童身体活动的需要。

2. 游戏是儿童认知活动的需要

美国学者迈·凯梅·普林格尔在《儿童的需要》一书中,从儿童发展的角度考察了儿童的心理——社会需要,提出儿童有四种基本的感性需要:"对爱和安全感的需要""对新体验的需要""对赞扬和认可的需要""对责任感的需要"。其中"对新体验的需要"强调玩耍(游戏)可从两个方面来满足儿童对新体验的需要:一是使儿童认识他所生活的世界;二是使儿童认识并能正确处理矛盾的复杂情感,即用允许的想象来压倒现实的逻辑。儿童在游戏中不断形成新的看法,接触新的形象,体验新的感觉,产生新的愿望,参与新的冲突,并从中不断吸取新的理解。正如身体的发育需要适当的、平衡搭配的食物一样,精神的发育也需要新的体验。"新的体验使儿童能学会生活中最基本、最重要的一课:即学会怎样学习、学会感受不断征服所带来的喜悦感和成就感。"在儿童期,"心灵成长所需食谱中最主要的成分是游戏和语言"。儿童在游戏中,可以对自己感兴趣的事物进行多样化的探索,根据自己的兴趣和好奇心来模仿和再现周围的人和事物,来使自己理解和影响环境的需要得以满足,所以说游戏可以满足儿童认知发展的需要。

3. 游戏是儿童社会交往活动的需要

游戏是儿童与人交往的媒介,在与成人和儿童的交往中,体验并形成最初的人际关系。儿童在与人的相互作用中,学会尊敬别人,也希望别人尊重和认可自己;在游戏中,通过自己的行为对环境产生影响,从而建立起自信心;在游戏中获得成功的体验,使自我实现的需要得以满足。个人的独立首先是儿童日常生活活动中学会通过对自己的物品的支配和占有,获得一种拥有感。

(二)游戏是儿童的工作

当儿童满足了基本的生理需要后,随着心理的发展变化,会不断萌发出模仿周围成人的愿望,学着大人那样生活、做事。于是成人世界中那些儿童熟悉的、能够理解的人和事物,就成了他们模仿的对象,模仿成了他们的"工作",他们通过"工作"来了解这个世界。这里的"工作"是非强制性的、非生活性的。儿童并不为获取某种结果而"工作",而只是为了寻求一种满足、得到一种快乐而已。"工作"是一种娱乐活动也是一种学习活动,是儿童获取经验的一种手段。它可以随儿童的兴趣而随时改变。儿童从事的活动既有游戏的属性,又有工作的属性。对于儿童来说,可游戏的属性也渗透到了工作中,儿童通过游戏和工作来学习。工作和游戏是儿童生活的组成部分,二者是可以相互转化的。同一项活动对某个个体来说可能是游戏,而对另一个个体来说则可能是工作。正如维果茨基的观点,游戏随着儿童的发展而变得更加严肃,并真实地描述着发展的重要性,即从游戏到工作。而皮亚杰则常根据儿童的面部表情来识别工作在何时转换成了游戏。工作时,儿童沉浸在顺应活动中,紧皱双眉,躯体紧张;而当儿童面露微笑,有轻松的表情和伸展自如的躯体时,游戏就开始了。

陈鹤琴对儿童游戏的认识为:游戏就是工作,工作就是游戏。儿童除了睡眠和饮食以外,几乎所有的活动都是游戏。游戏是儿童的生命,是童年期的主要活动。儿童时期的主要活动就是在游戏中学习,儿童学习的内容非常广泛,不仅在游戏化的课堂教学中学习,更主要的是在一日生活的各个环节、各种活动中学习。游戏作为儿童的基本活动,是儿童学习的重要途径。在儿童的活动中,很难区分什么是游戏、什么是工作。因为儿童所做的事情即使看起来像是严肃的工作,但儿童的心理体验都应是"游戏性"的。儿童就是在主动自愿的活动中体验着游戏性,严肃认真地工作、学习。因此,可以说儿童的游戏就是工作,儿童期的工作就是游戏。

(三) 游戏是儿童的权利

1. 儿童有满足游戏愿望的权利

儿童是具有独立人格的社会的人,是不同于成人的正在成长发展中的人。就像成年人需要工作一样,儿童需要游戏,哪里有儿童,哪里就有游戏,游戏是儿童的生命。游戏对于儿童来说,不仅是他们实践社会生活的桥梁,也是他们全面发展的需要。儿童除了满足生理需要外,还要通过游戏来满足精神的需要。游戏是儿童的权利,儿童由于自身的弱小和不成熟,在行使游戏权利时,为防止和排除来自外界的损害和来自他人的侵害,在安全和权益方面需要成人加以保护。

在1989年第44届联合国大会通过《儿童权利公约》,1990年9月联合国世界儿童问题首脑会议通过的两个文件《儿童生存、保护和发展的世界宣言》《执行九十年代儿童生存、保护和发展世界宣言行动计划》以及我国政府先后颁布的《中华人民共和国未成年人保护法》《九十年代中国儿童发展规划纲要》《幼儿园工作规程》等一系列文件法规中,就儿童权利、儿童游戏权利的保护问题作了明确规定。《儿童权利公约》规定儿童有权享有休息和闲暇,从事与儿童年龄相宜的游戏和娱乐活动,每个儿童均有权享有足以促进其生理、心理、精神、道德和社会发展的生活水平,因地制宜地为儿童游戏的开展提供物质条件,鼓励提供从事游戏活动的适当的与均等的机会。《九十年代中国儿童发展规划纲要》则提出通过政策倾斜促进儿童玩具等用品的科研、生产和销售,确保儿童游戏的开展。《幼儿园工作规程》规定应因地制宜地为儿童创设游戏的时间、空间和材料等条件,以促进儿童的全面发展。

2. 儿童有自主游戏的权利

《儿童权利公约》明确指出:儿童有权受到保护,以免受到对身心健康有害的影响。儿童有权自由发表自己的意见,表达游戏的愿望,可以自由选择同伴。这充分体现了儿童游戏的自主权。埃里克森认为:"自由在何处止步或被限定,游戏便在哪里终结。"这实际上道出了游戏的本质特性:儿童是游戏的主人,在游戏中儿童有权决定游戏的一切,玩什么、怎样玩、和谁玩以及在什么地方玩等都是儿童自己的事情,游戏是非强制性的,被迫的游戏就不再是游戏了。只有让儿童有自由选择的权利和可能,由儿童决定游戏的进程,才能保证儿童游戏的顺利进行。

3. 儿童有充分游戏的权利

席勒指出:只有人充分是人的时候,他才游戏;只有当人游戏的时候,他才完全是人。每个儿童不仅应拥有游戏的权利,同时要有充分游戏的权利。即要保证儿童有充足的游戏时间、游戏的空间和游戏的玩具材料,以及全社会对儿童游戏的理解和支持。

三、讨论

案例一:教学游戏是游戏吗

幼儿园的张老师在教中班孩子们学习认识数字 7,想组织孩子们做游戏"猫抓老鼠"来练习巩固,让一些小朋友扮演小猫去抓身上带数字 7 或佩戴 7 样东西的小朋友,结果孩子们嘻嘻哈哈打成一团,互相追逐,根本不去认识数字 7。张老师很困惑:不是说孩子的游戏也是学习吗?可是这节课的游戏看不出有学习的效果,而且还很浪费时间。教学游戏是不是游戏呢?为什么会出现这种情况?

案例二:为什么孩子们不会玩

李老师带小班,认为孩子太小,孩子在自由玩中不会玩,也根本学不到知识,就每天不停地组织、指挥孩子们这样玩、那样做,结果发现有些孩子确实在自己的训练下学到了不少知识,但是一旦不组织,孩子们就常常坐在凳子上发呆,要不就是跑过来问老师:"我能这么玩吗?我能那么做吗?"真是烦透了!李老师的做法有什么问题?为什么会产生这样的现象?

附:案例讨论答案提示

案例一提示:教学游戏本质是教学,不是游戏,只是借助了游戏的形式。当孩子们喜欢游戏中的运动过程而胜过了认识思维的需要时,就会忘记活动的目的。

案例二提示:在教师控制下的孩子没有自发、自愿、自主的游戏机会,这是导致他们产生不敢玩、不会玩的主要原因。

第二节 国外经典的游戏理论

游戏是人类自身生活必不可少的一种生存方式,而人类为什么会游戏?游戏对人类社会发展有哪些益处?人类对自身活动的好奇从来没有停止过探寻的脚步,社会各界对人类游戏的探源性研究经久不息,形成了一些大家公认的有说服力的理论流派。

一、早期游戏理论的理解

早期游戏理论均产生于第一次世界大战之前,主要解释游戏为何存在以及具有哪些目的。艾利斯(Ellis, 1973)把它们称为"空想理论",因为它们较注重哲学思辨,不太注重实验结果。早期游戏理论可组合成两组:一组是精力过剩说与松弛消遣说:将游戏视为是精力调节的一种手段;另一组是复演说与预演说:用本能来解释游戏。

(一) 精力过剩说

精力过剩说的主要代表人物是18世纪德国诗人席勒(Friedrich Schiller)和19世纪英国哲学家斯宾塞(Herbert Spencer)。精力过剩说认为,生物体都能产生一定能量以满足其生存所需,当需求满足之后,若还有剩余能量,那就变成多余的能量。过剩的能量如果累积过多就会造成压力,必须消耗掉。因此被视为无目的的行为的游戏就是人和动物用来消耗能量的方式。

精力过剩说所具有的普通常识性,其影响力也许可以说明为什么到今天它依旧很流行。它可以解释为何儿童在教室里上了一段长时间的课后,需要到游戏场上奔跑、追逐,也可以解释为何儿童会比成人更有精力(因为儿童的生存需要由成人给予满足,从而使得儿童有许多过剩精力),以及为何高等动物比低等动物更有精力(因为高等动物能更有效地满足生存需要,从而剩余更多的精力用于游戏)。

(二) 松弛消遣说

与精力过剩说恰恰相反,松弛消遣说认为游戏的目的是为了恢复工作所消耗的能量。其创始人德国诗人拉扎鲁斯(Moritz Lazarus)认为工作会消耗能量而使人亏空,但能量可以通过睡眠或参与其他休闲活动而得以恢复。游戏与工作是不同的,游戏是一种恢复能量的理想方式。如同精力过剩说,松弛消遣说也具有一定的常识性。假若某人疲于做一种类型的活动,换做另一种不同的活动可能会有帮助。这个理论可以解释为什么成人的休闲活动如此流行。假若某人在办公室长期从事有压力的脑力活动,一段时间的体育活动(例如手球)或者另一种完全不同的脑力活动(例如下盘棋)可以使他恢复活力。儿童早期教育者很早就认识到了松弛消遣说背后的原则,因此幼儿园生活是按心智活动与游戏活动相互穿插的方式来组织的。

(三) 复演说

19世纪末期,科学家发现人类胚胎的发展经历了与人类进化过程同样的阶段。例如,人类胚胎具有与鱼鳃类似的生理结构,这个发现导致了个体的发展重现种类族发展的理论。

美国心理学家霍尔(G. Stanley Hall)将复演说应用于儿童游戏。霍尔认为通过游戏儿童复演了人类的发展阶段:动物阶段、原始阶段、游牧阶段、农业—家族阶段和部落阶段,儿童游戏的阶段性也遵循了人类进化的顺序。因此,儿童爬树的活动(如同我们原始祖先)会在群体游戏(部落人)之前出现。游戏的目的是消除那些不应在现代生活中出现的原始本能。例如,儿童玩棒球,可帮助他们消除用棒子攻击之类的原始打猎的本能。

(四) 预演说

德国哲学家格罗斯(Karl Groos)认为,游戏不是消除原始本能,而是加强未来所需的本能。人类新生儿或动物遗传了一些不够完善的或部分的本能,而这些本能对于生存至关重要。游戏的目的就是提供给儿童一种安全的方法,帮助他们去练习和完善成人生活所需要的本能。

游戏作为一种练习生存技能的手段,最明显的例子就是幼小动物(如小熊)之间的打斗游戏。格罗斯认为其理论也可以应用于人类。例如,儿童在社会戏剧游戏中扮演父母的角色,也就是对其日后为人父母所需技巧的一种练习。

 思考与实践

回顾自己儿时喜欢玩的游戏,尝试用哲学的眼光分析与推断这些游戏的原因或者驳斥先哲的解释。

二、精神分析学派的游戏理论

从 20 世纪 40 年代开始到五六十年代,是儿童游戏研究的缓慢发展阶段,弗洛伊德的精神分析理论在这一阶段的儿童游戏研究领域中占统治地位。

(一) 弗洛伊德的游戏思想

弗洛伊德提出"发泄"与"补偿"说:认为游戏是敌意或报复冲动的宣泄,儿童就是为了追求快乐、宣泄不满而游戏的。儿童天生也有着种种欲望需要得到满足、表现和发展,但由于儿童所生活的客观环境不能听任儿童为所欲为,从而使他们内心产生抑郁,导致自私、爱捣乱、发脾气、怪癖等不良行为。游戏则是一种保护性的心理机制:游戏能使儿童得以逃避现实生活中的紧张、拘束,为儿童提供了一条安全的途径来发泄情感、减少忧虑,发展自我力量,以实现现实生活中不能实现的冲动和欲望,使心理得到补偿。

精神分析理论认为游戏的动机是"唯乐原则"。游戏为儿童提供了一个发泄不可接受的、常常是放肆的、冲动的、情景的"安全岛"。但该理论同时也指出游戏并非总是和愉快的体验联系在一起,不愉快的体验也往往成为儿童游戏的主题。这是另一种"唯乐原则"的体现,如现实生活中有打针的经历,游戏中则出现给别人打针的情节;现实生活中感到恐惧,游戏中就去恐吓别人。在游戏中,儿童重复着在现实生活中给他们巨大影响的每一件事,并且发现这些影响的力量,使他们成为环境的主宰者。儿童通过游戏自由地表现他们愿望的时期是短暂的,会随着与自我发展相联系的理性思维过程的开始而结束,其批判性能力或理性因素的加强束缚了游戏的发展。随着自我的发展,那种愉快的但又不能被接受的伊特(Id)即本我的愿望,其直接的象征表达方式不再可能了,而自我则表现为诙谐和玩笑形式或从事创造性的艺术活动,这种艺术活动是寻求表达相同的愿望并得到原先在游戏中得到的快乐。精神分析学派在游戏治疗中首先采用了"娃娃游戏"的方法,对后人也有很大的启迪作用。

(二) 埃里克森的掌握论

美国心理学家埃里克森(E. H. Erikson)从积极的方面发展了弗洛伊德的观点。埃里克森着重研究了游戏的心理社会发展的顺序,他把游戏当作一系列未被展开的心理社会关系加以探讨。他提出了三个阶段:第一阶段是自我宇宙阶段,婴儿以自己的身体为宇宙。这一阶段分为两个时期,第一个时期是探索活动的中心,语言被一遍遍地重复,儿童试图重复或重新体验各种动觉和感知觉。第二个时期,探索活动渐渐扩大到他人和客体。婴儿的着眼点仍然是肉欲的快乐,他试图用不同的语音和喊叫来验证自己对母亲出现的影响效果。第二阶段是微观阶段,儿童学会用小型玩具和物体来表现主题,学会在微观水平上操纵和驾驭世界。第三阶段是宏观阶段,儿童与他人共享这个世界,这一阶段的儿童起初把其他儿童当成客体来联系,以后逐渐发展为合作性的角色游戏。他认为游戏所采用的形式是随着心理社会问题和自我情景的变化而变化的。例如:玩具游戏是一种儿童探究他们所关心的正在萌芽的能力与性行为问题的早期行为。游戏的形式随年龄的增长和人格的发展而不同,游戏帮助儿童人格从一个阶段转向另一个阶段发展。他把人格的发展划分为八个阶段。每一阶段都有自己的发展任务,如果发展的任务解决得好,就形成理想的人格;解决得不好,则形成与理想人格相反的另一种人格。游戏着的儿童不断进入新的阶段。

(三) 佩勒的角色选择理论

佩勒(Peller, 1952)分析了儿童在游戏中经常选择的特殊角色和人物,并讨论了其选择背后的动机,进一步丰富和发展了弗洛伊德的思想。他认为,儿童对于角色的选择,基于其对于某个角色的感情,游戏的背后隐藏着深刻的情绪原因,对角色的选择具有高度的决定性。他通过观察发现,儿童扮演的角色一般有以下三类:第一类,依据他们对一个特定人物的热爱、钦佩、敬重的感情,喜欢模仿他们热爱和敬佩的人,尤其是成人,以使他们"快快长大成人""像成人一样"的愿望得到满足。比如,儿童在游戏中常常扮演他们身边熟悉的人:父母、教师、汽车司机、交警、厨师等。第二类,依据他们对一个人的恐惧或愤怒等感情,儿童常扮演引起他们恐惧的那些人或事物,试图体验与那些人有关的焦虑,以帮助儿童征服恐惧。如,医生是儿童感到恐惧的角色,但在游戏中儿童却十分愿意模仿,因在重复性的动作中能使自己成为环境的主人。第三类,儿童喜欢扮演那些"不合身份"或"低于身份"的角色。这样可以让儿童在游戏的安全范围内回顾并且尽情享受那些对他们来说不可能再获得的"小儿时"的快乐,并且在游戏这个"安全岛"中做自己想做而现实生活又不允许他们做的事情。

比如,他们常常扮演婴儿、动物、小丑等角色,就好比戴上了一副假面具,以掩饰自己的错误和过失。佩勒(1954)还从发展的角度描述了儿童性别心理发展阶段中的儿童游戏结构的变化。每一阶段心理性欲发展的矛盾冲突不同,游戏内容也不同。第一阶段,儿童的焦虑主要集中在与机体有关的挫折方面,这种焦虑反映在游戏中,表现为玩弄身体某部分的独自游戏。第二阶段(前恋母阶段),儿童的焦虑主要是失去母亲——食物的来源的潜在焦虑。这一阶段,儿童开始与母亲游戏,儿童游戏的主题是"我能够做那些妈妈对我做的事情"。第三阶段(恋母冲突阶段),儿童在游戏中扮演成人的角色,试图补偿他们无法与成人相匹敌的"无能"的地位,在环境中占主导地位。第四阶段(后恋母阶段),儿童通过与伙伴共同参与的规则游戏,从外部的"超我"形象中获得了独立。这种游戏的作用在于创造一种自我控制的社会秩序,通过严格认真地执行游戏的规则,可以使儿童从外部的"超我"形象中获得自由。佩勒关于心理性别发展问题是如何影响儿童游戏结构的讨论,极大地扩大和丰富了弗洛伊德的游戏思想。

总之,以弗洛伊德为代表的精神分析学派的游戏研究缺乏客观性和普遍性,过分强调"性"的作用,使其游戏理论本身就带有局限性,强调个体的生物性而忽略了其社会性。尽管如此,精神分析学派的游戏理论对20世纪游戏研究的影响是很大的,从20世纪40年代开始,托幼机构里重视开展想象性游戏,主要就是受精神分析学派思想的影响,这对人们重视早期教育有促进作用。另外,精神分析学派对儿童进行游戏治疗已成为一般性的临床业务,把游戏作为一种评价工具来使用也已成为公认的对儿童情绪状况进行精神病理诊断的方法。

三、皮亚杰认知学派的游戏理论

瑞士著名心理学家、认知发展学派的创始人皮亚杰(J. Piaget)把游戏看做是智力活动的一个方面,把游戏放在儿童智力发展的总背景中去考察。他试图通过研究儿童的游戏和模仿,找到沟通感知活动与运算思维活动之间的桥梁。他认为游戏是思维活动的一种表现形式,儿童的认知发展阶段决定了他们不同的游戏方式,并提出练习性游戏、象征性游戏和规则游戏是分别与认知发展的感知运动阶段、前运算阶段和具体运算阶段相对应的。

皮亚杰认为游戏的实质就是同化超过了顺应。游戏就是同化与顺应之间的平衡,一种图式或活动是模仿还是游戏或探究,取决于同化和顺应在图式或活动中所占的比例。游戏给儿童提供了巩固他们所获得的新的认知结构及发展他们情感的机会。"儿童不得不经常地使自己顺应于一个不断地从外部影响他的、由年长者的兴趣和习惯所组成的机会世界,同时又不得不经常地使自己适应于一个对他来说理解得很肤浅的物质世界。经过这些适应,儿童不能像成年人那样有效地满足他个人情感上的甚至智慧上的需要。因此,为了达到必要的平衡,他需要有一个可资利用的活动领域,在期间既没有强制也没有处分,而是使现实被他自己所同化,这个活动领域便是游戏。"[①]

---

① 杨宁.皮亚杰的游戏理论[J].学前教育研究,1994(01):12.

皮亚杰通过系统的、长期的观察研究，提出游戏的发生要以动作能力和心理发展的一定水平为前提。根据儿童认知发展的阶段和儿童游戏的相应表现，皮亚杰把儿童游戏分成三个发展阶段：

第一阶段：练习性游戏（0—2岁）。这是游戏的最初形式。2岁前的儿童，还没有真正掌握语言，其认识活动处于感知运动水平，即只是依靠感知和动作的协调活动来认识事物和解决问题。这时的游戏不包含任何象征性或任何特殊的游戏方法。这种游戏是为了取得"机能性快乐"而重复习得的活动。换言之，这种游戏的驱力不是外在的，也不是内在的，游戏动作本身就是强力因素，"动"即快乐。有的练习性游戏也出现在2岁之后，譬如打闹游戏——模仿激烈的打架、追逐和搏斗，这通常发生于朋友之间。但如果打闹游戏中包含了象征角色或规则，如追逐式的捉迷藏，就不能再称作练习性游戏。

第二阶段：象征性游戏（2—7岁）。所谓象征，是一种符号系统，人的典型特点之一就是用语言作为思维的符号。学前儿童还不能完全依靠语言这种抽象的符号来思维。他们主要依靠象征来思维。所谓象征活动，是指真实事物不在眼前时，用其他事物来代替，它是由"信号物"和"被信号化之物"构成一种心理结构，即表征。在象征性游戏的表征结构中，同化超过顺应而占优势。象征性游戏阶段可以分为两个小阶段，即象征性的顶峰（2—4岁）和由象征而接近现实（4—7岁）。象征性顶峰阶段的游戏可分为三类，代表三种水平，即自我模仿和模仿他人；使物与物、人与人等同；象征性的组合。由象征而接近现实阶段的游戏有三个特点，即游戏的情节相对地较有秩序，比较连贯；不断提高对逼真性的要求；出现了集体的象征活动。

第三阶段：规则游戏（7—11、12岁）。规则游戏的发展，标志着游戏逐渐失去了具体的象征性内容，而进一步抽象化，它主要出现在学龄期。规则在游戏中成为中心，儿童按此规则进行游戏，按既定的规则控制自己的行动。

结构游戏伴随着以上三个阶段游戏的发展，作为一种从游戏活动向非游戏活动的过渡形式，一直存在于儿童游戏的各阶段之中。结构游戏最早是以简单的重复堆积开始，再到以象征性的结构活动表现出来的，随着儿童思维水平的不断发展，结构游戏也逐渐趋近于现实的操作活动。

皮亚杰认为，儿童需要游戏，尤其是象征性游戏，"游戏，它是认识兴趣和情感兴趣之间的一个缓冲地区"。皮亚杰认为在学前阶段，儿童的主要成就是学会使用不同的象征，而象征的一种主要表现形式就是象征性游戏：假装、假扮和幻想的世界。皮亚杰指出，早期的假装游戏主要是用一个物品来代替另一个物品。他描述了自己2岁的女儿杰奎琳是怎样假装一个鹅卵石是一只狗、一块饼干是一只狮子，而一把举在头顶的刷子是一把伞等。此后不久，大约在3岁时，杰奎琳开始用自己身体的某部分来代表别的人或别的物品。随着学前阶段的进一步发展，儿童建构出越来越精巧的社会戏剧性游戏系列。这种游戏可以完全出自儿童的想象，与周围的物品或人物无关，而且可以由几个游戏者共同进行。他们经常模仿成人的活动，假扮老师与儿童、医生和病人，进行"预编好的"游戏片断，如购物或进餐。

象征性游戏是儿童游戏的高峰，它反映了符号机能的出现和发展，即理解一种东西（符号物,signifier)能代表另一种东西(被符号化的物体,the signified)。这种游戏反映了对环境的同化倾向。象征性游戏在自我中心的表征活动时期的发展经历了两个阶段。阶段一:前概念思维阶段(2—4岁)。此阶段象征性游戏大量出现,达到了发展的高峰期,出现了自我模仿(把自己熟悉的图式用到新物体上,如把小狗想象成自己,做自己常做的事情)、模仿他人、以物代物、以人代人的嬉戏性象征系列。阶段二:直觉思维阶段(4—7岁)。由于对现实的进一步顺应,象征逐渐接近于现实的模仿性的表征,儿童的思维发展越来越接近于现实,儿童能够把自己比作他人,逼真地再现周围的人与人之间的关系和活动;加之儿童年龄增长,社会交往范围的扩大、自我发展的需要可以在现实生活中找到满足的机会;儿童取得了与别人平等的地位,游戏中角色数量增加,规则应运而生,假装游戏就转向规则游戏。因此,象征性游戏的结束期是7—12岁。

总之,皮亚杰从认知发展角度研究儿童游戏,对于传统的游戏与学习相对立的观点是一个巨大的冲击。自此学前教育领域开始从注重想象性游戏活动的价值到注意融游戏与智力发展为一体,并注意促进儿童在智力、情感、社会性、身体等方面的全面发展。但是,由于种种的历史和社会原因,皮亚杰的儿童游戏理论也存在着一定的局限性。皮亚杰的游戏理论忽视了社会生活,特别是文化、教育在儿童认识、智力发展中的作用,皮亚杰认为在游戏中儿童并不发展新的认知结构,而只是努力地去适应先前的结构,这是不能令人信服的。

四、社会文化历史学派的游戏理论

社会文化历史学派也称维列鲁学派,主要成员有维果茨基、列昂节夫、鲁宾斯坦、艾里康宁等,他们都在阐述自己的心理学思想时涉及儿童游戏的问题,以辩证唯物主义和历史唯物主义为基础,创造了与西方不同的游戏理论。他们的主要观点有四个:第一,强调游戏的社会性本质,反对本能论。这种理论认为:儿童的游戏,无论就其内容或结构来说,都根本不同于幼小动物的游戏,它具有社会历史的起源,而不是生物学的起源。社会形成和推行游戏的目的,是教育和培养儿童参加未来的劳动活动。第二,游戏是学前儿童的主导性活动。他们认为:这种活动的发展与儿童心理发生的变化有很大关系,而且那些准备使儿童过渡到新的、更高的发展阶段的心理过程便是在这种活动里得到发展的。第三,强调成人的教育影响,强调儿童与成人的交往在游戏的发生、发展过程中的决定性作用。第四,主张游戏不会自然而然得到发展,儿童不是生来就会游戏的,没有教育的作用,游戏就不会产生或者停滞不前。为了使儿童掌握游戏的方法,成人的干预是必要的,必须在一定的年龄阶段教儿童学习怎样做游戏。

(一)维果茨基的游戏学说

维果茨基从文化历史发展的角度来探讨儿童的游戏问题,他强调儿童心理发展的高级机能是人类物质生产过程中发生的人与人之间的关系和社会文化历史的产物;认为儿童游戏出现的诱因是当儿童在发展过程中出现了大量的、超出儿童实际能力的、不能立即实现的愿望时，游戏就发生了。3岁前儿童的典型行为方式是想要一件东西就必须立即得到，这种愿望不可能延迟满足，否则儿童就会大发脾气。儿童3岁后，出现的愿望和需要不能立即得到满足，此愿望能持续很长一段时间，渴望立即满足的愿望变成一种情感诱因，使不能得到满足的愿望以一种想象的、虚幻的方式实现，即把一个东西迁移到另一个东西上，以一种简缩的方式再现真实的生活情境，游戏就为愿望的满足应运而生了。维果茨基认为游戏是社会性实践活动，儿童看到周围成人的活动，就把它模仿迁移到游戏中，强调游戏的社会性情感诱因。儿童在游戏中产生的情感，根源于他与成人的关系。他认为儿童游戏是否能促进儿童的发展，要看游戏是否与儿童的发展和需要相吻合。儿童游戏是符合儿童需要的一种"教学"活动，但儿童的内心有自身的"教学大纲"，只有当二者相吻合的时候，这种活动才成为可能。他认为游戏可以促进儿童思维的发展。游戏使思维摆脱了具体事物的束缚，使儿童学会了不仅按照对物体和情境的直接知觉和当时影响去行动，而且能根据情境的意义去行动。如，"打针"用的注射器是一根雪糕棍，打针的动作是来自头脑中已有的打针经验，而不是来自注射器——雪糕棍。这表明儿童在游戏中已经摆脱了具体事物的束缚，没有真正的注射器同样能玩游戏。维果茨基将游戏看作是一种"从纯粹受场地限制的幼儿及成人的思想，到能够完全从真实情况中解放出来的阶段"的转换。在帮助儿童分离物品的本身和意义时，幼儿阶段的假装是非常重要的准备，为后来抽象及想象思考的发展奠定基础；在其中，象征可以被操作，想法也不需要在真实世界中推论印证。

　　维果茨基提出了"最近发展区"的思想，认为游戏在儿童发展中起着巨大的作用，游戏创造了儿童的最近发展区。儿童有两种发展水平，一是现有的发展水平，二是通过成人的帮助和自己的努力达到的另一种水平。第一种水平与第二种水平之间存在差异，差异的消除就是"最近发展区"。游戏是在学前期促进儿童认知发展的适应机制。在游戏中，儿童总是表现得超越他的一般年龄，超越他的每日行动；在游戏中儿童似乎比自己高出一个头。就好像放大镜的焦点，游戏在一个密集的形式里包含了各种发展的倾向，而且本身就是一个主要的发展来源。在游戏中，儿童心甘情愿地遵守社会规则，将目前的欲望臣服于假装剧情中的角色的规则，就会变成"新的欲生形态"。在这样的情况下，游戏创造了最近发展区，儿童从中了解了很多表现在未来将变成他真实的行动和道德的基本内容。在虚构游戏中遵循规则，儿童比较能够了解社会的模式形态与期望，并且努力表现出与之相符合的行为。受到特殊的鼓励去进行集体性游戏的儿童，在解决阐明社会关系和社会角色的规则等社会问题时会变得更为熟练，尤其是当此社会问题的解决要依靠在社会行为的控制中使用语言时，效果更是如此。儿童在游戏中凭借语言的功能，以角色为中介，去了解、学习和掌握基本的人与人之间的社会关系。

　　维果茨基认为儿童游戏最重要的特征是想象和规则，象征性游戏包含了行为规则，儿童必须遵循规则才能成功地进行游戏的情节。任何游戏只要有想象的情境，都有规则的存在。一个儿童是不可能在完全没有规则的想象情境中行动的。游戏不断对儿童的行动提出要求，要他们反对立即的冲动。在每一个阶段，儿童都面对着介于游戏规则和如果他能立刻反应、他将怎么做之间的矛盾冲突。在游戏中儿童的行动必须相反于他想要的行动，儿童最大的自我控制就在游戏中产生。当一个儿童在游戏中放弃了立即的吸引,可以说是达到最高意志力的表现(例如游戏规则是禁止他吃糖果,因为那代表不能吃的东西)。逐渐地,儿童获得经验,拒绝所想要的东西以表示对规则的遵守,但在这里,服从规则和放弃行动中立即的满足,正是达到最高快乐的方法。儿童游戏的发展,就是由明显的想象情境和隐蔽的规则所构成的游戏,发展到由明显的规则和隐蔽的想象所构成的游戏,想象情境的内隐的规则反映出游戏的纪律性和自我控制的本质,它也是游戏乐趣的来源。儿童也正是在游戏的过程中,学会并内化了规则;游戏不断地创造出一种情境,要求儿童不按自己的直接冲动去行动,而是要学会把自己的愿望与一个虚构的"我"即游戏中所扮演的角色及其行为规则联系起来,这对儿童道德行为的形成和发展起着积极的作用,有助于儿童最大限度地控制自己的不良行为,随时调整自己的行为以符合角色及其行为规则的要求,能促进儿童意志品质的发展。

(二) 列昂节夫的游戏学说

列昂节夫主要是从活动的角度研究游戏及其心理学基础。他认为学前期儿童的游戏与动物的游戏明显的不同之处在于:儿童的游戏不是本能的活动,而是人类的及物活动,这种活动作为儿童认识人类的实物世界的基础,规定着儿童游戏的内容。游戏在学前期成了儿童活动的主导形式,是由于这种活动的发展与儿童心理发生最重要的变化有关,而且那些准备使儿童过渡到新的更高发展阶段的心理过程就是在这种活动里得到发展的。游戏的特点是:游戏行为的动机不在于行为的结果而在于行为过程本身。儿童产生了像成人那样去行动的要求,也就是要求像他所见到的或别人告诉他的那样去行动。在儿童的游戏里,儿童的操作与行动永远是实际的、社会性的,儿童就是在游戏的操作与行动里掌握人类的现实。此外,游戏行为永远是概括的行为,因为儿童的动机不是形容某一个具体的人,而是实现怎样对待一个物件的行动,也就是实现概括的行动。由于游戏行为带有概括性的特点,所以游戏的行动方法以及游戏的实物条件都有广阔的变化余地,游戏操作虽然决定于现有的实物条件,但它永远服从于行动。

(三) 艾里康宁的游戏学说

艾里康宁的学说更集中、更典型地反映了社会文化历史学派关于儿童心理发展理论的主要观点。他认为角色游戏是学前儿童的典型游戏,研究儿童游戏应当以角色游戏为主要对象。角色游戏的产生和社会生产力的发展,与儿童在历史发展各阶段中的社会地位具有密切的关系。他认为儿童的角色游戏是在一定的历史发展阶段上,由于生产力的发展而引起儿童在社会生产劳动中的地位的变化所产生的结果。他认为儿童的角色游戏不是个体自发出现的,而是由于社会的需要而出现的。成年人为了使未来的社会成员具有掌握任何工具所必需的一般能力,为儿童创设了练习一般能力的专门物体——玩具,通过玩具成人教会儿童正确使用的方法,儿童也凭借此玩具来模仿他们想参加但又不能参加的生产和生活活动。游戏起源的本质是社会性的,是与儿童生活的一定社会条件有关的,而不是由某种内部天赋本质所决定的。相对于个体而言,角色游戏则是由于儿童与成人间的关系的改变而导致的。由于运用实物的动作技能的发展、儿童独立性的提高,婴儿期特有的儿童与成人的关系发生了瓦解,儿童想参加成人活动的愿望越来越强烈,但自身能力又还不能胜任成人的活动。为此,儿童只有通过在游戏条件下,模仿与重演成人的日常活动使愿望得以满足,可见,角色游戏是在儿童与成人的新的关系中产生的。儿童游戏是社会性的活动,游戏的内容是社会性的,游戏的主题来自儿童的生活,儿童游戏的内容是按照下面的规律变化的:从再造实物活动到再造成人之间的关系和成人与儿童之间的关系。艾里康宁指出,角色游戏是儿童最主要的游戏,是较发达的一种游戏形式。因此,他的理论被称为儿童角色游戏理论。他认为儿童个性的形成是在儿童与成人的相互交往的游戏过程中逐步发生的。

维列鲁学派游戏理论可以说代表了苏联当代游戏理论,其最大特色在于不满足仅在理论上的探讨和描述儿童游戏发生发展的现象和规律,而是注重于将理论上的研究成果广泛运用到指导儿童身心发展的游戏实际活动中。该理论十分重视与学前儿童的教育相联系,强调用游戏组织儿童在幼儿园的一日生活,通过游戏,把教育、劳动相互联系在一起,构成一个有机的整体。但是,该理论认为"儿童必须在成人的示范、指导下,才能改变物体的名称,才能用角色称呼自己"等观点过于偏激。

五、游戏理论的发展及价值思考

20世纪中后期,新的游戏理论不断产生,主要有以下几种理论的发展:

(一)游戏的觉醒理论:探究游戏产生的根源在于内驱力

柏莱恩(Berlyne)运用行为学习理论创造了游戏的觉醒理论。他认为机体不仅有食物、睡眠、性等需要,还有探索、寻求刺激、理解等需要。在外界刺激的作用下,这些需要可引起活动内驱力、探究内驱力等。儿童的探究和游戏,正是这些驱力作用的产物。游戏的觉醒理论从更微观的领域,更加精确地描述了游戏行为。儿童在与环境的交互作用中,要注意保持环境适当的刺激。如果游戏环境过于丰富或单调,都会使儿童产生不良行为,要么抑制了游戏行为,要么产生无所事事的行为,要么出现紧张、退缩的行为,这些都不利于儿童的发展。

(二)游戏的元交际理论:探究游戏中信息交流的学习活动

贝特森(Bateson)运用人类学、逻辑学、数学的理论来研究游戏,试图揭示游戏的意识与信息交流过程的实质。他认为游戏中所有的活动并不代表真实生活的活动,所以游戏中儿童打架行为与真实打架行为是不同的。儿童在玩游戏之前,必须先发展一套关于游戏的"组织"或关系来让同伴在游戏时都知道将会发生什么,且知道这是假装的而不是真的,这就是游戏信息的传递。人类的交际不仅有意义明确的言语交际,而且也有意义含蓄的交际。这种意义含蓄的交际就是元交际。元交际依赖于交际双方对于隐喻的信息的辨识和理解。这种隐喻的信息是"言外之意"或"不言之意"。比如小孩子张大嘴巴,学老虎"啊呜"咬人,但是实际上他的动作和表情是在说明这样的信息：我在咬你，但不是真的咬你，我是在假装咬你，我不会咬痛你的。游戏是信息的交流和操作的过程，元交际是它的特征。在游戏中，儿童必须同时操作两个不同层面的意义：一是游戏中的意义，扮演角色并从事假装的活动、操纵物体；二是真实生活的意义，知道自己的角色与真实身份、其他人的角色与身份，以及游戏所用的材料及活动在真实生活里的意思。游戏和幻想是进入文化符号的想象世界所必需的技能。游戏的作用在于游戏本身，而不在于它间接地、无意识地培养起来的技能中，游戏对发展的贡献不在儿童游戏的内容中。儿童学到的主要的东西不是在游戏中所扮演的角色，而是创造和再创造角色的过程；他们学到的不是某个特定的角色，而是关于角色的概念。这样，游戏的贡献是学会学习，是"第二学习"。游戏是一种学习，但儿童在游戏中不是孤立地一个事物一个事物地学习，而是在事物间的关系与联系中，即在"非"某物的物体群中学习，学会区分与概括。

（三）游戏的生态学理论：游戏研究环境对儿童游戏的影响

影响游戏的因素是多方面的，游戏材料、活动类型都会影响儿童注意的广度、相互交往及谈话的数量和形式。从生态学的角度来分析游戏，就是要辨明各种对游戏产生影响的社会环境力量。以布朗芬·布伦纳（Urie Bronfen Brenner）为代表的人类发展生态学认为，主动成长的个人与其生活于此的直接环境中的各种变化着的因素之间是相互交叉交织在一起的，环境是一个复杂的系统，可以分为四个层次——微观系统、中间系统、外系统和宏观系统，具体来说：

第一，在微观系统中，对儿童来说面临的只是日常家庭设施、家庭中的人及他们所从事的活动，包括一些指向儿童自身的活动，如喂食、洗澡和拥抱。随着儿童的长大，这一系统中的复杂性渐渐增加，儿童与更多的人在更多的场所里做更多的事情，游戏的分量也就不断扩大了。儿童是自己发展的主动参与者，而不是被动接受者。游戏是儿童主动发展的重要途径，为儿童提供了发展的机会。游戏是区别儿童微观系统的活动的主要类别。如果在微观系统中，儿童缺少游戏则被剥夺了经验，就会产生压力和紧张感，该系统便会对儿童发展造成危害。为此，微观系统中不仅应鼓励儿童游戏，给予儿童爱抚，还应教导儿童如何进一步地开展包括游戏在内的其他活动，以满足儿童的生活需要。

第二，中间系统在儿童面前的展现，意味着正在发展中的儿童开始体验更为复杂的现实。中间系统的丰富程度由微观系统间的关联量、价值认同程度及差异水平来衡量。按布朗芬·布伦纳的观点，儿童所在的教育机构的成员同其家庭成员的接触越多、交流的信息越多，则越有利于儿童的发展。对于儿童游戏来说，如果中间系统中的各个微观系统都持支持、赞同、保护的态度，一旦一个环境中成人支持"有效益"的活动（如学习活动）而抑制或不支持游戏活动时，自由游戏在儿童生活中的分量则会下降。此外，儿童所处的微观系统中的某些影响因素可一直影响其在中间系统中的游戏行为。如由于家庭经济、文化水平、父母职业等原因，使儿童在其他微观系统中总以一定的社会角色——往往与父母的职业类同——

作为其游戏中的角色。

第三,外系统是对儿童生活产生更大影响的一些背景。它对儿童的游戏有两方面的影响。一方面,如果外系统使父母、教师的生活变得更轻松,则可促进儿童的发展;如果使父母、教师的生活变得更为艰难,则会妨碍儿童的发展。如果家长、教师之间相互理解,环境间的关系清晰、一致,那就会促进儿童的发展。科恩(Kohn)发现,当父母的工作环境要求服从而没有自主权时,他们就会将其反映在对子女的抚育上,儿童的自由游戏作为最大可能实现的目标则可能会被压制。此外,导致妨碍家庭生活的,父母在工作中经历的其他因素,如单调而且很长的工作时间、较长的往返路程及工作压力也会从一定程度上影响儿童的自由游戏,进而影响儿童的发展。另一方面,外系统对儿童游戏的影响是某些决策因素。教育机构如在早期教育阶段采用过多的课程安排来代替自由游戏,或在本该让儿童自由游戏的场地上建造成人的娱乐场所,剥夺了儿童的游戏,儿童再也没有"玩与不玩"的自由选择。中间系统和外系统常常被嵌入大范围的思想意识体系和某一特定文化或亚文化的制度或模式之中。这些体系、制度、模式便是宏观系统,是人类发展的文化生态学的总体蓝图。

第四,宏观系统对游戏的影响是一种背景性的更为深层次的影响。社会的经济、文化等,对每个人都有直接、间接的影响,影响着人们对儿童教育的观念。不同文化背景对儿童游戏的看法是有差异的。在许多民族的宏观系统背景中,都大力倡导和维持儿童自由游戏的权利。在一些国家、民族的法律文件中,明确肯定了自由游戏对于儿童健康成长的必要性,但其具体的做法是不一样的。

生态心理学家对于游戏的探究采取了非简单的理论推论,以及非严格的实验设计的方式,他们更多地采用对自然状况下儿童的游戏行为作客观记录和描述,再对这些记录作结构分析的方法。如冈普(P. V. Gump,1963)等对一名男孩进行两天的观察,一整天在家里,一整天在夏令营里。结果发现该男孩在这两天里进入的情景截然不同。在夏令营里,他参加探索性、建设性和戏剧性的游戏,结识更多的异龄伙伴和同龄伙伴及成年人;在家里,则用较多的时间参加被动的娱乐、嬉戏和正式的比赛活动,在家里比在夏令营里表现得更加放肆,倾向于不那么顺从。生态心理学家们得出结论,儿童的行为是随着他们进入不同的情景而变化的,是可以预测的,因此,创设游戏环境对儿童来说极为重要。

(四)游戏对人类机体适应变通能力作用的新发现

萨顿·史密斯和布鲁纳强调了游戏对好奇心和灵活性的产生的重要性,好奇心和灵活性有助于培养有机体的适应、变通的能力。他们强调了儿童象征性游戏的"当作"特性的重要性,在这种游戏中,儿童把物体和人物"当作"其他东西。棍子被"当作"枪;同伴被"当作"爸爸、妈妈。这种"当作"活动的过程和"当作"思维的产物对儿童发展都有重要意义:这种"当作"过程帮助儿童学会怎样打破事物的既成意义和联系,发展扩散思维能力;这种"当作"过程让个体自由去构想、去扮演和停演、去进行角色变换。游戏不仅提供机会,发展角色灵活性,而且也发展自主感。游戏培养的创新能力建立了一个在需要时可以利用的原型和联想的仓库。因此,游戏中产生的新奇感以及产生新奇感的过程都能促进创新能力的发展。布鲁纳注意到游戏对发展运动技能的动作灵活性的作用。布鲁纳提出,游戏环境的安全允许有机体免除对行动后果的担忧,使有机体集中注意于动作本身与动作的方法,而不是动作的结果。有机体通过自己的动作进行游戏,把在其他场合具有效用的动作的子程序拼接起来,创造出新奇的组合体。在游戏中,有机体可以不受惩罚地发现和运用新的动作策略。布鲁纳假定,游戏所培养的灵活性使得使用工具策略的发展成为可能。

萨顿·史密斯和布鲁纳的观点得到了近来其他理论家的补充。范登堡(1978)讨论了有助于发展使用工具策略的游戏的注意特性,并提出,游戏是包括探索和"运用"在内的一个更广阔的和谐发展的一个侧面。辛格(Singer, 1973; Singer, J. L. & Singer, D. G., 1976)提出,幻想游戏可能对发展形象描述能力有好处,这种能力是关于过去(记忆)和未来(想象)的适应思维所必需的。雷诺兹(Reynolds, 1972)提出,游戏是经验的模拟方式,行为原型从其中产生并得到检验。费根(Fagen, 1976)通过对空间工程技术的原型模拟与游戏的安全范围内的动作原型的测验进行细致的类比,发展了这一思想。费根(1974;1976)进一步指出,游戏中产生的新奇行为是与生物进化中的遗传突变相类似的行为。范登堡(1981)也用了这一类比。他提出,产生行为变异的游戏和产生延续的模仿对人类的长远生存是至关重要的。

游戏理论和大部分此类的心理学理论普遍吸取了生物学的流行理论。游戏理论和研究的未来发展依然将受生物学理论的影响。自弗洛伊德以来,偏重于理性主义的理论是有用的和令人欣喜的,但是它们忽视了游戏的热情、非理性、残忍(bloody mindedness)等重要方面。将来的研究可能更深入地探索历来所忽视的游戏的非理性方面,即激烈的运动、令人沉迷的赌博和打仗的游戏,这能使我们进一步明白,儿童的游戏究竟是什么。

思考与实践

1. "暴力模仿"是阿尔伯特·班杜拉(Albert Bandura)及其同事在1961年所做的一项著名研究:72名幼儿园儿童分组观看两名成人榜样:一名安静地玩一套玩具,对同屋的充气玩偶置之不理;另一名则对玩偶拳脚相加:扔它、用木槌砸它,并叫嚷着"踢它""砸它的鼻子"。此后让儿童单独玩这个玩偶,观察过暴力榜样的那些儿童模仿了攻击行为。他们不仅像榜样一样对玩偶作出暴力反应,而且还发明了新的攻击玩偶的行为,譬如用房间内的玩具枪假装向玩偶射击。 这个实验说明了什么? 结合自己的体会和观察,讨论幼儿游戏暴力行为是否可以发泄情绪,减少现实中的暴力行为抑或增加现实中的暴力行为。怎样利用游戏的方式,提高幼儿的心理健康?

2. 每种公认的理论和发现都有其合理性,同时具有时代研究的局限性,你学习了以上的游戏理论,认同哪些观点? 为什么? 追踪观察1—2名幼儿自然状态下的游戏行为,尝试用这

---

① 朱莉娅·贝里曼等. 发展心理学与你[M]. 陈萍,等,译. 北京:北京大学出版社,2000:101.

些理论分析与解释。

第三节　学前儿童游戏的特点与分类

观察与分析学前儿童游戏是我们教育工作的必要前提,我们怎样判断儿童是否在游戏呢?也许只有分析学前儿童游戏的特征才能揭示儿童活动的属性。按不同类别去观察与分析学前儿童游戏是梳理认识的最好方法,学前儿童游戏有哪些分类方法呢?以下这些有益的经验是我们科学认识学前儿童游戏的重要参考。

一、学前儿童游戏的特点

(一) 游戏的描述性特征

在解释什么是游戏时,研究者们将游戏的特征加以描述,试图将游戏与非游戏区别开来。对游戏的描述性特征达成了以下五点共识:

1. 游戏是内部动机控制的行为

游戏是一种内驱性的行为,它既不受食欲的动机支配,也不被社会要求或行为本身以外的诱因所左右。游戏是由内部动机引起的、主动的、自发的活动,是由游戏者自由选择的、非强制性的、不受外部强加规则制约的。

2. 游戏是重过程、轻结果的行为

游戏行为的目标是由游戏者自我规定的,而不是他人强加的,游戏行为是自发的,它不受外部世界的约束,因此游戏行为的目标可以根据游戏者的意愿而发生变化。游戏的过程比游戏的结果更受游戏者的关注,儿童可能会打散已经建立的、作为工具的行为的顺序,并用新的方式把它们重新组合起来。研究者们认为这可以帮助我们把游戏与那些由内部动机激起的、指向特定目的的活动(如愉快的工作)区别开来,也可以将游戏与无目的的活动(如闲荡)区别开来。

3. 游戏是探究问题的行为

探究行为是由外界刺激所产生的问题所引起的,是以获得物体的特性的信息为目标的。而游戏行为是由有机体支配的问题所引起的。所以,游戏是探究问题的行为。

4. 游戏是一种模拟的、假装的行为,游戏是不真实的、充满幻想的行为

游戏和工具性行为不同。游戏中通常的工具意义被省略了,游戏者用椅子当"马",而不再作为

游戏是探究问题的行为

其工具性行为——坐椅子。游戏者通过对现实物体、材料的借用,把它们假想、替代成游戏所需要的物品,来模拟现实生活中的行为;儿童在游戏中不是机械地模仿、对周围生活的翻版,而是通过想象,将日常生活中的表象组合成新的表象运用于游戏之中。

5. 游戏是令人愉快的、有趣的活动

游戏是获得愉快体验的手段,而不只对某种特别的目的作出努力,从功利的角度看,游戏本身是非生产性的。游戏包括对游戏者的积极约束,要求参加者积极地参与活动。即使有时并不一定表示出快乐,但游戏者仍然作出积极的评价。

以上这些游戏的描述性特征,在各种非游戏的情形中也具有部分的典型性。非游戏活动如劳动或艺术活动往往是令人愉快的,也常常是自发从事的。但游戏活动没有特定的结果,而劳动、艺术活动却有某种结果——产品,是以看得见的方式来改变现实世界;闲荡、无所事事等活动是无目的的,但它们与游戏的区别在于它们不是主动地去做,而游戏却是主动、自愿的。游戏的描述性特征,只是部分地解决了问题,却不能将游戏与其他活动真正区别开来。游戏的描述性特征只能部分地解释游戏行为:对于游戏(play),这些描述特征是实用的,而对于有规则的游戏(game),却不能作出解释;对游戏行为本身,这些描述性特征也不能涵盖游戏的全部行为。由此看来,对游戏活动的这种简单描述、列举的方法是远远不能将游戏的特征阐释清楚的。

(二) 游戏的本质性特征

透过游戏的种种现象,我们可以发现游戏的本质:

1. 游戏是一种快乐的行为,具有愉悦性

游戏中常常会有许多不确定因素的发生或减少,这种不可预计的偶然性,让儿童体验着意想不到的最大的乐趣。自发的行为往往是趋乐的,机体的需要状态随时促使其为满足需要而运动,以求舒适、安全、快感,符合快乐的原则,儿童在游戏中因为满足需要而获得快乐,他们自娱自乐,以不断重复的方式,将有趣的情节保持下去;游戏中儿童没有任何心理负担,不必担心游戏以外的任何奖惩,也不受日常生活的约束,儿童是轻松的、自由的、快乐的。游戏中儿童可以全身心地投入,处于身体的最佳、最自然、最轻松的状态,这带给儿童快乐的享受。当游戏创造的快乐成为一种必需,儿童对游戏的需要也就变得急切。

2. 游戏是一种自发的行为,具有主动性

游戏是非强制性的,被迫的游戏就不再是游戏了。儿童之所以游戏,就是因为出于自发、自愿的需要,因为游戏给他们带来欢乐,他们在游戏中可以自由选择游戏的内容、玩法及同伴等。游戏的目的存在于儿童的内部需要,游戏是由内部动机引起的。儿童的现实世界是属于成人的,他们由于不成熟而出现的稚拙而滑稽可笑的行为,只存在属于他们自己的游戏世界中才能被理解和接受。所以,儿童在游戏中将现实中难以实现的愿望降低到实际能力所能承受的水平,使自己成为游戏的主人,去主宰儿童自己的世界,而不受别人的支配。因而,儿童在游戏中总是积极主动地参与,表现出极大的主动性。

3. 游戏是一种假装的行为，具有虚构性

游戏不是平常的、真实的生活，它是走出"真实"生活而进入一个暂时的、别具一格的活动领域。每个儿童在玩游戏时，都清楚地知道"只是玩玩""是假装的"，游戏只是一种愿望和要求的满足，是一种获得愉快体验的手段。游戏不注重结果，它与物质生活无关，不带功利的性质和生产的性质。儿童在游戏中利用模仿、想象来创造性地整合和表现周围生活。儿童可以不受日常生活的约束，也可以把日常生活暂时抛弃。这种虚构的、不真实的情境，给游戏带上了一种神秘的色彩，而正是这种神秘而充满幻想的、虚构的色彩深深地吸引着儿童，使儿童在萦绕着一种神秘的气氛中，"神神秘秘""非同寻常"地去玩耍。

4. 游戏是一种有规则的行为，具有有序性

儿童在游戏中并非毫无约束和限制。观察儿童的游戏可以发现，尽管他们的游戏有时显得乱七八糟、非常忙乱，但每个游戏中都隐含着一种秩序性，每个个体都有一定的自我约束，也正是这种秩序的约束，把儿童的游戏带入一种和谐、有序的状态。任何游戏都是有一定规则的，不管是行为方面的规则还是游戏本身的规则，一旦规则被违背或破坏，都会影响游戏的有序开展。此外，游戏的发生地点和时间也有别于"平常"生活，一旦游戏发生，儿童就生活在游戏的世界里，而当游戏一旦结束，他们会立即回到现实，等到下次游戏开始时，他们可以将上次的游戏重复进行。

由游戏的本质特征，我们可以给学前儿童游戏下一个操作性的定义：学前儿童游戏是在假想的情景中，由内部动机驱使，借助一定的语言、动作等自主自愿的有序的愉悦行为。

二、学前儿童游戏的分类

根据儿童在游戏中的表现及游戏的内容，我们可以从儿童身心发展这个纵向的角度和游戏自身的表现形式这个横向的角度来分析与考察游戏的分类。

（一）根据儿童发展的分类

我们可以儿童生长发育中出现明显的重要变化为分界线，以儿童年龄发展特征为依据，来划分儿童游戏的类型。这是一种被广泛接受的游戏分类方法，是以儿童发展阶段为参照系统的分类方法。随着儿童年龄的增长，他们使用游戏材料的方式不同，游戏的类型也不同。

皮亚杰认为游戏是随认知发展而变化的，他根据儿童认知发展的阶段，把儿童游戏分为感觉运动游戏、象征性游戏、结构游戏和规则游戏等四类。美国学者帕特（Parten）从儿童社会行为发展的角度，把游戏分为六种类型，形成了广为使用的帕特/皮亚杰游戏观察、评价量表。

1. 认知的分类

（1）感觉运动游戏（练习性游戏）。感觉运动游戏是儿童最早出现的一种游戏形式，一般处于从儿童出生到2岁这一阶段。儿童主要是通过感知和动作来认识环境、与人交往的，他们的游戏最初是以自己的身体作为游戏的中心，逐渐地会摆弄与操作具体物体，并不断反复

练习已有动作,从简单的、重复的练习中尝试发现、探索新的动作,从而使自身获得发展。儿童在反复的成功的摆弄和练习中,获得愉快的体验。游戏的驱力就是获得"机能性的快乐","动"即快乐。该游戏的主要表现形式为徒手游戏或重复的操作物体的游戏。

(2) 象征性游戏。象征性游戏是2—7岁学前儿童最典型的游戏形式。象征即用具体的事物表现某种特殊意义。游戏中出现了象征物或替代物,儿童把一种东西当作另一种东西来使用即"以物代物"、把自己假装成另一个人即"以人代人",这是象征的表现形式。游戏中的主要特征是模仿和想象,角色游戏是其主要的表现形式。通过象征性游戏,儿童可以脱离当前对实物的知觉,以象征代替实物并学会用语言符号进行思维,体现着儿童认知发展的水平。

(3) 结构游戏。结构游戏是儿童利用各种不同的结构材料来建构、反映现实生活中的物体的活动。它是游戏活动向非游戏活动的过渡,前期带有象征性,后期逐渐成为一种智力活动。

(4) 规则游戏。规则游戏是7—11岁的儿童按照一定的规则进行的、带有竞赛性质的游戏,参加游戏的儿童必须在两人以上。

目前,国外也还有从思维发展的角度来对游戏进行分类的,研究者认为游戏的类型与思维的类型是相对应的,根据集中性思维和扩散性思维这两种思维类型,把游戏分为集中性游戏与扩散性游戏,这给游戏的分类开辟了新的视角。

2. 社会性的分类

美国学者帕顿(Parten)从儿童社会行为发展的角度,把游戏分为以下六种类型:

(1) 偶然的行为(或称无所事事)。儿童不是在玩,而是注视着身边突然发生的使他感兴趣的事情,或摆弄自己的身体,或从椅子上爬上爬下,或到处乱转,或是坐在一个地方东张西望。

(2) 旁观(游戏的旁观者)。儿童大部分时间是在看其他儿童玩,听他们谈话,或向他们提问题,但并没有表示出要参加游戏。只是明确地观察、注视某几个儿童或群体的游戏,对所发生的一切都心中有数。

(3) 独自游戏(单独的游戏)。儿童独自一个人在玩玩具,所使用的玩具与周围其他儿童的不同。他只专注于自己的活动,不管别人在做什么,也没有作出接近其他儿童的尝试。

(4) 平行游戏。儿童仍然是独自在玩,但他所玩的玩具同周围儿童所玩的玩具是类似的,他在同伴旁边玩,而不是与同伴一起玩。

(5) 联合游戏。儿童仍以自己的兴趣为中心,但开始有较大的兴趣与其他儿童一起玩,同处于一个集体之中开展游戏,时常发生许多如借还玩具、短暂交谈的行为,但还没有建立共同目标。儿童个人的兴趣还不属于集体,只做自己愿意做的事情。

(6) 合作游戏。儿童以集体共同目标为中心,在游戏中相互合作并努力达到目的。游戏中有明确的分工、合作及规则意识,有一到两个游戏的领导者。

(二)根据情绪体验的分类

比勒根据儿童在游戏中的不同体验形式,将游戏分为四大类:

(1)机能性游戏。这是一种使身体运动本身产生快感的游戏。婴儿期的游戏多属于这种游戏,三四岁以后会减少或消失。如动手脚、伸舌头、上下楼梯、捉迷藏等。

(2)想象性游戏。也称模拟游戏,指利用玩具来模仿各种人和事物的游戏,一般从2岁左右开始,随年龄的增加而逐渐增多。如烧饭、木偶戏等游戏。

(3)接受性游戏。听童话故事、看画册、听音乐等以理解为主的游戏。儿童处于被动地位愉快地欣赏所见所闻的游戏。

(4)制作性游戏。儿童用积木、黏土等主动地进行创造并欣赏结果的游戏。从2岁开始,5岁左右较多。如搭积木、折纸、玩沙、绘画、泥工等。

利用树叶创作

树叶创作作品

(三)根据游戏发展理论进行的分类

美国研究者基于实验研究、非正规观察和被试自我报告等的结果,提出了一个游戏的发展理论,对游戏进行分类。他们将游戏分为六类:

(1)探索性活动。开始于婴儿早期并持续终身,当个体面临新的物理环境和社会环境时出现。虽然探索活动的模式会有所改变,花费的时间会因经验的积累而下降,但这一活动贯穿儿童的一生。

(2)感觉运动/练习性游戏。开始于出生后的4—6月,延续至婴儿、幼儿期的最初的游戏形式。随后继续发展,每当儿童需要掌握新的技能(如打球等)时,就会有这种练习。

(3)假装/象征性游戏。在将近1岁时出现,于幼儿期达到明显的高峰。虽然小学儿童仍有明显的象征性游戏(特别在非公众场合——家中或校外户外活动场中),但游戏的性质变得"小型化"——用纸偶、玩具兵等小物件来替代游戏者本人；变得"抽象化"——用观念和语言来替代身体的行为；变得更"社会化"——游戏有了新的定义和喻义（如表演"滑稽短剧"）。

（4）规则游戏。开始于婴儿参与成人发起的嬉戏活动，以后在幼儿自发的社会性游戏中出现了规则游戏的雏形。幼儿期有一些通常由成人发起的简单的规则游戏。学龄初期规则游戏的数量和复杂性不断发展，至小学中期达到高峰，然后发生类似象征性游戏的演化：变得"小型化"——进入桌面游戏；变得"抽象化"——出现纸笔游戏或猜谜游戏；变得"社会化"——出现运动竞赛和其他一些有正规规则的游戏。

（5）结构游戏。当感觉运动/练习性游戏开始衰退、象征性游戏开始减少时，综合了操作性和象征性因素的结构游戏逐渐成为主要的游戏形式。小年龄儿童的结构游戏较多地反映具体的事物（如"房子"等），年长的儿童则更多地反映抽象的概念（如"战争"或"和平"的情景等）。这些行为持续到青少年期和成年期，逐渐演化成艺术、手工艺、建筑创作等。

（6）象征性规则游戏。虽然许多早期的游戏带有象征的因素，许多象征性游戏又带有一定的规则，但直至小学期象征性规则游戏才成为主要的游戏形式。这类游戏将规则的结构与象征性的内容相结合。这类游戏盛于青少年期和成年期，基本的规则结构相对稳定，而象征性内容可因年龄、性别或文化背景的不同而有所差异。

（四）根据游戏活动的分类

从游戏自身横向的角度，按照每一发展阶段中游戏活动的类型对游戏进行分类，这种分类方法为描述儿童的游戏行为提供了依据。分类的方法多种多样，下面我们主要介绍几种分类方法：

1. 以游戏的特征分类

布瑞恩·萨顿·史密斯（Brian Sutton Smith）在广泛吸收别人理论的基础上，结合跨文化研究形成了其独特的游戏分类法。他描述了六种主要的游戏类型：探索、自我检验、模仿、构建、竞赛、社会角色，而后又将此六种游戏合并为四大类：

（1）模仿游戏（imitative play）。儿童从出生到1岁，重复做自己会做的事情；1岁半时，儿童会延迟模仿几小时甚至几天，直到一个比较适于重复的时间；2岁时，五官的知觉和认知技能使儿童能模仿他人；3岁时，在角色中装扮他人；4岁时，角色游戏与想象混合，转化为想象性的社会角色游戏。在集体成员中可以交换和分担扮演一般角色和主角。

（2）探索游戏（exploratory play）。在婴儿6个月时便出现，以舌和手当作探索的工具，在2—3岁时，这类游戏增多了，且变得更加复杂。其中言语探索会以笑话、谜语以及同音词的方式一直延续到学龄期。

（3）尝试游戏（testing play）。包括对身体技能和社会性技能的自我评价。在2岁时，儿童集中学习大肌肉活动技能；由于身体技能和社会活动的增长，学龄期儿童出现了复杂的躲避游戏（approachavoidance game），如捉迷藏。通过此类游戏，儿童不仅学习并加强了身体和社会技能,而且提高了自我意识并学会了控制记忆和冲动。

(4) 造型游戏(model building play)。开始于4岁,儿童以富于想象的建造房子等活动为游戏的目的,并常常伴随着扮演角色或社会角色游戏活动。

2. 以游戏的主题分类

心理学家比拉认为游戏的主题类型是日趋完善的,它主要经历了五种游戏类型:

(1) 未分化型。这是一种最简单的游戏类型,几乎每隔2—3分钟就出现一种不同的动作,而且每个动作都是无规则的。如,摆弄玩具或在椅子上跳等。这是1岁左右儿童的典型游戏。

(2) 累积型。这是一种把片断性的游戏活动连接起来的游戏类型。如,看几分钟画册后,又在纸上乱涂几分钟,之后又玩起布娃娃来,在1个小时内能玩4—9种游戏。这类游戏一般在儿童2—3岁时比较多见。

(3) 连续型。这是一种对同一类型的游戏能连续玩耍近1小时的游戏,在一个游戏后连续一种与前一个游戏内容无关的游戏,或是插入其他的游戏。这种游戏一般多见于2—4岁儿童。

(4) 分节型。这是一种把完整的游戏分成两次或三次来进行的游戏。如,玩腻了画画,就换玩沙子。这种游戏在4—6岁儿童中较为多见。

(5) 统一型。延长分节型游戏的时间(1个小时左右)就是统一型游戏。与连续型游戏不同的是,整个游戏是在统一的主题、目标下进行的,游戏内容彼此有联系,游戏方式也基本一致。这种游戏同分节型游戏一样,在年长的儿童中较为多见。

由此可见,这种分类方法,较为详细地描述了儿童游戏中的游戏动作及游戏主题的稳定性程度。

3. 以利用的替代物分类

游戏替代物的变化体现了儿童在游戏中的抽象性、概括性的发展,其主要表现为以下三个阶段:

(1) 用与实物相似的替代物。幼小儿童往往用与实物相似的替代物游戏,因为他们的思维带有直觉行动性,思维的抽象性、概括性比较差。他们对实物的知觉比对实物所代表的意义在思想上更占优势。所以此时的游戏依赖于与实物在外形、功用上都十分相似的专用替代物,主要是一些特制的玩具,如炊具、餐具、娃娃等。如果给他们与实物相似性低的替代物,他们往往会拒绝。有人观察2岁半的儿童发现,给他们一辆玩具汽车,要求他们把它当作铲子使用,结果他们中的许多人仅把汽车放在桌上推来推去,还有一些儿童则干脆拒绝:"不,我不能,这是汽车。"

(2) 用与实物相似性较低的替代物。幼儿中期(4—5岁),随着知识经验的丰富、联想能力的提高,逐渐能脱离专用替代物,选择一些离开原来实物功用的替代物。此时的儿童,思维有明显的具体形象性,虽然不能完全离开实物,但一般来说意义已比实物重要。替代物与实物的相似性减少,通用性增大,一物可以多用,如小棒可以分别代替筷子、刀、勺、炒菜铲、擀面杖、注射器、体温表等。儿童年龄越大，使用替代物的范围也越大。有人用相同数量的游戏材料让不同年龄组的儿童来作替代物，结果发现：3岁—3岁半组代替了35种物品，3岁半—4岁组代替了54种，而4岁—4岁半组的替代物数量多达76种。

（3）不依赖于实物（用语言、动作等）的替代。幼儿晚期（6—7岁）思维逐渐向抽象性、概括性过渡，对事物的关系、意义有了更深的理解，心理活动的随意机能也进一步发展，在游戏中表现出可脱离实物，完全凭借想象以语言或动作来替代物品，如用斟酒的动作和小心翼翼的端杯动作来替代酒，尽管实际上杯中空无一物，甚至根本不需要"杯"；用朝空中抓一把、撒向小锅的动作配以语言"放点盐"来替代"炒菜"中所需要的"盐"等。

4. 依据游戏教育作用的分类

苏联的学前教育注重从教育角度研究游戏，根据教育实践中如何以游戏作为促进发展的途径，依游戏的教育作用进行分类，一般将游戏分成两大类：

（1）创造性游戏，包括角色游戏、结构游戏和表演游戏。此类游戏由儿童自由玩。

（2）有规则游戏，包括体育游戏、音乐游戏、智力游戏等。此类游戏由教师组织儿童进行。

我国学前教育受苏联影响很大，游戏分类传统上有创造性游戏和有规则游戏。这种分类方式便于教师了解游戏的教育作用，可以根据需要选用，但容易造成教师主导幼儿园游戏的情况。目前还有的研究者将游戏分为主动性游戏和被动性游戏。在主动性游戏中，儿童除了需要智力活动外，更需要运用肢体、肌肉的活动去进行游戏，儿童可以自由控制游戏的速度，也可以按自己的意愿来决定游戏的形式，如绘画、手工、玩积木、玩玩具、角色游戏、玩沙、玩水、唱歌等。根据不同的游戏方式，主动性游戏可以再细分为以下四种类型：操作性游戏，儿童运用四肢、大小肌肉的活动来进行的操作性游戏；建造性游戏，儿童利用大小积木或拼插玩具来制作房屋、桥梁或其他物品的建造性游戏；创作性游戏，需要儿童用心去创作、运用简单的材料制作物品，以表达其创作力的创造性游戏，一切美工活动、玩沙、玩水游戏均属于此类；想象性游戏，儿童利用现有的物件或玩具，凭自己的想象力来进行想象性的扮演角色的想象性游戏。被动性游戏属于较静态的活动，儿童只需观看、聆听或欣赏，而不需进行体力活动，如看图书、听故事、看录像、听音乐等都属于静态接受信息的活动。

扫码看视频
创作性游戏
"我爸爸"

三、讨论

1. 某幼儿园刘老师把计划一周内每天要让孩子玩的游戏，制作成了目录日程表，希望孩子们对各类游戏都能深入探究，也便于老师提前投放材料，可是刘老师发现，这种老师计划好的游戏常常引不起所有孩子的兴趣，老师投放的材料孩子们不喜欢，不让玩的倒经常被孩子们要求去玩，还有的孩子一星期就玩一种材料，这是怎么回事呢？老师应该怎样做才能达到促进孩子各类游戏发展？（提示：老师的预设必须以儿童的兴趣、水平为依据，计划要为儿童服务，而不是让儿童完成计划任务）

2. 对幼儿游戏分类的不同方法,标志着不同角度的游戏研究方向和价值,你认同的是哪些分类方法? 为什么? 请尝试设计自己在未来教学中的实践性分类方法,并说明理由。

 思考与练习

一、判断
1. 学前儿童游戏是一种自由无序的行为。(   )
2. 观测幼儿游戏可以评估幼儿的身心发展水平。(   )
3. 幼儿游戏的材料不是分析幼儿游戏水平的重要因素。(   )
4. 没有假扮行为就没有游戏行为。(   )
5. 游戏是幼儿主动的学习行为。(   )

二、选择
1. 经典游戏理论主要有(   )。
   A. 复演说 B. 精力过剩说 C. 松弛说 D. 预演说
2. 游戏理论的不同视角有(   )。
   A. 文化 B. 语言 C. 社会 D. 心理
3. 儿童游戏的描述性特征有(   )。
   A. 愉悦 B. 自主 C. 假装 D. 规则
4. 布朗芬·布伦纳的幼儿游戏生态中孩子的父母属于(   )系统。
   A. 微系统 B. 中系统 C. 外系统 D. 子系统
5. 根据发展心理学给幼儿游戏分类的依据主要有(   )。
   A. 认知 B. 社会 C. 游戏活动 D. 教育作用

三、简答
1. 你认为什么是学前儿童游戏? 应该怎样理解?
2. 学前儿童游戏有何本质特征?
3. 对学前儿童游戏分类的思路主要有哪些?

四、实践与实训
1. 和一名3—4岁幼儿一起游戏半天,写一份游戏分析报告。
2. 调查5名幼儿家长对幼儿游戏的看法,自拟调查表,并写出调查报告。
3. 请尝试并描述结构游戏中幼儿所需要的动作技巧(最少10种)。
4. 请尝试5种制作性游戏,并简单介绍玩法。

第二章 游戏与学前儿童发展

1. 深刻理解游戏对学前儿童发展的重要意义
2. 掌握利用游戏活动促进儿童各方面发展的方法
3. 树立科学的学前儿童游戏发展观

 问题提出

美国著名作家黛安在《儿童世界》中曾这样描述：儿童在游戏中成长，他们学习如何使用肌肉，他们发展视觉与运动协调的能力，他们还发展控制自己身体的意识。儿童在游戏中学习，他们发现世界是个什么样，他们自己又是怎样的；他们习得新的技能，了解运用这些技能的恰当场合；他们"尝试"生活的各个不同方面。儿童在游戏中成熟，在游戏中重现现实生活，借以应对各种复杂、矛盾的感情。

游戏是儿童最喜爱的活动，各类研究均已表明：游戏是学前儿童学习各类经验的最重要的手段，儿童早期就是游戏的时期，儿童能在游戏活动中获得发展。现代游戏理论认为，游戏和儿童发展的关系极为密切，至少存在着三种可能性：游戏是对儿童发展结果的反映，可以揭示儿童发展的现状及水平；游戏可以强化儿童的发展，是巩固儿童发展结果的环境；游戏是儿童发展变化的工具，即游戏可以导致发展。游戏不仅可以给儿童带来快乐，而且对儿

玩水枪

童的发展具有重要的教育价值，这也是游戏成为幼儿园基本活动的主要原因。通过游戏可以促进学前儿童身体、认知、情绪、社会性等各方面的发展。

第一节 游戏与学前儿童身体发展

在各类游戏中，几乎所有的游戏都伴随着不同程度的身体运动，既有全身运动，也有局部运动，活动着儿童身体的不同部位。幼儿期是一个生长发育十分迅速和旺盛的时期，在游

戏中，幼儿身体的各器官和组织处于积极的活动状态，可以加速幼儿身体各器官的活动，促进机体的新陈代谢以及骨骼、肌肉的成熟，特别是运动系统、内脏和神经系统的发育，使幼儿在身体发育、体力、动作协调等方面不断地趋于完善和成熟。

与此同时，幼儿在进行游戏时总是伴随着十分愉悦的情绪，而愉悦的心情是幼儿身体健康所必需的，这种愉快的心情，从另一个侧面又保证着幼儿身体的健康，保证着机体的正常发育。所以说，游戏最适合幼儿的生理和心理发展需求，游戏可促进幼儿身体的健康发展。

一、游戏促进学前儿童基本动作的发展

扫码看视频
运动与游戏

在人的大脑皮质上，身体的各个部位都占有相应的代表区域，与此同时，区域的大小是与身体该部位活动的复杂程度、精细程度成正比的，身体哪个部位的活动越精细、越复杂，在大脑皮质上所占的区域就越大。灵巧、精细的动作，能激发大脑中某些富于创造性的区域，从而促进思维能力的发展，而思维的发展又反过来使动作更加精确、灵敏。

游戏有利于发展幼儿的大肌肉动作，当幼儿在走、跑、跳、钻爬、投掷、平衡、攀登时，他们身体的许多部位得到了锻炼，动作的灵活、协调和控制能力也得到了发展。例如：幼儿玩的"老鹰捉小鸡"的游戏，为了防止被"老鹰"捉到，那么扮演"小鸡"的幼儿就必须在"母鸡"的带领下躲避"老鹰"的追捕，同时，扮演"老鹰"的幼儿也必须努力追捕"小鸡"才能获胜。在游戏中，幼儿需要不断地跑、闪、跳，这就为幼儿的身体发展提供了许多必要的动作和运动，使幼儿四肢大肌肉动作的协调和灵活性得到发展。

游戏有利于发展幼儿的小肌肉动作。当幼儿玩玩具、搭积木、剪画、拼图、插塑、穿珠时，他们就必须仔细耐心地用手去操作物体，因此他们手部的肌肉也就得到了训练，手指活动也就变得越来越精确，手部小肌肉的活动能力和手眼协调并用的能力也得以发展。

幼儿通过对这些已经掌握的基本动作和技能的练习和应用，能不断掌握新的动作和技能。幼儿的基本动作的练习都是在游戏中进行的，游戏是发展基本动作的重要途径。

二、游戏对学前儿童运动能力的作用

生命在于运动，儿童的生命活力在于生长，而运动能力将保证儿童在生长中对运动量的需求。运动能力是指人体活动时，在中枢神经系统指导和支配下的肌肉活动中所表现出来的能力，它是人体各系统、各器官的功能在肌肉工作中的综合反映，是一种综合性的能力，也是人体进行体育活动的基础。

从幼儿的身体、心理特点出发，幼儿运动能力一般包括：平衡能力、协调、灵敏性、力量、速度、耐力和柔韧性。幼儿运动能力培养的重点可放在平衡能力、灵敏、协调这三方面，对耐力、力量和速度则作适度的培养。幼儿运动能力的提高，不仅有着极其重要的健身价值，而且对幼儿智力的发展、良好个性的培养都起着积极的促进作用。

美国的运动生理学家认为，儿童运动能力的发展可分成四个阶段，其发育不是在一个阶

段就可以完成的,存在发展的"关键期",在发育过程中的每一阶段,都有特定的任务要做。比如,在第一阶段,即从出生到2岁半,由于儿童的神经系统正在发育,主要发展一些基本的爬、走、抓、打、推、眨眼、摇头、说话等运动机能;而到了第二个阶段,也就是2岁半到5岁半,正常的儿童均应具备跳、跑、踢、抛、接、滑动、转动等最基础的运动机能。这些看似很简单的动作,却为儿童今后运动能力的进一步发展奠定了坚实的基础。

通过游戏练习技能

游戏是学前儿童最喜欢的活动,游戏同样也能满足学前儿童生长时对运动的需要。学前儿童各种运动能力的发展正是在游戏活动中得以实现的。如滑滑梯、走平衡木、跳绳、攀登、追逐等可以促进学前儿童大肌肉群的发育,使动作逐渐趋于协调;而折纸、泥工、搭积木、穿珠等则能锻炼学前儿童手部小肌肉群的协调能力,使动作趋于精细。再如儿童的"踢球",实际上是很复杂的动作,需要大腿、小腿的配合、协调,保持身体的平衡才能完成,他们在游戏中不断地、反复地重复着这个动作,表面上他们好像是在学踢球,实际上是借助游戏的方式来促进其运动神经系统的发育。

除了体育游戏外,幼儿园其他各种类型的游戏中也都包含了大小肌肉群的运动。儿童会根据自己的运动能力的高低和长处去选择游戏内容,在游戏中逐渐发展运动能力,随之又根据提高了的运动能力去选择符合其发展水平的游戏活动。就这样的循环往复,学前儿童的运动能力便伴随游戏水平的提高而提高。

需要提醒的是:第一,儿童运动能力的发展是有阶段性的,一个阶段的欠缺会导致后面阶段的延误,甚至终身的延误,因此教师要抓住儿童运动能力发展的"关键期",促进儿童运动能力的发展;第二,通过游戏发展儿童的运动能力,教师必须考虑儿童的身心特点,避免成人化和小学化,应强调以游戏为其基本的活动方式,以各种身体素质的综合培养为其主要的指导思想,以促进儿童身心全面健康的发展。

三、游戏对学前儿童身体各器官的影响

游戏是学前儿童的基本活动,游戏对学前儿童身体各器官的发育同样具有重要作用。

(一) 促进儿童骨骼、肌肉系统的发育

如前所述,游戏能促进学前儿童基本动作、大小肌肉、协调能力的发展,特别是专门的体育游戏对促进儿童身体各器官的生长发育效果显著。在黄世勋编著的《儿童运动游戏创编与教学》一书中,借用体育游戏的形式进行实验,结果表明:活动性游戏能促进儿童各器官的生长发育,促进儿童骨骼、肌肉系统的发育,提高其身体机能。

(二)促进儿童大脑的生长发育

裂脑人研究表明,不同的大脑皮层分管着人体不同的机能,大脑分为左、右半球,大脑左、右半球有各自独立的意识活动。左脑倾向于用语言思维,右脑则倾向于感觉形象直接思维。大脑左、右半球具有一种合作关系,即左脑负责语言和逻辑思维,而右脑则负责一些难以换成词语的工作,通过表象代替语言来思维。在各类游戏中,儿童不仅要动口,更要动手,通过更多的手部活动刺激大脑神经的生长和发育,使左、右脑同时得到开发和利用。

游戏是儿童喜欢的、主动的活动,他们在游戏时,能将大脑皮层中占优势的"兴奋灶"调动起来,把与之有关的刺激都吸收到这一方面来,形成优势原则,集中注意力。同时,游戏是儿童的基本活动,他们无时无刻不在游戏,这样很容易建立动力定型,当动力定型建立以后,脑细胞就能以最经济的消耗收到最大的工作效果。

总之,大到追、跑、跳、跃的游戏,小到拼图、绘画、玩沙等游戏均可使儿童身体各器官得到活动和锻炼,使儿童在不同的游戏中变得结实、健康。即通过各类游戏锻炼了儿童的身体,增强了儿童的体质。

 思考与实践

1. 体育游戏能够促进儿童骨骼、肌肉运动,有利于身体生长发育。那么,对体能较差的儿童,是否可以通过提高动作的难度和运动的负荷来加速其身体生长发育呢?
2. 在通过游戏促进儿童运动能力发展的过程中应注意哪些问题?

四、讨论

案例一:为什么易拉罐不会滚了

以往的垒高游戏,幼儿玩得都很开心,也很少有矛盾,可是今天却例外,因为在收拾玩具时,佳佳小朋友收拾的动作不熟练,花费的时间过长了,江好小朋友是个急性子,她忍不住推开佳佳,想独自一个人收拾。而江好在收拾易拉罐时,随意地将罐子叠放在一起,结果放在最上面的罐子一次次滑下来,一连放了八九次都没有成功。这时教师适时地提醒她:"试试把易拉罐排放整齐。"听了老师的提醒,江好不一会儿就叠放好了。江好开心地说:"我学会了,只要排放整齐,易拉罐就不会滚下来。"从这个案例中,你得到了什么启发?

案例二:这样的户外活动适当吗

户外活动时,小朋友比赛从高处往硬地上跳,小女孩梁佳怡得了第一名,虽然当时屁股有点疼痛,但由于太高兴了就没太在乎,回家后,情况严重,妈妈带她看医生。原来是活动不当,髋骨发生错位,出现了"青枝骨折"现象。你能向梁佳怡妈妈做些分析和说明吗?

附：案例讨论答案提示

案例一提示：儿童在游戏中也要面对各种各样的"问题"，他们在"问题"前选择，在"问题"中思索，在解决"问题"的过程中一步步成长。儿童在游戏时往往会遇到障碍，这是动手能力不足造成的，而动手能力不是一朝一夕就能培养起来的，在这个过程中，任何的说教、代替都是无效的，需要儿童亲力亲为，不断解决遇到的问题，克服眼前的困难，动手能力才能在日积月累中慢慢得到提高。

案例二提示：过度的锻炼会造成儿童骨骼的慢性劳损和肌肉的牵拉损伤，导致儿童运动系统的发育障碍。

第二节 游戏与学前儿童认知发展

认知是认识过程及其心理品质的总称，它包括了感知觉、记忆、思维、想象、语言等几个方面。游戏在儿童认知发展中的作用早已受到教育学、心理学界的广泛关注，瑞士认知发展心理学派的代表人物皮亚杰的认知发展游戏理论，更是开拓了从认知发展角度研究儿童游戏的新途径。游戏中有动作、有情节、有玩具和游戏材料，其从不同方面为学前儿童提供认识外部世界的途径，符合学前儿童认知发展的特点，能唤起学前儿童的兴趣和注意力，激发学前儿童积极的感知、观察、注意、记忆思维和想象等，同时，在游戏中学前儿童需要与同伴沟通和交往，其语言也得到了发展。可见，游戏是促进学前儿童认知发展的有效手段。

一、游戏是发展儿童智力的重要手段

游戏丰富了儿童的知识，激发了儿童的想象力，发展了儿童的思维能力，并培养了儿童的语言能力。游戏是儿童智力发展的动力，对儿童智力的发展有着不可替代的价值。

（一）游戏可使儿童获得丰富的知识

皮亚杰认为，儿童的认识是主体与客体相互作用的结果。人的知识和经验有两种，一种是物理知识和经验，另一种是数理逻辑知识和经验。物理知识和经验是客体自身属性的反映；数理逻辑知识和经验是主体通过自己的动作以及以后的运算作用于客体后才产生的。因此，儿童的认识不是单纯地来自客体，也不是单纯地来自主体，而是来自主体对客体的动作，是主体与客体相互作用的结果。

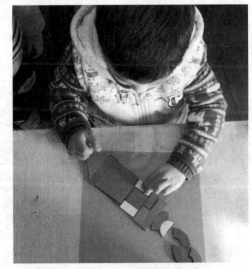

游戏促进智力发展

儿童在游戏时，通过直接接触各种玩具或材料，通过聆听、观察、触摸、比较等活动，从而认识和掌握各种物体的性能和用途，了解事物之间的相互作用和因果关系，掌握了对物体的性质、物体之间的联系、动作与物体之间的相互作用关系的认识；通过使用多种多样不同的玩具与材料，也就获得了关于周围世界的基本知识和主要概念，从而增长了知识。例如，儿童玩积木时，经过不断地尝试错误，知道了小的积木应放在大的积木的上面，这样才能保证所搭积木的平稳性。再如，玩积木游戏时儿童认识了大小、多少、形状、结构，理解了"拼"和"拆"的概念以及"连接""层次""镶嵌"等的构造关系，同时在摆弄物体的过程中，儿童会发现圆球、轮子、圆柱体、圆锥体、悬垂物的运动规律，初步理解了"滚动""转动""摆动"的概念。

（二）游戏能提高儿童的感知能力

感知觉是儿童认知活动的开端，是儿童认识外界事物、增长知识的主要途径，也是儿童智力发展的渠道。感知觉的发展是衡量此阶段儿童智力发展水平的重要指标。对处于直觉动作思维阶段的学前儿童来说，主要是靠"感官"来学习，用"行动"来思考的，需要用各种感官去接触事物，对事物进行直接的感知，才能对事物留下一定的印象，才能形成对事物的概念。

儿童的感知觉是在活动中才能得到发展的，而游戏是儿童最喜欢的活动，最符合儿童的兴趣。游戏过程实际上是一种通过操作物体来感知事物的过程，在游戏中，儿童接触到各种性质的物体，并动用了各种感官参与其中，通过眼看、耳听、口尝、手摸，了解各种事物的特性，大大加强了感官的感受性，发展了感觉；同时通过对物体的形状大小、空间概念、时间概念的认识，学会了感知各种事物的状态和属性，发展了知觉。例如，在玩"沉与浮"的游戏时，儿童感知并认识水的流动、浮力、物体的轻重、体积等特性，以及各种不同材质和体积的材料与水的关系。儿童是在游戏中通过对游戏材料的操作，发展着各种感觉能力，同时获得知识经验。

同时，儿童要完成整个游戏过程，必须依靠以往累积或者记忆的知识经验或游戏规则，这样在提高其感知能力的过程中，观察力、注意力、记忆力也能得到综合发展。例如，在玩智力游戏"奇妙的口袋"时，口袋里装有各种各样的物体，让儿童把手伸进"奇妙的口袋"，经触摸说出某种物品的形状、大小、光滑度、坚硬度、材质等，这样既可以发展儿童的感知能力，还可以发展儿童的记忆力和概括能力。

所以，游戏对儿童感知能力提高的意义在于给他们提供更多的机会，使他们能综合运用各种感官，从而提高感官的感受性，发展其感知能力。

（三）游戏能够促进儿童想象力的发展

想象是人脑对已有表象进行加工改造形成新形象的心理过程，是智力的重要成分。在生活中，我们可以看到，儿童的想象力比成人的想象力更加新奇、更加丰富，主要是因为儿童缺乏知识经验，其想象不受常理约束，具有更大的随意性。虚构（假装）、想象、联想是儿童游戏的普遍特征。游戏过程中创造力的发展主要表现在以人代人、以物代人、以人代物、以物代物的替代行为上，游戏的情节和场景更是充满了想象的内容，特别是在角色游戏和结构游戏过程中想象力尤为突出，而且游戏内容越丰富，想象也就越活跃。例如，在玩角色游戏"娃娃家"时，儿童必须把自己想象成"爸爸"或"妈妈"，而把娃娃想象成"宝宝"，瓶盖想象成小碗，小棍子想象成小勺子，来喂宝宝吃饭，这种以物代物、以人代人的象征性活动是儿童想象力发展的重要标志。游戏为儿童提供了想象的充分自由，是激发儿童想象力的最好方法。因此，想象是构成儿童游戏活动不可缺少的心理成分。

儿童想象力的发展也不是一蹴而就的，是逐渐在游戏中发展起来的，其想象力的发展需要有一个从初级形态向高级形态成长的过程。

（1）儿童的想象是从被动到主动，从无意到有意的。开始时，儿童不会给代替的物品取名，而且总是用经常看到的或玩得顺手的东西来代替所需要的物品，比如瓶盖总是用来"做饭"，毛绒玩具总是"孩子"等，说明这种替代想象完全是受物的暗示，是由物引起的。随着游戏的发展及需要，一种东西逐步可以代替多种东西，一种事物可以有多种用途，比如积木可以是吃的蛋糕，可以是小动物的床，也可以是洗衣服的肥皂，这时物的替代可以随儿童的意愿而变化多端，想象日益主动化和有意化。

（2）儿童的想象是从不稳定到稳定的。儿童开始游戏时没有一定的目的性，不会想好了再做某类游戏，而是看见什么玩什么，看到了娃娃才想到要玩过家家游戏，搭积木时搭成了房子才说是房子，根本不按一定的命题游戏。但是，随着儿童年龄的增长和游戏发展的需要，游戏能引导他们的想象向着一定需要的方向发展，使其服从于一定的目的。比如，中班幼儿的游戏较小班幼儿有了很大程度的发展，他们的游戏需要角色和情节，这种游戏可以为创造性想象的发展提供广泛的条件。在游戏中，中班幼儿不仅以物代物，而且扮演多重角色，要扮演角色，就得想象出十分复杂的活动，周密地设想角色此时做什么、下一步做什么，从而推动游戏的发展。

（3）游戏能使儿童的想象力逐步脱离外在活动状态，向内在活动转化。我们经常可以见到儿童在游戏时除了通过玩具和语言表达进行一场情节丰富的游戏外，他们还可以通过绘画、建构等形式想象出更加丰富和离奇的游戏情节，这种情况是随着游戏的发展而发生的。想象从外在活动状态向内在活动转化，其服从一定的构思、情节并按预定的计划发展，这就表明了儿童想象的主动性。于是，在游戏中就出现了各种各样的儿童作品，他们的想象力其实很令人惊讶，这一切都是在游戏中发展起来的。

（四）游戏能够促进儿童思维的发展

思维是人脑对客观事物间接的、概括的反映，反映的是客观事物的本质属性和内在规律，需要借助于语言来实现其特性，是儿童进行概念、判断、推理的过程。思维能力是认知的高级活动，是智力的核心，思维的产生使儿童的认识过程发生了质的改变，使认知开始成为整体。

1. 游戏可促进儿童思维概括水平的提高

儿童在游戏时,我们通常会发现,扮演妈妈、奶奶等角色的总是女孩,而扮演爸爸、叔叔、爷爷等角色的总是男孩,其实通过游戏儿童已经在不知不觉中发展了自己的概括水平。

2. 游戏可克服儿童思维的片面性

从皮亚杰的"三山实验"中可知,儿童的思维方式是以自我中心思维为主的,看问题常从自己的角度出发,不能站在别人的角度考虑问题,而通过游戏,就可以克服儿童思维的片面性。比如,当问及中班幼儿小明,假如你有一个哥哥、一个弟弟,共有三兄弟,那么你有几个兄弟时,小明能够准确回答,但当问及你的哥哥或者弟弟有几个兄弟时,小明是不清楚的,认为还是三个。但是在游戏中,当儿童可以进行角色替代时,不管从谁的角度出发儿童都能准确作答,这说明通过游戏可克服儿童思维的片面性。

二、游戏可促进儿童创造力的发展

创造力是运用已知信息,创造出新思想、新事物的能力。创造性的思维品质包括流畅性、灵活性、独创性和发散性。游戏之所以能促进儿童创造力的发展,是因为在游戏中儿童有自由操作游戏材料的机会,他们可以对同一物体做出不同的动作,对不同物体做出同一动作,能够变换各种方式来对待物体,这扩大了他们与物体之间相互作用的范围。游戏为儿童提供了自由探索、大胆想象的机会,可以养成儿童乐于探索与想象,勇于创造的态度与精神。

心理学家在研究中也证实了游戏经验有助于儿童创造性思维的发展。亨特在20世纪70年代为3—5岁的儿童设计了一个新颖的玩具,这个玩具是用金属制成的红色箱子,箱子上装有1个杠杆,杠杆顶部是一个蓝色的木球。杠杆运动的方向是由箱子上的4个计数器控制的,计数器可以打开,也可以被盖住。如果杠杆成水平状,会传出铃声;如果成垂直状,蜂音器就会发出声音。亨特根据儿童对该玩具的反应,把他们分成三种不同类型:①无探究精神者,这些儿童只是看看玩具,但不去对玩具进行探究;②探究者,这些儿童只是对玩具进行探究,但不用它来玩,比如试图发现怎样才能使铃声再次响起;③创造性探究者,这些儿童不仅对玩具进行探索,而且用各种具有想象力的办法来使用玩具,开展各种游戏。结果发现,很多无探究精神者是女孩,而很多男孩是创造性探究者。4年后,当这些儿童已经长到7—9岁时,再次对他们进行创造力测验。亨特发现,当年的创造性探究者在创造性测验中得分均高于探究者,而无探究精神的男孩在创造性测验中的得分又远远低于那些探究者男孩。亨特通过与家长和教师交谈又了解到,这些无探究精神的男孩平时不爱玩,缺乏好奇心和冒险精神,而无探究精神的女孩在社交场合表现得比那些有探究精神的女孩更为紧张,往往显得手足无措。

三、游戏与儿童的语言发展

语言是表达或交流思想和情感的工具,其最本质的功能就是交际。语言获得需要有先天性的物质基础,包括发音器官、大脑语言中枢的发育和成熟,但真正的语言发展一定是通过社会环境和儿童的实践获得的。儿童的语言获得是一个连续发展的变化过程,幼儿期是口头语言发展的关键时期,促进儿童口头语言的发展是此时发展的重点。儿童在游戏中与同伴进行交流的过程实质上是其语言组织及表达能力的锻炼过程,游戏为儿童语言的实践提供了机会,是促进儿童口头语言发展的重要和有效的途径。

在一个幼儿园班级中,正是吃午饭的时间,两个儿童是这样对话的:幼儿甲:"今天终于晴了。"幼儿乙:"那我终于可以享受下有太阳的滋味了。"幼儿甲:"太阳是什么滋味?"幼儿乙:"照在身上暖暖的。"说完两个儿童咯咯地笑着,他们在欢笑声中结束了语言游戏。儿童天生就有一种通过游戏练习获得各种技能的冲动,他们就像操纵物体一样来操纵语言,把语音和词句当作具有多种玩法和时刻伴随的玩具,把语言当作游戏的对象,自发地编押韵的顺口溜玩对话的游戏。卡兹登把这种游戏看作是一种"变形语言意识",她认为这种语言意识对于儿童的阅读和写作的学习相当重要。有人观察了幼儿园的儿童,发现他们的语言中语言游戏的成分占13%,而这些语言游戏中有93%是语音游戏,其余是语法结构游戏。语言游戏表明儿童确实知道词汇或句子的正确含义和在游戏中使用的特定含义,正如维果茨基所指出的那样:游戏帮助儿童把"词"作为一个"符号"来掌握,在游戏中儿童能根据物体和动作的意义发生行为;而在现实生活中,儿童却不能这样做,他们只能用真实的物体做出真实的动作。

游戏前,主题的选择、角色的分配、场地的安排、规则的制定等均需要儿童通过语言进行协商,即使年龄小的孩子也会表达自己的愿望;游戏中,儿童也会使用书面语言,如在建构游戏中,将"宏伟"等书面文字引入游戏,可以使儿童初步理解书面词汇的含义。游戏为儿童提供了语言表达的环境,练习了发音、训练了表达、丰富了词汇、理解了语义。

通过游戏促进语言发展

布鲁纳也认为儿童最复杂的语法和言语符号往往最先在游戏情景中使用,在游戏活动中语言掌握得最快,儿童可以最迅速地掌握本国语言。他以一个3岁儿童第一次使用条件句的例子为证:"如果你和我好,你把你的石弹子给我,我就把我的枪给你。"如此复杂的语言,通过"教"是难以实现的,教一个4岁儿童用"如果……就……"来造句,恐怕也难以顺利完成。同样,一些新的复杂的谓语、省略语、重复句等也首先出现在游戏中。如果一味地教儿童一些复杂的词汇,那只能使儿童长时间停留在消极词汇中,只有在游戏的情景中,这些词汇才有机会转化为积极词汇。

总之,游戏提供了语言实践的机会,儿童可通过生动、具体的语言运用,调节自己的游戏行为,也通过具体的动作,变换自己的语言,从而发展了语言,并以语言为中介建构对现实世界的认识与理解,发展了儿童的智力。

思考与实践

1. 儿童想象力的发展是如何从初级形态向高级形态发展的?
2. 游戏是怎么样促进幼儿智力发展的?

四、讨论

案例一:怎样让孩子们了解游戏规则

幼儿园某班举行了一次玻璃球比赛。比赛开始时,教师先定了规则,挖一个洞,然后在离洞不远的地方划一道线。每个人弹一次,谁的玻璃球离洞最近,谁先弹。只有先把自己的玻璃球弹进洞里,才有资格去弹别人的玻璃球,弹中的玻璃球就归自己,也就是赢方。教师清楚地讲完了比赛的规则和要求。第一组比赛的是张潇和唐越,看着他俩那专注样,我在一旁看着他们谁会获胜,张潇的玻璃球弹得离洞比较近,于是他就拿走了唐越的玻璃球,这下唐越急了说:"张潇你耍赖皮,我不和你玩了。""我没有,不是我的比你离洞近吗,当然是我赢了啊,你的球就是我的。"张潇争辩道,孩子们激烈地争吵着。这时教师走过来对他们进行劝解,并示范一次给他们看,这下孩子们全明白了。这个事件说明了什么?

案例二:为什么小班孩子把游戏当真了

小班的孩子是好模仿的,他们喜欢模仿生活中的一些人和事。一天刘思成和罗梓文在生活模仿区玩得很不开心,只听见刘思成说:"我起床了,先刷牙吧!"于是就把牙膏挤到牙刷上,放到嘴里刷起来。罗梓文连忙说:"你真的刷牙啦?"此时徐老师连忙走过去,制止了他的动作,说:"这牙膏、牙刷都是让你模仿刷牙,不是真刷,这样会有小虫虫钻进你肚子的。"为什么会出现这类情况,请你帮徐老师分析一下原因。

附:案例讨论答案提示

案例一提示:孩子们喜欢玩规则游戏,但对于游戏规则和玩法不是十分清楚,虽然在游戏之前教师将规则和玩法都交代清楚了,但在实际操作过程中我还是看到了孩子们并非都很好地掌握了,通过后来的示范,才让他们真正了解了规则和玩法。这让我明白了,有时我们的游戏光靠讲解是不够的,它仍需要教师的示范,对于孩子们来说视觉冲击远大于语言表述。

案例二提示:小班的孩子由于生活经验欠缺,往往会将假想与现实混淆,如果没有老师正确的引导,有的区域活动就不能很好发挥它的正确作用,从而使孩子们乱玩,什么都学不到,或许还会发生安全隐患。所以,区域活动时更需要老师的积极引导。老师可以以一种角色参与到孩子们的游戏中去,以平等身份参与游戏,与孩子们共同探索操作,这样会营造一种宽松和谐的气氛,唤起孩子们的装扮意识。

第三节 游戏与学前儿童情绪发展

情绪和情感是人对现实的对象和现象是否适合其需要和社会要求而产生的体验,是以主体的愿望、需要等倾向为中介的一种心理现象。学前期是儿童情绪情感发展的重要时期,游戏在儿童的情感发展中同样具有重要的作用。游戏的内容和形式灵活多样、丰富多彩,它不仅能满足儿童表达自己情感的需要,还能够使儿童良好的情感发扬光大,不良的情绪得以矫正。游戏使儿童有机会表现自己的情感,儿童的喜、怒、哀、乐都能够在游戏中表现出来,游戏给儿童以快乐与满足,它作为儿童生活中的重要内容对于他们情绪情感的发展具有积极的意义。

一、游戏对于儿童情感的满足和稳定具有重要的价值

游戏是一种轻松、愉快、充满情趣的活动,它给儿童以快乐。游戏是儿童表现自己情感的一种方法,与其他人一起进行游戏活动能使他们的情感得到表现。儿童在游戏中经常体验积极的情绪情感,为他们探索自我的发展道路提供了途径和机会。

儿童在游戏中出现的情绪情感永远是真实的,儿童不会假装,也不会做样子。随着游戏主题和构思的发展和复杂化,儿童体验着不同的情绪情感,也使不同的情绪情感体验更丰富、更深刻。如在"娃娃家"游戏中,扮演妈妈的幼儿体验着妈妈对孩子的关心和爱护,同时也体验到了父母工作的艰辛和对自己的爱。当儿童利用游戏材料做出了成果时,会体验到自豪感,增强自信心;如果失败了,儿童在游戏中也不会有任何负担,不会造成任何损失,可以重玩。比如在"银行""商店"游戏中,当服务员的儿童,尽职尽责地为"顾客"服务,客人的感谢使他们感觉非常地满足。在各类表演游戏中,儿童深深地体验着故事中人物的喜、怒、哀、乐……游戏使儿童体验各种情绪情感,丰富着情绪情感的体验,学习表达和控制情感的不同方式,同时发展了他们的友好、同情、责任心、爱憎分明等积极情感。

二、游戏有利于儿童消极情绪的宣泄

人在生活中不仅有正向的、积极的情绪情感,也有负向的、消极的情绪情感。消极情绪情感包括生气、恐惧、忧愁、伤心、怨恨、紧张、愤怒、沮丧、懊恼、急躁、绝望等。在生活中,儿童由于受外界各种因素的影响,难免会产生一些消极情绪,如果这种消极情绪长期受到压抑而得到不到释放,就会影响儿童的心理健康。许多心理学家都认识到游戏有帮助儿童宣泄消极情绪的价值,最典型的是以弗洛伊德为代表的精神分析学派,认为游戏可以补偿儿童在现实生活中不能满足的愿望、缓解心理紧张、减少忧虑,使儿童向自信和愉快的情感过渡。游戏不仅能够宣泄儿童的紧张、焦虑、恐惧、不安等情绪,减轻或克服不良心理,还能以儿童能接受的情景方式再现不愉快的经验。通过角色扮演达到心理的平衡,是儿童消极情绪发

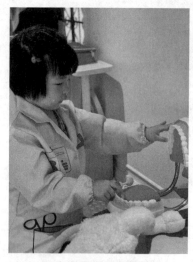

通过游戏缓解紧张情绪

泄的重要途径。"游戏治疗"的理论与实践也已经证明了游戏是儿童宣泄自己不良情绪的一种重要形式。比如角色游戏"医院",儿童在玩"打针"的情节时,通过给娃娃打针,可以再现"痛苦"的体验,宣泄其不愉快的回忆,从而减少了心理压力,获得了战胜恐惧的愉快;同时,通过游戏转换角色,扮成"医生""护士"给别的"小孩"打针,缓解了对医生、护士和打针的恐惧。在玩建构游戏时,儿童有时喜欢反复地搭积木,把积木搭得高高的,然后又用力地把它推倒,这也具有宣泄情绪的意义。

总之,游戏是儿童克服情绪紧张与宣泄情感的一种手段,通过游戏儿童能对那些引起自己不良情绪的思想有较好的理解和认识,在日常生活中就能心平气和地接受这些思想。在游戏活动中儿童宣泄了消极情绪后,内心会产生一种满足和快乐的情绪体验,从而获得心理平衡,而积极的情绪情感保障着儿童的心理健康,儿童获得了游戏的机会,同时也就获得了一种心理保健的机会。

三、在游戏中可丰富和发展儿童的道德感、理智感和美感等高级情感

游戏作为一种充满情绪情感色彩的学前儿童的基本活动,是一种积极的情感交往方式,它有利于各种情感类型的产生,也能丰富和深化儿童的情绪情感体验,特别是能促进儿童道德感、理智感、美感等高级情感的丰富和发展。

(一)游戏能丰富和发展儿童的道德感

道德感主要指人评价自己和别人的行为是否符合社会道德行为标准时所产生的内心体验。游戏是对现实生活的反映,在游戏中儿童摆脱了外界的压力,通过各种角色扮演表现不同的道德行为。比如在"医院"的游戏中,儿童扮演了同情和护送病人的角色;在娃娃家游戏中儿童体验到了父母对自己的关爱;在"公共汽车"的游戏中,儿童扮演了给老人让座的乘客……通过对各类人物关系的处理、角色情感的体验,儿童就能将在游戏中的角色行为和现实中的道德行为紧密相联,长此以往就有助于其形成稳定的道德情感。

(二)游戏促进儿童理智感的发展

理智感是儿童在认识客观事物的过程中产生的情感体验,是与求知欲、好奇心和解决问题等需要是否满足相联系的内心体验。游戏能促进儿童认知的发展,在游戏中儿童不断积累经验、发现知识、认识事物、解决问题,从而体验和不断发展着理智感。

(三)游戏是儿童产生美感的重要源泉,是培养和发展儿童的美感的重要手段

美感是由审美的需要是否获得满足而产生的情感体验。儿童在游戏中自觉地选择各种

颜色鲜艳、造型生动的玩具,通过对不同材料的分析,确定选中的材料,能不断地感知美、体验美、表现美和创造美,这样也能丰富和发展儿童的审美感。

附:小实验

辛格(1990)对3—4岁儿童进行了为期一年的研究,发现经常玩假装游戏或者有假想伙伴的游戏的儿童在游戏中有较多的微笑和欢笑,坚持性和合作性较好,较少出现攻击行为,也较少出现愤怒和悲伤。对年龄稍大儿童的研究也发现,富于想象的儿童较少莫名其妙地发火、攻击他人,较少冒失、冲动,更容易分清想象与现实的区别。同时有研究表明:情绪障碍儿童在其游戏中表现出混乱和刻板的特征,他们在游戏中表现出不合群、焦虑,且容易受到心理压力的影响,出现攻击性和冲动性,不能担任帮助他人的角色;他们在幻想游戏中要从"我"转移到自我以外、转移到假想的其他人的角色也很困难。由此人们认为:儿童不能发展想象型游戏标志着严重的病理症状,游戏可以给儿童提供体验积极情绪的机会。

(资料来源:翟理红.学前儿童游戏教程[M].上海:复旦大学出版社,2006)

 思考与实践

举例说明游戏有利于幼儿形成良好的情绪情感。

四、讨论

案例一: 如何关注区域活动中幼儿的表现

幼儿园开展区域活动,其目的就是为了兼顾孩子们的个体差异、个体爱好。可是在区域活动中,总是有那么几个幼儿不知道自己该玩什么,这里看看那里站站。一旦发现某个区域发生了好玩的事情,就不讲秩序地加入进去,这样理所当然就会引起其他孩子的反感,把他驱逐出去。于是他又会转悠到别的区域,茫然地看着人家玩。在区域里玩的幼儿一般都有自己的角色,或者都有喜欢的事情做,所以孩子们玩得很专心,根本不喜欢别人的打扰。这样一来无所事事的幼儿的瞎转悠常常就会引起小纠纷。遇到这类情况你会怎么做?

案例二: 教师应如何指导幼儿游戏

在"娃娃家"游戏中,小琴抱着一个毛绒娃娃使劲地打,嘴里还说:"看你不听话,看你不听话,今天妈妈就是要使劲地打你。"过了一会儿,又坐下来对着"孩子"说:"怎么还在哭,不许哭,再哭就又要使劲地打你了。"……某教师看到这种情况后,及时地制止了幼儿的行为,并告知她这样做是不对的,以后不能这样了。请简单评价此教师的做法。

附：案例讨论答案提示

案例一提示： 区域活动就是照顾到不同层次的孩子,让他们在无忧无虑的游戏中慢慢找到自己的位置,这就是区域活动的奇妙之处。所以,看见个别游荡的孩子不要着急,他们只是没有耐心,给他们时间与空间,他们会健康成长的,因为他们没有压力只有快乐。

案例二提示： 此教师的做法有点欠妥,过早地干预了幼儿的行为,其实孩子的这一行为就是再现生活中发生在自己身上的事情,通过这种方式幼儿心中积压的负面情绪得以宣泄。因此,教师应让幼儿宣泄为好,但在合适的时候要告知幼儿一些正确的处理方法。

第四节 游戏与学前儿童社会性发展

社会性是作为社会成员的个体为适应社会生活所表现出的心理和行为特征。社会性发展也称儿童的社会化,是指儿童从一个自然人逐渐掌握社会的道德行为规范与社会行为技能而成长为一个社会人,逐渐步入社会的过程,它是在儿童与社会群体、儿童集体以及同伴的相互作用、相互影响的过程中实现的。社会性可以说是一种静态形式,而社会性发展则是动态的过程,是一种逐渐建构的过程。游戏是儿童与他人交往的媒介,在与同伴以及成人的交往中,逐渐形成最初的人际关系;在与他人的相互作用中,逐步学会了尊重别人,同时也更希望得到别人的认可和尊重。在游戏中,儿童通过与人、环境产生影响,建立起自信,获得了成功的体验,使自我实现的需要得到了满足。

一、游戏能促进儿童自我意识的发展,帮助儿童"去中心化",学会理解他人

自我意识是主体对自己及自己与周围事物关系的认识,尤其是对自我关系的认识。自我意识是人实现社会化的关键,自我意识的强弱直接关系到儿童的发展。自我意识包括自我感觉、自我评价、自我监督、自尊心、自信心、自制力、独立性等。

儿童在出生的第一年,是说不上什么自我意识的,他甚至还不能知道自己的身体的存在。到1岁左右,儿童产生了自我感觉,这是自我意识最原始、最初级的形态。到3岁左右,儿童开始理解并运用人称代词"我"来表示自己,开始意识到了自己心理活动的过程和内容,开始把自己当作一个主体的人来认识,这是自我意识的萌芽阶段。但婴幼儿期是典型的"自我中心主义"时期,他们往往是从自己的角度出发看问题,以自己的想法、体验、情感来理解周围现实的人和事,但要从他人的角度看问题就有很大的困难,不能正确认识到自己和他人的区别。儿童要想摆脱自我中心,就必须与人相互交往,逐步使自我意识达到高级阶段,在自我意识发展的基础上,意识到自己和他人的关系,意识到自己在相互关系中的位置,把自己当作别人来意识。另外,儿童在游戏中,往往会遇到自己的观点与别人的想法不一致的情况,这也要求儿童必须学习协调和接受别人的想法,逐渐从以自己为中心转变到以他人的角度来看待问题,逐步学会从别人的角度去考虑问题,克服"自我中心"的观点。因此,游戏特

别是角色游戏在儿童从他人角度看问题的能力的发展中起着重要的作用。例如,当儿童在游戏中扮演"警察"的角色时,一方面他清楚地知道自己不是"警察",但是另一方面他又必须站在"警察"的立场上来思考问题,计划自己的行动。这种把自己转变为他人的行为可以使儿童比较自然地学会改变自己看问题的角度,逐渐克服"自我中心"的观点和思维的片面性,学会比较客观地看待问题。

美国心理学家罗森(Rosen)对儿童进行了社会表演游戏训练,目的在于揭示游戏在帮助儿童克服"自我中心",学会从别人角度看问题过程中的作用。实验过程如下:将被试分成两组,实验组进行40天社会性游戏训练,即为被试提供进行社会性表演游戏的机会、条件、玩具等,并指导儿童游戏,丰富儿童游戏内容;控制组则不予进行社会性游戏训练,仅仅为其提供一些游戏材料。40天以后对两组进行测试,测试方法是以商店游戏的形式,先给儿童看一大堆东西,包括妇女穿的袜子、男人的领带、玩具汽车、娃娃和成人看的书。确信被试认识这些东西并知道它们的用途后,要求他假装:第一,他正在一个卖这些东西的商店里;第二,他是一个父亲,现在他在为自己的生日挑选一些东西,让他思考父亲会为自己挑选哪些东西;第三,要求他依次假装母亲、教师、哥哥、姐姐和他自己来选择符合角色身份的物品。实验结果表明:实验组比控制组更能做出较好的符合人物身份的选择。这就证明社会性表演游戏中的角色扮演使儿童能在游戏中把自己当作别人(角色)来意识,这时,他既是自己又是别人,在这种自我与角色的同一守恒中,儿童有了角色意识,并能根据角色需要去扮演别人,逐步理解别人。所以说,游戏能为儿童建立良好的社会人际关系打下基础。

二、游戏促进儿童交往能力的发展

儿童的社会化发展过程离不开人与人之间的交往和相互作用,让儿童学会交往并善于交往是学前教育的一个重要组成部分,而游戏正是培养儿童养成正确的交往行为的一种活动。

(一) 游戏能使儿童形成对未来社会角色交往的初步认识

家庭是儿童接触的第一个社会交往团体,儿童进入幼儿园后,同伴关系就成了儿童时期一个最重要的人际关系。儿童喜欢游戏,游戏就成了儿童相互交往的主要媒介。儿童在游戏中会结成两种类型的人际关系,一种是儿童与儿童之间通过游戏材料或玩具结成的同伴关系,另一种是通过角色扮演结成的角色关系,在游戏中儿童通过与游戏材料与玩具的相互作用,能促进儿童与同伴之间更活跃的交往,特别是角色游戏。

在游戏时,孩子们充当着不同的角色,而不同的角色有着不同的身份,不同的身份就需要不同的表现,如爸爸、妈妈、老师、警察、医生等,这些不同的角色就是孩子们对未来社会角色身份的初步体验。在游戏中,孩子们会以自己的思维、言行进行自然的交往,体验着不同身份的角色所承担的不同的社会责任。通过游戏孩子们对他们将来可能充当的社会角色有了最初的感受,体验着对未来社会角色交往的初步认识。比如角色游戏"娃娃家"中,由于客人来得多,吃饭时没了筷子,这时孩子们就会学习运用成人交往的方法,到邻居家借筷子,这一"借"的行动,就是孩子们对未来社会角色交往的初步认识。

(二)游戏有助于儿童社会性交往技能的提高

交往技能是发起、组织与维持交往活动的能力。游戏是儿童交往的媒介。通过游戏活动,特别是伙伴游戏活动,儿童与同伴之间有了更多的交往机会,从而能够学习与掌握各种社会性交往技能。

1. 游戏有助于培养儿童的合作意识和行动

合作是一种重要的社会性交往技能。伙伴游戏本身就是合作的过程。这是因为,儿童在角色游戏开始前,必须做一系列的准备工作,如商量游戏的主题、分配角色、扮演角色、制定游戏规则、准备玩具和游戏材料;在游戏进行中,儿童必须随时注意他本身扮演的角色和别的角色之间的关系,以保持双方的协调一致,从而使游戏活动顺利进行;最后在游戏结束后,儿童还对各人在游戏中的表现进行一番评论。可见,游戏的全过程都在造就一种合作意识,儿童在游戏中的这种与同伴的交往活动,使儿童了解自己和同伴的想法、行为、愿望和要求,学会与同伴合作。与此同时,儿童还未养成良好的协作习惯,他们在游戏中往往会产生"越轨"行为,这时,别的儿童就会加以提醒,并"强令"其纠正,儿童就是在互相监督中训练自己的合作行为,并逐步调整自己的行为以适应整个游戏过程的需要。比如游戏"瓶中取珠",瓶中放五颗圆珠,大小略小于瓶口,每颗圆珠用绳系着,绳子的一头在瓶外,请五名儿童分别拿住其中的一根绳子,要求以最快的速度将五颗圆珠拉出瓶外。这个游戏看似简单,却要求儿童具有较强的合作能力。第一次游戏,孩子们各自为政,相互争先,结果可想而知,圆珠挤在瓶口,一个都出不去。孩子们总结了失败的原因,又经过多次尝试,最终发现最好的办法是五个人事先商量决定好先后顺序,依次轮流拉绳。通过这个游戏,孩子们体会到了合作的重要性以及规则的必要,学会了相互适应、制定共同的行为规则,掌握和体验协商、轮流、合作等技能。

> **镜头**
>
> **"我能玩一下吗"**
>
> 一个叫歇若的女孩在游戏时同另一个孩子闹了起来。她对妈妈说:"安娜不让我玩跳绳。"妈妈要她去同安娜商量,第一次,她对安娜说:"安娜,妈妈说让我玩一下。"协商没有成功。妈妈又鼓励她。歇若走近安娜,一会儿,她同安娜商量:"我能玩一下吗?"安娜看了看,说:"你可以玩一分钟。"歇若愉快地接过绳子,说:"我先玩一分钟,然后轮到你。"就这样,歇若的协商成功了。
>
> (资料来源:黄全愈. 玩的教育在美国[M]. 北京:作家出版社,2001)

在上述镜头中,歇若要加入这个游戏群体,采用协商的方法,很平等、很民主。如果她妈妈用强制的方式,强迫他们接受歇若,也未尝不可,但对那个游戏群体而言,这不公平,太霸道。如果歇若接受这样的教育,对她的成长不利,对她以后融入社会也有不良影响。因而,这不是好方法。现在,妈妈教给她协商的方法,使她在一种愉快、和谐的气氛中被别人接受、容纳,对她本人、对整个游戏群体都是相当有益的。这样,歇若就学会了怎样与他人和睦相处。儿童世界游戏场上的法则与成人世界的法则惊人的相似。一般来说,如价值观、兴趣、性别的选择,以及行事的仪式等,成人世界与儿童世界并没有太大的区别。从儿童时期起就建立起来的观念、态度、信仰、技巧和手段,将适用于人的一生。

2. **游戏有助于提高儿童的自我控制能力**

自我控制是协作行为的内在机制,由于儿童年龄较小,其意志行动尚未发展起来,行动的自觉性差、自控力弱、坚持性不够,因而其自我约束的自觉性也就比较松弛。而游戏则不同,儿童在游戏中的相互要求是相当严格的,在游戏中儿童只能做他"职责"范围内的事,哪怕是非常不愿意的,因此就必须控制自己的行为,表现出较高水平的意志行为和自我控制能力。

苏联心理学家马努依连柯曾做过"哨兵站岗"的实验,要求儿童在空手的情况下,做哨兵持枪的姿势,看儿童能坚持多长时间。有两种情境:一种是非游戏情景——其他儿童在一边玩,让某一儿童在一边以哨兵持枪的姿势站着;另一种情境——实验者以游戏方式向儿童提出要求,告诉他其他儿童是工人,他们正在包装糖果,而你是哨兵,哨兵就要为保护工厂而站岗。结果表明:游戏情景下,儿童当哨兵站立不动的时间远远超过非游戏情景下哨兵站立不动的时间。如在玩"指挥车辆"的游戏时,扮演"交警"的男孩,看到扮演"司机"的男孩都在另一边玩诱人的小汽车,但他必须学会控制自己,站在那里指挥来往"车辆";在开展"开公共汽车"游戏中,当"乘客"的儿童希望汽车快些"到站",可以结束无聊的"静坐",而当"司机"的儿童就要持续地"开车",汽车不到站不能下车。这就需要儿童控制自己的情感、行为、愿望,这样对其自制力和坚持性的培养起到了很大的作用,同时这种感受会强化儿童自我控制的行为,甚至会迁移到别的活动中去,而这种品质是儿童将来步入社会所不可缺少的。

三、游戏有助于儿童掌握社会道德行为规范

游戏是对现实生活的反映,游戏中蕴涵着许多人与人交往的基本规则。儿童在内容健康的社会性表演游戏中,通过扮演角色,模仿社会生活中人们文明的行为准则,可以缩短其掌握道德行为规则的过程。在游戏中,儿童能认识和体验人与人之间的关系,从而理解关心别人、尊敬长辈、团结伙伴、遵守交通规则等文明规范。儿童在日常生活中,碰到与游戏相似的情景时,就会按照游戏里的做法来支配自己的行为,成功地将游戏中的行为迁移到现实生活中去。例如,在玩"乘公共汽车"的游戏中,乘客很多,车里很拥挤,扮演售票员的小朋友就不能坐下,要提醒乘客:"不要挤,请给老年人和抱小孩的让座。"在玩"过家家"的游戏中,"妈妈"下班回家,扮演"孩子"的就要帮妈妈换鞋,说:"妈妈辛苦了,您去休息休息吧,我给您倒杯水。"儿童在游戏中通过模仿学习的社会行为规范,有助于在现实生活中对道德行为规范

的理解和遵守。

当然,游戏对于儿童掌握社会道德行为规范的作用不是自发实现的。这是因为儿童游戏的许多内容既然是社会现实生活的反映,那么,现实生活中的积极因素和消极因素都不可避免地反映到儿童的游戏中来,因此需要成人具备正确的游戏观念,并进行适时的引导。

四、游戏促进儿童亲社会行为的发展

儿童亲社会行为是指儿童在社会交往中表现出来的一种积极良好的社会道德行为,它包括帮助、友爱、合作、分享、谦让、同情、关心等行为表现,是一种高度社会化的行为。学前期是儿童亲社会行为开始形成的重要时期。亲社会行为的发展是学前儿童成年后建立良好的人际关系及心理健康、和谐发展的重要基础,也是学前儿童社会性发展和个性形成的重要方面。《幼儿园教育指导纲要(试行)》中明确指出:"培养幼儿乐意与人交往,学习互助、合作和分享,有同情心。"这就是对培养儿童亲社会行为提出的目标。

在游戏中,儿童通过模仿练习着各类亲社会行为,他们在游戏中扮演各种角色,以角色的身份来游戏,体验着角色的喜怒哀乐。儿童在游戏中需要相互适应,服从共同的行为规则。为了成功地进入他人的游戏,儿童往往会采取一些策略,如提出请求、进行评论、提供玩具、提出建议等,在这样的尝试中,在与同伴的交往中逐渐学会了合作、互助,懂得了关心、同情与分享。如在"建筑"游戏中,引导儿童制定"能共享玩具材料"的规则,即要求儿童能分享玩具,诱发分享和谦让行为。在角色游戏中,引导儿童建立"协商扮演角色"的规则,要求儿童在游戏前能商量好自己想要担任的角色,诱发协作行为;当遇到两人同时要扮演某一角色,就诱发退让行为。

儿童的亲社会行为是极不稳定的,只有让他们在游戏中不断体验、练习、强化,才能形成持久的亲社会行为。因此,教师除了要不断地提供丰富的亲社会游戏素材外,还要作为儿童游戏中的一员进行参与性指导,起到帮助、协调、引导的作用。此外,教师要重视评价导向,及时鼓励那些有亲社会行为表现的儿童,造就良好的氛围,使之成为习惯,巩固亲社会行为。

思考与实践

结合实际,谈谈游戏在学前儿童社会性发展中的作用。

五、讨论

案例一:如何在游戏中解决问题

月儿是个善于动脑筋解决问题的孩子,他在制作瓶子娃娃时缺少双面胶,便向旁边的多多借,却碰了钉子。他不急不怒,不争不抢,也没有向老师求援,而是想出了一个好办法,又跟旁边的张子涵借,终于借到了。他的办法是:先问张子涵需要什么,等满足了张子涵的要

求后再向他借双面胶,张子涵便很爽快地答应了。你看,月儿多么鬼机灵啊!这个事例说明了什么?

案例二:教师何时介入幼儿游戏

在玩"医院"游戏时,几个小朋友为扮演的角色发生了争执,小玲说:"我想当医生,给病人看病。"小明说:"我要当护士,给病人打针。"恒恒也吵着说:"不不,我也要当医生。"悦悦和恒恒还争着抢起位置来,教师觉得恒恒平时有些调皮,自控能力差。于是便动员他担任"挂号"的工作。恒恒显得很不情愿,但他还是当起了"挂号"员。由于很少有"病人"来挂号看病,恒恒显得无所事事。教师在游戏结束后,特意表扬恒恒能够"坚守岗位"。你觉得这位教师的做法如何?

附:案例讨论答案提示

案例一提示:月儿在遇到困难时表现出的机灵劲启示我们,不必担心孩子在交往中会遇到各种各样的问题和困难,更不要急于干预,甚至包办代替,要相信孩子的智慧和能力,多鼓励他动脑筋想办法创造性地解决问题,孩子的交往经验也正是在解决各种问题的过程中逐步积累起来的。

案例二提示:当孩子们发生矛盾时,教师适当的介入是必须的,但当悦悦和恒恒发生争执时,教师马上介入,按自己的意愿而不是引导、启发孩子自己去协调、解决问题,就使孩子失去了一次独立解决问题的机会。可见在宽松的活动环境中,教师应该给孩子们留有一定的空间。

思考与练习

一、判断

1. 学前儿童的运动能力是一种综合性的能力。(   )
2. 人的大脑分左、右两半球,右脑倾向于语言思维。(   )
3. 游戏对于儿童掌握社会道德行为规范的作用是可以自发实现的。(   )
4. 合作是一种重要的社会性交往技能。(   )
5. 儿童无忧无虑,是不会产生消极情绪的。(   )

二、选择

1. 开拓了从认知发展角度研究儿童游戏的新途径的是(   )。
   A. 皮亚杰   B. 杜威   C. 福禄贝尔   D. 蒙台梭利
2. (   )是认知的高级活动,是智力的核心。
   A. 注意力   B. 观察力   C. 思维能力   D. 记忆力

3. 下列哪项行为不属于幼儿的亲社会行为( )。
　　A. 友爱　　　　B. 合作　　　　C. 同情　　　　D. 攻击性
4. 儿童产生了自我感觉,出现了自我意识最原始、最初级的形态是在( )。
　　A. 1岁左右　　B. 2岁左右　　C. 3岁左右　　D. 6岁左右
5. 下列不属于儿童道德感的是( )。
　　A. 羞愧感　　　B. 求知欲　　　C. 责任感　　　D. 爱的情感

三、简答

1. 为什么说游戏是促进学前儿童认知发展的有效手段?
2. 游戏是如何促进学前儿童高级情感发展的?
3. 你是如何理解卡兹登把游戏看作是一种"变形语言意识"这句话的?

四、实践与实训

1. 某幼儿坐在幼儿园区角的地上,拿着一辆小汽车,在地上推来推去,口中喃喃自语。你认为该幼儿在这一游戏中,获得了哪些体验,有助于哪些方面的发展?请写一份游戏分析报告。
2. 某幼儿园家长对游戏活动存在种种疑惑,认为没有必要开展那么多游戏活动,因此幼儿园准备开一个家长会。请你为该园确定一个家长会主题,写出名称,并拟一份家长会讲话稿。
3. 尝试和幼儿玩一个能促进其合作性发展的游戏,并谈谈玩法和感受。
4. 设计一个能消除幼儿不良情绪的游戏,并尝试分析效果。

第三章　游戏在幼儿园中的地位

> **学习目标**
> 1. 理解"幼儿园以游戏为基本活动"的意义
> 2. 了解游戏与幼儿园课程的关系
> 3. 掌握我国游戏与幼儿园课程融合的几种形式
> 4. 理解并掌握幼儿园生活的游戏化和课程的游戏化的内涵

问题提出

场景一：妞妞走出幼儿园大门，拉着妈妈的手高兴地说："妈妈，我今天好高兴，老师带我们做了好多游戏。我还在'娃娃家'当医生了呢，嗯，我给两个小朋友看病了，有一个小朋友生病很厉害的，都在头上输液了……"妈妈忍不住打断她："妞妞，那妈妈问你，你今天在幼儿园学了什么呀？有没有认字啊？拼音呢？那老师有没有教英语呢？……"妞妞摇了摇头，又开始兴奋地说起今天观察的蚯蚓，妈妈生气地嘟囔着："这些老师不知道一天到晚都在干些什么，只知道让孩子玩，什么都不教。"

场景二：在幼儿园一次讨论会上，刚刚入职的小杨老师表达了自己的困惑：虽然通过多年的在校学习，自己清楚地知道游戏非常重要，但在实际的幼儿园游戏过程中，却常常感到不知所措，特别不好把握游戏与各门课程之间"度"的问题，有时自己想把游戏融入课程之中，却导致孩子们兴奋过度，完全成了"无法收回"的自由玩耍。

妞妞妈妈认为游戏不能使幼儿学到知识，幼儿园教育不应该让游戏占据大量空间；小杨老师不知道怎样处理游戏与课程之间的关系。那么，究竟游戏在幼儿园中具有怎样的地位呢？游戏与幼儿园课程之间是怎样的关系呢？幼儿园若以游戏为基本活动又应有怎样的实现路径呢？希望同学们带着这样的问题，认真学习本章，在理清思路的同时逐渐树立起正确的课程观与游戏观。

以游戏为基本活动

第一节　游戏在幼儿园中的法规地位

幼儿园"以游戏为基本活动"是现代学前教育的正确命题和必然结论，目前已经成为我国学前教育工作者的普遍共识。但这一理念的明确并非一蹴而就，它伴随着学前教育事业的发展经历了一个发展变化、不断推进的过程。

一、"以游戏为基本活动"的首次提出

以我国先后出台的政策文本为依据，对游戏地位的提法最早涉及"主要活动"和"主导活动"等。1955年国内印行的苏联《幼儿园教养员工作指南》中文版中提出，"游戏——学前儿童的一项主要活动——是共产主义教育的重要手段"。随后，在原教育部聘请苏联专家马努依连柯指导、委托北京师范大学学前教研室与北京市教育局于1956年协作编写的《幼儿园教育工作指南(初稿)》中明确指出，"在正确的教育下，三至七岁儿童的主导活动是游戏"。

"基本活动"的提法始于20世纪80年代，最早见于1981年《幼儿园教育纲要(试行草案)》，其中规定"幼儿园的教育任务、内容与要求是通过游戏、体育活动、上课、劳动、娱乐和日常生活等各种活动完成的，不可偏废"，"由于幼儿生理、心理的发展特点，幼儿最喜爱游戏，因此游戏成为幼儿生活中的基本活动。在游戏中幼儿最易接受教育，游戏在整个幼儿教育工作中占有极为重要的地位，是进行体、智、德、美全面发展教育的有力手段"。

真正首次明确提出"以游戏为基本活动"的政策文本是1989年颁布(1996年实施)的《幼儿园工作规程(试行)》。其中第二十条明确规定"以游戏为基本活动，寓教育于各项活动之中"是幼儿园教育工作的原则之一。第二十四条对幼儿园游戏作了具体的规定："游戏是对幼儿进行全面发展教育的重要形式。应根据幼儿的年龄特点选择和指导游戏。应因地制宜地为幼儿创设游戏条件(时间、空间、材料)。应充分尊重幼儿选择游戏的意愿，鼓励幼儿制作玩具，根据幼儿的实际经验和兴趣，在游戏过程中给予适当指导，保持愉快的情绪，促进幼儿能力和个性的全面发展。"此规定在2016年修订时被再次明确提出。

二、"幼儿园以游戏为基本活动"的再次重申

20世纪90年代颁布出台的一系列重要政策文本都基本沿用了"基本活动"这一表述，这样一个以价值判断为基础的规范判断充分肯定了游戏的作用，更从教育立法的层面有效保障了游戏的地位。

在具体实践过程中，由于对游戏的认识程度不够，对游戏缺乏系统的研究，导致出现很多幼儿园教师在操作中无法正确把握游戏的组织指导、不能较好地创设适宜的游戏条件、无法正确处理游戏与其他活动的联系、对教师自身在游戏中的作用理解不足等情况。加之受传统学习至上观念的影响，导致一些幼儿园和家长在一定程度上存在"重上课、轻游戏""重知识技能的学习、轻个性及社会性的全面发展""重结果、轻过程的体验"等观念。

在这种背景下，2001年《幼儿园教育指导纲要(试行)》应运而生。《幼儿园教育指导纲要(试行)》制定的目的是为了进一步贯彻《中华人民共和国教育法》《幼儿园管理条例》《幼儿园工作规程》，"指导幼儿园深入实施素质教育"。《幼儿园教育指导纲要(试行)》中关于游戏的阐述秉承了《幼儿园工作规程》的主要精神，再次重申并强调幼儿园教育"应以游戏为基本活

动",提出"幼儿园教育应尊重幼儿的人格和权利,尊重幼儿的身心发展的规律和学习特点,以游戏为基本活动,保教并重,关注个别差异,促进每个幼儿富有个性的发展"。《幼儿园教育指导纲要(试行)》在关于游戏的论述上,主要体现了这样几方面的精神:

(一) 幼儿园教育以游戏为基本活动

《幼儿园教育指导纲要(试行)》再次重申幼儿园"以游戏为基本活动"的精神:强调尊重幼儿的身心发展规律和学习特点,承认幼儿学习的多样性、开放性等特点,关注每个幼儿富有个性的发展;强调在各种活动中注重内容的整合性、形式的活动性、方法的多样性、师幼的互动性、教育的过程性等,以幼儿感兴趣的、游戏性的体验来促进幼儿的发展。教师要对幼儿保持高度的敏感性,只有这样才能"善于发现幼儿感兴趣的事物、游戏和偶发事件中所隐含的教育价值,把握时机,积极引导",才能真正认识游戏的价值,保证幼儿"每天有适当的自主选择和自主活动时间"。

(二) 游戏是对幼儿进行全面发展教育的重要形式

《幼儿园教育指导纲要(试行)》从教育教学途径与方法的角度指出了游戏的重要价值,进一步强调"游戏是对幼儿进行全面发展教育的重要形式"。幼儿园教育区别于其他类型教育的一个典型特征就在于其游戏化的教学形式,但需要强调指出的是,这里的游戏不是幼儿园课程教学的"外包装",不是让幼儿"在他正高兴地尝着某些完全不同的东西的时候,吞下和消化一口不可口的食物"。游戏在过去就是在形式上充当教学内容的调味品,并没有独立的位置,但《幼儿园教育指导纲要(试行)》突出强调了游戏的独立地位以及重要价值。

幼儿园的空间、设施、活动材料和常规要求等应有利于引发、支持幼儿的游戏和各种探索活动,有利于引发、支持幼儿与周围环境之间积极的相互作用。这些环境和活动内容、形式的提法,都体现了尊重幼儿喜好游戏、好奇、好动手探索的特性,以游戏的方式来与环境发生相互作用。我们不能把游戏作为一种用来控制幼儿学习知识的利器,而应该让幼儿在游戏的情景中,主动积极地去探索和发现,以自己的方式去获得各种经验。游戏的意义在于为幼儿的自我表现提供了场所。游戏活动的空间不单纯是表现自身的自由空间,而是一种特意为游戏活动所界定和保留的空间。

满足幼儿的探究兴趣

(三) 寓教育于生活、游戏之中

幼儿园教育的目的并不是让幼儿学习掌握相当数量静态的知识,关键在于促进幼儿自

寓教育于生活之中

身的发展,通过幼儿感兴趣的方式和手段来了解现实生活中的各种事物和现象,让他们在感知体验的过程中,帮助他们获取各种经验,促进其身心全面和谐地发展。

社会生活的方方面面都是以一定的方式与幼儿发生作用的,教育活动是随时随地都可以发生并渗透在幼儿一日生活的各个环节中的。因此,关注幼儿的生活,抓住生活、游戏和偶发事件中的许多隐含的教育价值,在生活和游戏中教育幼儿,更贴近幼儿的经验,更易于幼儿体验和接受。

《幼儿园教育指导纲要(试行)》把游戏作为一种整体的教育思想贯穿于幼儿园的一日生活之中。教师要"善于发现幼儿感兴趣的事物、游戏和偶发事件中所隐含的教育价值,把握时机,积极引导"。《幼儿园教育指导纲要(试行)》中所强调的游戏,改变了过去那种对游戏的狭隘的理解,即一提到游戏就只是让幼儿随便地、自由地玩耍,也超越了单独游戏的概念,将游戏与课程更广泛地加以融合,使游戏成为课程的主线。从《幼儿园教育指导纲要(试行)》中五大领域的表述也可看出这种游戏与课程融合的脉络——"开展丰富多彩的户外游戏和体育活动,培养幼儿参加体育活动的兴趣和习惯"(健康领域);"鼓励、吸引幼儿与教师、同伴或其他人交谈","创设一个能使他们想说、敢说、喜欢说、有机会说并能得到积极应答的环境"(语言领域);"幼儿与成人、同伴之间的共同生活、交往、探索、游戏等,是其社会学习的重要途径"(社会领域);"利用身边的事物与现象作为科学探索的对象"(科学领域);"接触周围环境和生活中美好的人、事、物,丰富感性经验的审美情趣"(艺术领域);以及在组织与实施部分提出的"善于发现幼儿感兴趣的事物、游戏和偶发事件中所隐含的教育价值",都更深入地拓展了游戏的内容和形式,也对游戏的功能和价值有了重新认识。

第二节 游戏在幼儿园课程中的地位

一、游戏与幼儿园课程的关系

游戏与幼儿园课程存在怎样的关系?要回答这一问题,首先必须厘清不同的课程观。概括而言,在幼儿园这一场域中普遍存在两种截然不同的课程观,即知识本位的课程观和"人"本位的课程观。

不同的课程观导致对于游戏与幼儿园课程关系的不同理解和处理:

不同课程观的比较

比较的维度 \ 不同的课程观	知识本位的课程观	"人"本位的课程观
课程的价值取向	知识	儿童当下的生活
知识观	知识具有客观绝对的真理性	知识具有相对性、建构性、个体性
教学的隐喻	知识的"传递"	"环境"和"对话"
课程的隐喻	"文本"和"跑道"	"经验"和"跑的过程"
游戏的隐喻	"手段"和"加油站"	课程的"生成源"

（一）知识本位课程观中的游戏

"知识本位的课程观把课程看作是一套由成人为年轻一代精心选择和组织结构的、有待于年轻一代去'占有'或'掌握'的客观的知识体系，同时也把课程看作是传授、传递知识的工具。"这种课程观将知识技能的传授作为价值取向，以客观主义的知识观为前提，认为知识是外部客观世界的真实映像，具有绝对的真理性。在这样的认识下，我们常常以"文本"和"跑道"来隐喻知识本位的课程观。

1. 游戏作为课程的"手段"

从"文本"为隐喻的观点出发，教师授课的过程就是根据课程目标和课程内容编制"文本"、传授"文本"的过程，游戏之于课程就是教师在这个过程中的"手段"。教师通过各种生动有趣的游戏帮助幼儿掌握教师所想要传授的知识，游戏本身并不受青睐，教师只是通过游戏对知识加以包装，使幼儿对知识更有兴趣、更易于掌握。因此，游戏只是知识传播的手段，其充当了这种知识包装的角色。

2. 游戏作为课程的"加油站"

用"跑道"来隐喻课程就好比课程是一个提前规划并固定好的跑道，规范和引导教师和幼儿的各种行为。课程本身既有明确的"起点"，又有清楚的"边界"和规定的"终点"，教师和幼儿作为"跑步者"，其各项行为可以被相应的评价指标加以控制和测量。在这种课程观中，游戏被看作是纯粹的自由活动，就好比"跑道"中的"加油站"：游戏既可以是幼儿学习之余的"放松"或"休息"，也可以是换取幼儿更好学习的"奖赏"或"鼓励"。

在知识本位的课程观中，游戏本身与幼儿园课程并无关联，甚至出现相互割裂和脱节的现象。无论游戏被视为课程的"手段"还是"加油站"，被看中的都并非游戏活动本身，而是游戏能激发幼儿更好掌握知识的调节作用。因此，游戏活动在"知识本位"的幼儿园课程中并没有获取真正意义上独立的地位和价值。

（二）"人"本位课程观中的游戏

随着学前教育的发展，人们对幼儿园课程的认识也逐渐发生着变化，课程的关注点从"知识"转向了"儿童"，其价值取向也由知识传授位移至促进个体的主体性发展。因此，从

"人"本位的课程观出发,幼儿园课程就不再是成人为幼儿所准备的、预先设定的、高度结构化的真理性知识,而是幼儿在与外界环境的积极互动过程中主动构建所获得的经验。

较之于其他活动形式,游戏最能体现出这种"主体性"和"主动性",因此在以"人"为本位的课程观中游戏受到广泛重视:一方面,游戏具有丰富有趣的内在因素,能有效激发幼儿的动机,可以使幼儿个体在游戏中不断探索、发现、修正、巩固自己的经验,从而使幼儿在游戏的过程中逐步实现经验建构;另一方面,幼儿园游戏具有高度的社会情境性,可以使幼儿群体在游戏过程中形成学习共同体,从而为以协商和对话为基础的经验的社会性建构创造条件。由此可见,游戏作为幼儿经验建构的载体,具有课程生成的巨大潜力,能够不断形成、丰富和发展幼儿园课程,反之,课程的不断推进又进一步促进游戏的演变发展。

在以"人"为本位的课程观中,游戏不仅因其动机作用而受到重视,更因其具备主动建构的机能而成为幼儿园课程的"生成源",成为贯穿幼儿园课程的主线。游戏和课程在互相影响的过程中形成了有机融合、不断促进的关系。

二、幼儿园课程中几种诠释游戏的模式

20世纪60年代以后,幼儿园课程呈现出多元化的格局,出现了多样化的课程模式。"课程模式是关于幼儿园课程的目标、内容、实施、教学方式和组织、评价的决策框架,反映一定的儿童发展观与教育哲学观。"不同的幼儿园课程由于秉承的儿童发展观与教育哲学观的不同,从而对游戏的偏重程度与实施策略也不尽相同。概括而言,幼儿园课程中主要有以下三种诠释游戏的模式。

(一)非游戏课程模式

非游戏课程模式以知识传授为课程的重心,游戏被视为不同于"学习"的活动而被置于课程的边缘位置,但由于游戏本身具有促进学习的因素而被当作推动学习的手段或奖励。行为主义的课程模式是非游戏课程模式的典型代表。

英格曼—贝雷特方案是非常著名的行为主义课程模式。由于倡导者认为幼儿的学习动机是"可以教"的,因此教师应该主动积极地对幼儿进行训练,而不应等待幼儿学习动机的自我呈现。在这种课程模式中,教学大纲占主导地位,直接严格控制教学过程。读、写、算等基本知识技能是课程的核心内容,其中语言训练占据教学内容的中心地位。在教学方法上,采取行为主义倡导的快速强化和反馈方法:在教师提出问题后要求幼儿立即做出反应,并大声做出回答,教师对正确答案予以奖励,对不正确的答案立即予以否定或修正。在教学方式上,采取小组教学的方式,幼儿每天有相对固定的"学习"时间,一般为每天两个小时。

一般而言,行为主义课程模式特别强调用系统强化的方法训练幼儿,使其掌握一定的基本技能和基础知识,以"刺激—反应"为基础的直接教学是主要的教学方式,游戏不在课程中占据地位,仅仅作为"学习"的奖励和激励。该模式由于忽略了幼儿自身学习的内部动机和幼儿的情感需求而受到人们的广泛批评。

(二) 游戏课程模式

在游戏课程模式中,游戏被视为对幼儿发展具有重要价值而占据课程的中心地位。根据游戏的不同运用方式,我们可以将游戏课程模式分为以下三种类型:

1. 非干预模式

这种课程模式主要受精神分析学派游戏理论的影响,认为对待幼儿游戏应该采取非干预的方式,即成人既不参与也不干涉幼儿的游戏,只是帮助幼儿进入某个游戏之中,在幼儿游戏的过程中观察幼儿的游戏内容与方式,判断幼儿担心或感兴趣的事物或事件,但不进行任何干预。这种非干预模式注重游戏的情感宣泄及治疗功能,认为游戏能在一定程度上帮助解决幼儿的情绪情感问题,教师在一定程度上扮演着妈妈和治疗师的双重角色。非干预模式在20世纪60年代以后影响力逐渐减弱。

2. 重视特殊类型游戏的课程模式

这种课程模式认为有些类型的游戏相较于其他类型的游戏更有助于幼儿的成长和发展,更具有重要价值。如凯米—狄弗洛斯课程、斯米兰斯基的社会性主题角色游戏干预方案等都属于这类课程模式。

在凯米—狄弗洛斯课程模式中,倡导者认为个体知识与道德价值的学习不是简单地从外部转移到内部的,也不是直接累积形成的,而是在与环境相互作用的过程中积极主动建构出来的。因此在这种课程模式中,日常生活活动、传统的规则游戏和专门设计的游戏活动构成了课程的基本活动框架,皮亚杰所提出的物理经验、数理逻辑经验和社会经验构成了课程的中心概念。在游戏活动中,这种课程模式更重视规则游戏,认为规则游戏有利于幼儿理解规则的意义,去除幼儿思维的"中心化",有助于幼儿社会性经验的建构。

斯米兰斯基的社会性主题角色游戏干预方案认为不同游戏类型对于幼儿有不同的发展意义,但是社会性角色扮演游戏对于幼儿的发展有着非常特殊的价值。倡导者认为社会性角色扮演游戏能力与幼儿入学后的学业有直接关联,因为学习中所涉及的符号思维能力(创造一种心理表象或符号以代替真实的物体或事件)首先出现在幼儿的象征性游戏中,而社会性角色扮演游戏正是象征性游戏发展到一定成熟时期的典型形式,所以幼儿在进行社会性角色扮演游戏过程中能够不知不觉地发展起这种符号思维能力。斯米兰斯基同时认为,成人的干预可以提高幼儿社会性角色扮演游戏的数量与质量,因此她针对低经济地位的以色列移民家庭幼儿制定了一套旨在通过游戏提高他们的认知和社会性发展水平的干预方案,包括以下三个步骤:第一步,为幼儿提供社会性角色扮演游戏所需要的经验;第二步,创设游戏材料与情景;第三步,教师与幼儿一同游戏进行指导或干预,从而为这些幼儿的入学做好准备。

3. 重视各种类型游戏的课程模式

这种课程模式认为游戏不应该分主次,各种类型的游戏都有益于幼儿各方面的发展,各种不同类型的游戏都应该成为幼儿园课程的主要内容。很多课程都属于这种模式,包括银行街课程模式、海伊斯科普课程模式、瑞吉欧课程模式等。

(1) 银行街课程模式。20 世纪初期,银行街学校在杜威的影响下建立发展起来,以后又深受精神分析学派理论的影响,非常重视幼儿的情感、社会性以及自我发展。在这种课程模式中,倡导者认为幼儿在游戏中同化经验,选择现实生活中突出的成分进行重组与改造,再通过异化过程纳入新的认知结构之中。在这样的教育观念影响之下,银行街学校把游戏作为教育的基本途径,重视为幼儿创设安全、舒适、有意义的游戏环境,教师支持与引导幼儿在各种游戏中发现问题和处理问题。3—4 岁幼儿的课程由区角活动、户外体育活动、讲故事、音乐律动和图书角构成;4—5 岁幼儿的课程增加了西班牙语(纽约市第二大语言)、体育课;5—6 岁幼儿的课程增加了美工区(由专业老师上课);6—7 岁幼儿的课程开设了读写、数学,同时将角色游戏区和积木区加以合并。

(2) 海伊斯科普课程模式,常称为 High Scope 课程。这种课程模式以皮亚杰的认知发展理论为基础,认为幼儿有能力也应该"主动学习",教育的主要任务就是提供资源保障和支持幼儿的主动学习。幼儿的"自主""独立""反思""交流"等因素对于幼儿各项能力的培养、经验的丰富和自身的发展具有非常重要的价值和作用。海伊斯科普幼儿园的教室环境实质上就是一个能够满足幼儿进行各种不同类型游戏的游戏环境,教学活动的组织形式主要包括幼儿自选游戏活动、小组活动和集体活动三种。幼儿自选游戏活动是这种课程模式中最独具特色的部分,包括"计划—做—总结"三个基本环节,在整个过程中,教师运用各种策略帮助幼儿进行选择、制定计划、参与幼儿游戏、引导帮助幼儿拓展游戏计划等;小组活动中,每位教师大约带领 5—10 名幼儿开展活动,教师首先介绍活动,然后幼儿以自己的方式进行操作,在整个过程中,幼儿可以自己决定选择什么材料、进行怎样的操作、与其他人探讨;集体活动包括全班所有的教师和幼儿,大约持续 10—15 分钟左右,教师和幼儿在一起做各种活动,或针对幼儿的某个问题进行讨论,为幼儿提供一个一起参与的机会。

(3) 瑞吉欧课程模式。瑞吉欧课程受欧美主流的进步主义教育、皮亚杰和维果茨基等心理学家的建构心理学和意大利学前教育传统及战后左派改革政治等的交互影响,强调"互动关系"和"合作参与"。"互动合作"是瑞吉欧教育取向的一个重要理念,也是贯彻在整个教育活动过程中的一项原则。"互动合作"包括教师和幼儿的互相沟通、关怀和控制的不断循环,以及教育活动相互引导的过程,互动存在于以下几个方面:①存在于发展和学习之间;②存在于环境和儿童之间;③发生在不同符号语言之间;④发生在思想和行为之间;⑤发生在个人与人际之间。瑞吉欧教育主张幼儿的学习不是独立建构的,而是在诸多条件下,主要是在与家长和教师、同伴的相互作用过程中建构的;是在特定的文化背景中建构知识、情感和人格。因此,各种游戏都有存在的价值和重要的作用,在互动过程中,幼儿既是游戏的实践者,又是游戏的生成者。瑞吉欧有一个经典案例"小鸟的乐园",这个方案最初的构想来自校园里的一池清水。在校园里放置一池清水,原意是给栖息的小鸟解渴,孩子们认为如果小鸟会口渴,也一定会肚子饿,如果它们又饿又渴的话,也许会疲惫不堪。于是,有的孩子建议在树上搭建鸟巢,还有小鸟玩的秋千、老鸟搭乘的电梯;也有的孩子建议安置一个音乐旋转木马;还有的孩子建议给小鸟准备滑水用的小木片,让它们滑水;更有的孩子提议做个喷泉,是又大又真实的,能把水喷得高高的那一种喷泉。于是,一个具有想象力同时也鼓舞人心的主题出现了:为小鸟建造一座真正的乐园。接着就是一个漫长的探索与实验过程,孩子们遇到了各种各样的难题。为了建一个喷泉,孩子们各自谈了自己的构思。有一个名叫菲利普的孩子说:"这是天使喷泉,我认为在这里应该有输送水的管子。水管里的水来自水道,当水流到倾斜处和进入喷泉时,水流的速度开始加快。喷水池底有一些水,也许它每年更换一次。"一个名叫爱莉莎的女孩子认为:"水来自天上,那就是雨,它从山上流下来,流入山的小洞里,最后流入山脚下的湖中,然后又有条往下倾斜的水道将水先带入另一个湖,再带入水道中。地下的通路有很多条,老鼠会喝掉一些水,但喝得很少,其余的水就流入喷泉,从喷泉的石块中往上喷出,而石块就像滑滑梯一样,让水滑下来。"还有一个名叫西蒙尼的孩子也谈了自己的创意:"我真想有一个很大的装满水的储水槽,看到没有?我们做了两个,一边一个,上方有一座天平告诉你水槽中是否有水。比如:如果天平平衡,表明水槽中有水,喷泉可以喷水;如果天平倾斜,就代表水不多了,你就得按开关处的按钮,让水槽装满水。"经过实验,孩子们为小鸟做成了水车和喷泉,还为小鸟乐园举行了开幕式。在瑞吉欧,这类游戏活动就是幼儿学习的过程,这是一种师幼共建的弹性课程与探索性教学,一般主题都是合乎儿童生活经验和兴趣的,并且孩子们能进行操作,活动是有意义和有价值的。在探索的过程中,孩子们不断地把主题引向深入、展开广度,最后问题终于得到创造性的解决。

(三) 教学游戏化模式

教学游戏化模式不同于前面两种课程模式,它是一种以知识为本位、将教学与游戏有机结合、把教师提前编制好的教学游戏作为直接教学重要手段的课程模式。教学游戏通常按照科目来区分其教学功能,如用于语言教学的语言游戏,用于音乐教学的音乐游戏等。这种课程模式存在于我国很多幼儿园的教学实践之中。

扫码看视频
教学游戏化

这种课程模式以社会文化历史学派的心理学理论为基础,苏联的教学理论非常强调客观存在并不断积累的社会文化历史经验对幼儿成长为一个"社会人"的重要价值。从20世纪50年代开始,以乌索娃为代表的研究者开始把"教学"概念引入学前教育领域,强调有计划、有目的地教学是影响幼儿发展的一种重要方式,能高效完成各项教育目标,而为了有效提高教学的效果,游戏被用在教学之中,通过游戏本身的激励作用来提高教学活动的有效性,从而形成以教师预先编制的各科教学游戏为主要教育手段的教学体系。

在这种教学体系中,游戏在理论上被当成是对幼儿进行全面发展教育的手段之一,教师利用游戏完成一定的教学任务,用于在教学过程中唤起幼儿的学习愿望,进一步激发幼儿参与学习的兴趣,达到学习、复习和巩固知识技能的目的。

三、我国游戏与课程融合的几种形式

我国幼儿园游戏与课程的融合经历了"游戏—课程中的游戏—游戏课程"三个阶段,这三种形式也是同时并存的。第一阶段的"游戏"只发挥了其"娱乐"与"活动"功能,对教育功能的开发少之又少;第二阶段的"课程中的游戏"把游戏引入课程中,对课程目标的完成及幼儿的身心发展有一定的促进作用;第三阶段的"游戏课程"则把幼儿园课程与游戏系统地进行了融合,呈现出"以游戏为中心的教学"和"以游戏为中心的学习"。我国学者进一步把这三种形式归结为分离型、交叉型和融合型。

(一) 分离型

在这种形式中,游戏和课程是彼此独立存在的。教师一般更注重知识的传授、教学活动目标的达成,游戏通常以单独自由的方式表现出来,一般而言,教师不会过多干预幼儿的游戏活动。游戏的内在精神是自由性、开放性和体验性,分离型的游戏能让幼儿自由地选择活动,并在这种开放式的娱乐中体验活动和交往的乐趣,促进自身身心发展。但前人的经验和现实的研究告诉我们游戏活动为幼儿各方面的学习与发展提供了巨大的可能性,这种可能性是人作为复杂个体的生物性与文化性的统一,其实现取决于教师对待游戏的态度及他们创设的游戏环境的丰富性和有益性。由此看来,分离型游戏对游戏的精神内涵的理解和功能的发挥是远远不够的,它只能作为一种辅助性的课外活动和娱乐活动。

(二) 交叉型

游戏和课程在这种形式中仍然是两个独立体,但两者出现相互补充、相互交叉的状况:一方面,课程的内容在游戏中得以应用和实践。游戏极大地丰富了课程的内容及形式,解决和弥补了课程教学中的某些问题与弊端,为课程目标的达成、教师的自我完善和儿童的进步提供了强有力的支撑。另一方面,游戏中出现的问题或情况也可以通过相关的课程加以解决。单纯的课堂式讲授并不能发现幼儿存在的某些问题(如情绪、交往、身体协调能力及语言表达能力等),但相应的游戏则能使幼儿的各种问题暴露无遗,以便教师能在进一步的教学中加以解决。由此看来,游戏也是一种实践,它跟教学是相辅相成的,能使教师充分发挥其教育功能,促进课程的完善与幼儿的发展,同时也促使幼儿在体验快乐的过程中不断进步。比如一位老师教授幼儿如何系蝴蝶结,在课堂教学活动中老师通过示范讲解并手把手地指导,使幼儿掌握系蝴蝶结的基本方法。然后老师通过相关联的几个游戏进一步补充教学中的不足,比如在墙面环境创设中增添了蝴蝶结的挂饰,让幼儿在自由游戏时间可以进行操作;在"娃娃家"游戏中摆设了很多小鞋子,激发幼儿在鞋带上系蝴蝶结的兴趣……通过课程和游戏的相互补充,使幼儿能够更好、更全面地在快乐中积累经验。

(三) 融合型

在这种形式中,游戏和课程之间的关系呈现为"以游戏为中心的学习",两者完全交融,

游戏是自动自发的学习活动,学习过程就是愉悦的游戏过程,没有玩耍和学习的界线。教师和幼儿在平等的基础上实现双向建构,通过对话、交流与互动等活动,促进教师的专业成长和幼儿的良好发展。融合型游戏致使课程的本质成了师幼充分发挥主体性、共同建构意义的过程,幼儿在教师的帮助下获得发展,教师在支持幼儿发展的过程中实现自我完善。此时的游戏已经超越了"为了教育而游戏",而达到参与教育这种"游戏",享受教育这种"游戏"的愉悦的境界,即教育应该充满"游戏精神"。此时的课程已经成了名副其实的"游戏课程"。

既然课程教学活动究其实质也是一种游戏,那么教师与幼儿之间也就是游戏者与游戏者之间的关系,双方必须理解游戏课程的内在意蕴,共同营造一种游戏的氛围,承担游戏中各自应该承担的角色,共同制定并遵守游戏中的若干规则。其中,"游戏课程"的内在意蕴可以从三个方面来理解:第一,课程是生成的,游戏与课程互为生长点,即课程生成游戏和游戏生成课程,这是美国 20 世纪 90 年代初建构的"游戏中心课程"中的两种课程设计策略,它一方面强调用游戏丰富和补充课程,促进其不断生长;另一方面则强调在教育中引入积极游戏,并用课程内容来充实游戏。在游戏与课程相互促进生长的过程中使幼儿充分获得"体验"和"享乐"。第二,课程是对话的,是一种通过自由地来回、融合而产生更新、创生的现象。课程是一种游戏的过程,其中教师、幼儿与教材之间不再是一种生硬的对象性关系,而应该是进行互动性的对话,并在这种对话中实现各种观点与视界的碰撞与融合,不断形成新的观点,从而完成对已有经验的改组改造和新经验的生成。第三,课程是体验的,课程作为一种游戏并非是虚构的。教师和幼儿作为游戏者,身心都投入到"游戏世界"里并与其交融在一起,在一系列互为对象的体验与交融中完成对意义的体悟与建构。

"游戏课程"也必须具备相应的"游戏规则":一是师幼皆为"游戏者",二者关系是平等的。"游戏课程观"已经超越了传统的"教师中心"和"儿童中心"之争。他们基于平等的合作关系而进行自主、开放的对话,达到主体间的一致性,避免了成人权威的出现,从而使幼儿也参与到对经验的自主改造与建构的活动中来。二是主体性的发挥,强调"自由书写"。"游戏课程"强调课程不再是静止的"跑道",也不再受限于固有的"文本",而是需要师幼在互动过程中"自由书写"。课程已经从一个被动的教导式过程转化为自主式、对话式和探究式的自由组织过程,教师、幼儿与文本在其中不断碰撞。这需要教师引导幼儿积极参与到"游戏"中来,共同对话、探究,"对所研究的材料有足够的理解,并有足够的信心既能解决、解释、分析和表达所呈现的材料,又能以富有想象力的和离奇的方式与那些材料游戏"。三是过程与目的的统一。游戏是为了体验活动本身的乐趣,是自由的而非机械的目的指向性活动。"游戏课程"的课程目的指向其过程本身。四是课程内容应回归生活,生活世界才是科学世界的基础,是科学世界的意义之源。在"游戏课程"中师幼作为游戏中的主体是生物性与文化性的统一,是复杂社会背景中的个体与现实的社会生活进行着丰富而生动的交往,而幼儿教育的最根本目的是为幼儿未来生活做准备,因此,"游戏课程"的内容应回归生活,使游戏和课程得到充分融合。

阅读与思考

　　幼儿园应以游戏为基本活动,但要真正把这一理念落实到具体实践中,还存在着一定的困难。能否将自主性游戏和教育活动很好地融合起来,使教育内容为游戏的开展提供更多相应的知识和经验,并在游戏中得到反映呢?带着这样的思考,我们开始了实践和研究。

一、自主性游戏与领域教学活动的融合

　　在领域教学活动中,有些活动常常无法在时间或空间上满足幼儿充分探究的需求,此时如果教师能提供相关的游戏材料,引导幼儿开展游戏活动,将会使幼儿在认知、情感等方面获得很大的满足。如小班幼儿制作好"胡萝卜小车"后,高兴地在"马路"上开着。开了一会儿,孩子们由于要随教师的安排进入下一个活动环节,只好很不情愿地把小车收起来,放到展示台上。看到孩子们无奈的表情,我想何不顺势满足他们的兴趣,让他们玩玩开车游戏呢?想到这儿,我马上拿了一个玩具方向盘作开车状,并和孩子们一起讨论见过什么车,开车要注意什么,接着鼓励幼儿自由选择自制的胡萝卜小车、教师为他们准备的玩具车或方向盘当小司机,我还建议"小司机"邀请同伴乘坐自己的汽车。顺着孩子们在教学活动中产生的兴趣点,"开汽车"的角色游戏就这样产生了。

　　教师如果能在教学准备中思考幼儿也许会对什么产生兴趣,可收集哪些游戏材料以备幼儿活动之需,就有可能使教学活动与游戏自然融合。

二、自主性游戏与主题教育活动的融合

　　缘于对课程整合的思考,我们设想:主题活动开展的过程能否就是一个主题游戏开展的过程呢?通过实践,我们发现这不仅是可行的,而且是合理的。

　　一个春日的早晨,几个孩子聚在一起看栋栋带来的奥特曼的碟片。晨晨说:"我家里也有奥特曼的片子。"霄霄说:"我家里还有恐龙的片子呢!"孩子们开始讨论起动画片来。何不就动画片开展一个主题活动呢?我们引导孩子们展开了讨论:你看过哪些动画片?你最喜欢哪一部动画片?动画片是从哪里来的?孩子们各抒己见,很快形成了一个中心问题——动画片是怎样做出来的,有什么办法可以知道呢?在短暂的停顿之后,孩子们想出了一个令人意想不到的好办法:到音像店找老板问问动画片是从哪里进货的,不就找到做动画片的地方了嘛!

　　孩子们来到了附近的音像店,兴奋地寻找着自己熟悉的片子,还向老板询问了他们关心的问题。在音像店老板的支持下,我们来到了动画制作公司参观。在这里,孩子们知道了动画制作需要原画部、背景部、场景部、动画部等许多部门的合作,还了解了拓印、上色、描线等具体的制作工序。动画公司的叔叔阿姨还送了许多色彩鲜艳的动画稿纸,这可把孩子们乐坏了。回到幼儿园,所有的孩子都兴致勃勃想自己制作动画片。于是,我们提供了拓印纸、动画稿纸、夹子、铅笔等材料,孩子们有的印动画形象,有的描轮廓图,有的上色,全然沉浸在"开动画公司"的喜悦中。孩子们对《跳跳虎搬家》中的跳跳虎最感兴趣,提出要表演这个动画片,他们需要头饰、跳跳虎的房子、小驴车、背景、家具、礼物等。于是,大家商量用纸盒做砖块搭跳跳虎的家,用材料箱做小驴车,用布做小动物的服装……大家分工合作,一部稚拙可爱的童话剧真的上演了。

后来我们还进行了类似的主题活动,如"好玩的气球""有趣的玩水游戏"等。回顾这些活动,我们发现无法分清哪些活动属于主题活动,哪些活动属于游戏。显然,游戏已和整个主题活动的进展紧密结合在一起,孩子们从中获得了快乐与发展。

三、自主性游戏与区域活动的融合

在实践过程中,我们发现区域活动比教学活动有更大的自由度和更强的针对性,它和自主性游戏很相似。怎样把自主性游戏和区域活动有机融合起来呢?我们从墙饰入手,为幼儿的游戏提供生活经验,启发并影响幼儿的游戏行为,有效地实现了两者的融合。如发现"娃娃家"的爸爸妈妈无所事事,我们便在"娃娃家"的墙上张贴妈妈给宝宝讲故事、爸爸看报纸等小图片来引发幼儿的游戏行为;发现幼儿在建构区不会使用多种材料,我们就使用多种材料搭建各种造型,并把它拍成照片贴在建构区的墙上,暗示幼儿模仿,进而进行创造;在认知区,我们把有关交通规则、风景名胜等教育内容设计成可多人同时参与的棋类游戏,幼儿的学习因游戏化而显得轻松愉快。

(资料来源:陈建华,花玉芳.自主性游戏与教育活动的有机融合[J].幼儿教育,2004(6))

思考:怎样才能实现游戏和教学的融合?你还可以设计哪些融合的方法?

四、讨论

案例一:怎样才能使游戏与教学活动相融合

张老师是刚入园不久的新老师,配合钱老师带一个小班。钱老师要求在教学过程中尽量融入游戏,张老师却常常感到力不从心。比如一次组织"认识1和许多"的教学活动,在教学之前张老师精心做了各种准备,配合环境创设将教室布置为一个"数字游乐场",每位幼儿凭票进入,在票上画有数量不等的水果,张老师希望幼儿说出票上有"许多"水果。但很多幼儿拿到票后直接开始进行点数,当张老师问"你的票上有多少水果"时,往往会说"有3个""有4个"等,张老师只得一一纠正:"有许多水果。"同样,在"数字游乐场"里面,看到墙上的动物,张老师问:"有多少只狗妈妈和狗宝宝呢?"幼儿也会用手指点数,结果一些幼儿回答:"1只狗妈妈,5只狗宝宝。"张老师又只得纠正:"是一只狗妈妈,许多只狗宝宝"……课后,钱老师指出这堂课存在很多问题,其中之一就是游戏与教学活动没有很好地融合。张老师感到很困惑:为什么幼儿在这个游戏中没有达到自己预定的教学目标呢?自己设计的这个教学游戏到底存在什么问题呢?

案例二:老师的困惑在哪里

刘老师最近在接受"在岗培训",听了几节课后觉得培训老师讲的内容和自己幼儿园所操作的情况差异非常大。在刘老师看来,游戏就是幼儿园一日活动中除了上课之外的上午的自由活动、下午的桌面游戏以及零散时间的一些肢体语言游戏,游戏和课程明明就是毫无关系、不能相提并论的。可培训老师为什么说"游戏和课程能够相互融合"呢？在实际操作中怎么可能做到融合呢？

附：案例讨论答案提示

案例一提示：张老师在设计教学游戏时，没有充分考虑到幼儿的身心发展特点和个体差异性——小班幼儿大多已具有点数的能力，部分幼儿已经具备较精确的数量感知能力，导致游戏无法达成预设的教学目标。

案例二提示：刘老师的疑惑主要在于其知识本位的课程观——认为课程与游戏不存在关联，要解决这种疑惑必须首先深入理解游戏在幼儿园课程中的地位。

第三节　幼儿园以游戏为基本活动的实现

幼儿园以游戏为基本活动，意味着幼儿园的一日活动将从教师预设好的"课堂"转移到幼儿主动参与的"游戏"。这种转变的完成，对教师提出了更高的要求：要掌握幼儿的身心发展特点，将幼儿作为积极主动的学习主体；要承认并尊重幼儿学习与发展的个体差异性，有针对性地实施影响；要具备发现、分析、指导等方面的意识和能力，促使幼儿产生主动学习的动力等。在具体实践操作中，教师常常可以通过幼儿园生活的游戏化和课程的游戏化来实现"幼儿园以游戏为基本活动"的目标。

一、幼儿园生活的游戏化

生活游戏化

幼儿园生活的游戏化并不能简单地理解为将幼儿园一日生活环节和游戏活动拼凑组合在一起。教师首先应该从观念上做好准备，充分认识到幼儿生活本身的丰富性和综合性，充分认识到游戏在幼儿生活中的价值，意识到游戏与生活在本质上具有互为影响的整体性。从实践层面出发，幼儿园生活的游戏化可以从以下两个方面加以推进：

其一，在幼儿园一日生活活动中，教师可以用贴近幼儿实际生活经验的、符合幼儿身心发展水平的游戏来组织活动，使幼儿在生动有趣的活动中感受到快乐，并在愉悦的情绪体验中完成一日生活，并逐步养成健康的生活习惯。比如，很多小班幼儿不会主动喝水，针对这一问题，教师可以通过"小汽车加油"的游戏加以解决。教师用彩纸做成小汽车，在每辆车上贴上一位幼儿的标志，塑封后贴在墙上，同时做一批便于取放的卡片，当作"加油卡"。然后，教师把"加油站"建在饮水桶边，鼓励孩子们喝完水给自己的小汽车"加油"。每喝一杯水就在小汽车上插一张"加油卡"。通过这个游戏激发了幼儿游戏的主动性,促进幼儿养成良好的喝水习惯。

其二,以多种丰富多彩的游戏充实幼儿园的一日生活活动,尽量减少不必要的集体行动和过度环节,减少和消除幼儿消极等待的现象。比如不少幼儿园在盥洗、进餐、如厕等环节存在较多的等待现象,先做完事情或先吃完东西的幼儿会显得无所事事。针对这一现象,教师可以将一些短小的音乐游戏或简单的手指游戏贯穿进来,使幼儿在轻松有趣的游戏氛围中获得发展。

二、幼儿园课程的游戏化

幼儿园课程的游戏化并非是指幼儿园课程都必须以游戏的方式加以表现,而是基于游戏作为一种精神的存在,强调游戏精神在幼儿园课程中的体现,进而使游戏成为贯穿和融入整个幼儿园课程的主线。幼儿园课程的游戏化要避免为游戏而强加游戏的倾向,避免使幼儿处于一种毫无意义的亢奋之中而丧失掉课程的教育价值。幼儿园课程游戏化的关键不在于多少外部的游戏形式,也不在于多少数量的游戏因素,而在于使幼儿真正产生以自发性、自主性、兴趣性、成就感为主要内涵的游戏性体验,从而让幼儿从"要我学"转变为"我要学"。

要做到幼儿园课程的游戏化,教师可从以下两方面进行思考:一方面,将游戏与课程这两种互为补充的形式整合起来,模糊游戏与课程之间的界限,从时间、空间、内容等方面将幼儿的经验统一整合在一起,使幼儿园课程不仅具备形式上的游戏化特征,更通过幼儿主动参与、自主体验、积极探索等方式让幼儿园课程具有内涵上的游戏化精神。因此,教师在进行集体活动指导过程中,应在保证幼儿积极参与的同时,关注到幼儿的发展需要和发展水平,避免时间的浪费,真正从形式和内容上做到幼儿的有效学习和长足发展。另一方面,游戏要成为幼儿园课程的主线就要实现游戏精神与幼儿园课程之间的融通:关注幼儿的主体地位,尊重幼儿的选择权和决定权;满足幼儿表达与释放情绪情感的意愿;给予幼儿自由幻想与创造的足够空间;关注环境的创设和材料的提供,强调幼儿与环境和材料的互动;关注幼儿活动的过程,将目标隐含在过程之中等。只有将这种精神渗透于课程之中,幼儿园课程才能成为呵护幼儿健康成长的文化载体。

(一)课程与游戏的互动

以游戏为基本活动的幼儿园课程一方面把游戏作为课程实施的一个基本途径,另一方面也把游戏视为课程生成的重要来源,两者之间可以形成良好的互动关系,即游戏可以生成课程,课程也可以生成游戏。

1. 游戏生成课程

课程的生成是基于幼儿的身心发展规律和一般年龄特点等,但由于幼儿个体的差异性导致同一年龄的不同班级之间幼儿的表现不尽相同,即使同一班级之中不同幼儿的表现也存在较大差异。因此，基于具体班级每个幼儿的特点实施课程显得尤为必要。而如何才能了解到不同幼儿的不同表现呢？游戏提供了一个较好的观察平台，游戏能够真实反映幼儿的自然活动状态，成为教师了解幼儿的最好途径，因此教师能够根据幼儿的需求及时创生、调整和修改课程，使课程自然生成于游戏之中。比如，一次下雨后，几个幼儿饶有兴致地拿着小铁铲到花坛里去玩挖蚯蚓的游戏，过了一会儿，老师看到他们七嘴八舌地不知在说什么，一问才知道原来孩子们对蚯蚓产生了浓厚的兴趣，看到老师就问："老师，蚯蚓有脚吗？""它们怎么跑出来的呢？""老师，蚯蚓有眼睛吗？"……老师不失时机地组织幼儿观察和讨论，开展了以"蚯蚓"为主题的活动。于是，一个不是由老师提前预设的课程就这样在游戏中自然生成了。

游戏生成课程，是教师根据幼儿在游戏中所表现出来的兴趣和愿望，及时开展有针对性的活动，进一步丰富和深化幼儿的相关经验，从而使课程更适合幼儿的个体需要，使课程目标、内容与实施等更好地促进幼儿的发展。

2. 课程生成游戏

课程生成游戏，是指把游戏作为课程实施的基本途径，根据幼儿实际的发展情况，在游戏中支持、帮助、促进幼儿的学习与发展，包括为幼儿创设丰富的有意义的游戏环境，精心设计、组织与课程匹配的游戏活动等。比如提到数的组成与分解，很多教师往往采用看图和填空等方式来让幼儿做练习，但幼儿却难以掌握。美国幼儿教育家凯米等为了让幼儿更好地掌握数的组成与分解，利用扑克牌来玩游戏，他们取 A 到 6 的 24 张牌（6×4 种花色），A 作为 1 来玩"合成 7"的游戏：所有的牌叠成一堆，翻开最上面的 3 张，从中找出两张可以凑成 7 的数字。在游戏中，谁凑成功了牌就归谁所有，再从牌堆里翻牌，继续找"合成 7"的对子，如果找不到就轮到下家，下家若不成功，就将牌丢弃在一边，成为废牌，一直等到有人成功地合成 7 了，这堆废牌才重新启用，放在原来牌的下面继续进行，最后谁手上的牌最多谁就获胜。

教师在设计和组织这类课程游戏时，要充分注意到活动本身的游戏特性，正确把握课程和游戏之间"度"的问题。幼儿不仅是游戏的主动参与者，也是课程实施的对象。教师要让幼儿在游戏过程中发挥自发性和自主性的特点，逐渐理解并掌握课程的内涵，而不要由教师生硬地去告知幼儿应该建构怎样的"知识"。只有这样，才能保证幼儿参与游戏的积极性不至于将游戏变为一堂生硬的授课。

(二) 课程游戏化的注意要点

从实践层面出发，幼儿园课程的游戏化应注意以下三个问题。

1. 游戏因素符合幼儿的年龄特点

幼儿不同的年龄阶段对游戏的理解和掌握能力不同，而不同性质的游戏因素对幼儿的要求也不尽相同，因此教师在选择游戏因素时应充分考虑到幼儿的年龄特点。比如，竞技性游戏要求幼儿具备相应的合作意识和竞争意识，一般而言，这样的游戏就不太适合小班幼儿；而角色游戏具有较强的模仿性和假想性，常常在小班和中班加以运用。

游戏因素如果不符合幼儿的年龄特点会直接影响教学的效果。例如,有一个名为"动物过河"的游戏,一位教师在中班组织该游戏,要求幼儿从"岸上"起跑,像小马一样跑过去,在"河边"停住,然后像螃蟹一样横着走过去。结果很多幼儿跑到河边来不及停住就直接冲过去,造成了混乱。究其原因,很大程度上是由于教师没有充分考虑到中班幼儿对身体运动控制能力的特点所造成的。

2. 游戏因素与课程内容相匹配

在课程内容方面,有些内容是可以通过幼儿自身对材料的操作而获得的,比如幼儿玩汽车模型,在尝试的过程中会发现从不同坡度、不同路面的斜坡上滑下来汽车的速度快慢不同,在自我探索的过程中了解到相关影响速度的知识。类似于这种"程序性知识"的教学,教师就应提供多种游戏材料,创设相关的游戏情境,鼓励幼儿尝试、发现和总结。而有些内容不容易通过幼儿自己的活动发现,需要教师提供相关的知识背景,使幼儿形成一定的知识储备后才能掌握,类似于这类"陈述性知识"的教学就应选择相对直接的方式,通过一定的课程游戏加以对知识的巩固。

3. 游戏难度与幼儿的已有经验相匹配

课程游戏化一定要把握好"度"的问题,这个"度"很大程度上取决于游戏与幼儿已有经验之间的"距离"——既不能太复杂(太复杂容易导致幼儿放弃游戏),又不能太简单(太简单容易导致幼儿提不起兴趣),要在幼儿能掌握的前提下构成一定的难度,充分体现出"跳起来摘桃子"的引导性发展原则。但在现实中,一些幼儿教师往往容易忽略幼儿的前期知识储备而开展活动,例如某个小班,在全班幼儿都熟悉了各种动物(如猫、狗、鸡等)声音的前提下,教师还兴致盎然地进行"听听谁在叫"的游戏,导致幼儿丧失了游戏的兴趣,达不到教师预期的教育效果。

三、讨论

案例一:怎样使老师的"提醒"有效

天气渐渐变凉了,为了保护孩子们的小手,魏老师专门在过道上为孩子们准备了护手霜,护手霜成了孩子们的新宝贝,他们争先恐后地为自己的小手抹护手霜,常常把小手和脸上都抹满护手霜,还经常发生争抢和吵闹,"老师,他抹了好多呀!"魏老师每天像个检查员一样监督孩子们抹护手霜,并不断提醒他们:"不能抹太多了","只抹手上,不能抹在脸上"……但却没有什么效果。

案例二:为什么孩子们对沙包又不感兴趣了

玲玲带了一个沙包到幼儿园,班上的很多孩子都没有玩过,一时间孩子们都围在玲玲周围,对沙包产生了浓厚的兴趣。玲玲开始得意地教大家怎么玩沙包,几个孩子抢着在教室外面玩"丢沙包"的游戏。教室外的场地是由一块块方形的地砖铺成的。杨老师觉得这个游戏是一个很好的课程资源,可以让孩子们在游戏中学会如何测量。于是她把全班孩子都带到了户外,对孩子们说:"玲玲今天带了一个新玩具到班里,看,就是这个沙包!今天,我们就来一起玩一玩丢沙包的游戏。"孩子们欢呼雀跃。杨老师接着说:"丢沙包首先要把沙包扔出去,我们请几个小朋友来试一试。"几个孩子试完后,她接着问:"怎样才能知道扔得有多远呢?"有的孩子回答:"可以数地砖。"有的孩子回答:"用尺子量。"在杨老师的不断提示和追问下,孩子们说出了用棍子、布条量,用脚跨等不同方法。杨老师对这个活动很满意,但孩子们却越来越没有兴趣,还有孩子小声地说:"我只想玩一下,不想知道能扔多远。"杨老师挺纳闷:这个游戏不是孩子们自己感兴趣的吗?为什么自己将游戏与课程结合后孩子们反而丧失兴趣了呢?

附:案例讨论答案提示

案例一提示:孩子们对护手霜产生了浓厚的兴趣,单纯靠老师的提醒收效甚微。老师可以通过适当的游戏活动使幼儿了解护手霜的作用和使用方法,在有趣的游戏中感受到快乐,并在愉悦的情绪体验中养成正确的使用习惯。

案例二提示:孩子们感兴趣的是"丢沙包"这个游戏本身,其关注点还没有转移到"能扔多远"的问题上,杨老师急于达到自身预定的活动目标,没有充分把握与孩子们互动的节奏,导致活动出现问题。

 思考与练习

一、判断

1. "以游戏为基本活动"最早是通过《幼儿园教育纲要(试行草案)》首次提出的。(   )
2. "游戏归游戏、上课归上课",游戏和幼儿园课程之间没有关系。(   )
3. 游戏与幼儿园课程一定是相互融合的。(   )
4. 用于体育课教学的体育游戏是一种教学游戏化模式。(   )
5. 海伊斯科普课程非常重视特殊类型游戏。(   )

二、选择

1. 首次明确提出"以游戏为基本活动"的政策文本是(   )。
   A.《学前教育工作指南》   B.《幼儿园教育纲要(试行草案)》
   C.《幼儿园工作规程(试行)》   D.《幼儿园教育指导纲要(试行)》
2. 在知识本位课程观中,游戏被视为幼儿园课程的(   )。
   A. 手段   B. 加油站   C. 生成源   D. 灵魂
3. 游戏课程模式分为(   )类型。
   A. 非干预模式   B. 干预模式
   C. 重视特殊类型游戏的课程模式   D. 重视各种类型游戏的课程模式

4. 我国游戏与课程融合主要有( )形式。
   A. 分离型　　　　B. 交叉型　　　　C. 融合型　　　　D. 包含型
5. 幼儿园课程中诠释游戏的模式主要有( )。
   A. 非游戏课程模式　　　　　　B. 游戏课程模式
   C. 生活游戏化模式　　　　　　D. 教学游戏化模式

三、简答
1. 为什么要通过政策文本再次重申"幼儿园以游戏为基本活动"？
2. 你认为游戏与幼儿园课程存在怎样的关系？
3. 如何理解幼儿园生活的游戏化？

四、实践与实训
1. 查阅《幼儿园工作规程》，逐条研读，写一份读后感。
2. 针对幼儿园一日活动的某一环节，设计一个小游戏，并加以实施。
3. 设计一个教学小游戏，然后进行个别化尝试并分析效果。
4. 列出随机性生活化游戏 5 种，并尝试分析效果。

第四章　促进儿童游戏的条件

1. 了解影响儿童游戏的条件有哪些
2. 掌握为儿童提供游戏条件的基本原则
3. 提高支持、引导儿童游戏的知识与技能

◆ 问题提出

煦煦小朋友被从幼儿园接回家后,就急着要看动画片,妈妈说:"自己玩一会儿玩具不行吗?"煦煦说:"不行,不看动画片,就必须让我打电脑游戏。"妈妈说:"去找院子里的哲哲玩,好吗?"煦煦大闹起来:"不行,不行,就是不行。"煦煦妈妈很是着急,生气地说:"这些电视、电脑多坏眼睛呀,怎么就知道看电视、打电脑,连玩都不会玩可怎么办?"

淘金集市

通过前面几章的学习,我们已经很清楚地认识到游戏活动对学前儿童健康发展的重要意义,那么,儿童开展游戏活动要依赖哪些条件?这些条件各自起什么作用?又是如何影响儿童开展游戏的呢?本章内容将帮助同学们解答这些问题。

第一节　物　质　因　素

作为一种社会文化现象存在的儿童游戏,是在一定的社会因素影响下产生和发展起来的。我们经常可以看到幼儿园的孩子们开展着各种各样的游戏活动。如果我们认真观察这些游戏活动,不难发现其中存在着一些明显的物质因素,主要包括游戏时间、游戏场地、游戏材料、游戏机会等,下面逐一进行分析。

一、游戏时间

(一) 充足的游戏时间更易使儿童获得满足感

无论进行哪一种游戏,要通过游戏使儿童获得心理满足,都必须占用一定的时间。在儿

童的自发游戏中,时间基本上都是由儿童自己掌握的,除非他们受到其他外界因素的干扰。这也是儿童为什么那么热衷于玩自发性游戏的重要原因之一。

> **镜头**
>
> "妈妈,就让我再玩一会儿"
>
> 小宇正和几个小伙伴玩拍画片儿的游戏,每个人都兴致勃勃、全神贯注地按次序进行着。小宇妈妈在楼上窗口喊道:"小宇,回家了,该吃饭了!"小宇头也顾不上抬说了句:"听见了,一会儿就回去!"
>
> 过了一会儿,小宇妈妈的声音再次响起:"小宇,怎么回事?还不回来?都玩了多长时间了,还没玩够?"小宇急切地回应道:"妈妈,就让我再玩一会儿,行吗?我得赢回来!"
>
> 最后,小宇是被妈妈下楼硬拽回去的。

> **镜头**
>
> "要是老师让咱们一直玩就好了"
>
> 鹏鹏与几位小朋友正在幼儿园的建构区搭积木,有的在搭公路,有的在盖楼房,有的在建飞机场,玩得都很专注。突然,鹏鹏起身去取旁边的积木时一下撞翻了已经盖得很高的楼房,搭楼房的豆豆着急了:"你看你,我都快创纪录了,这回又白搭了!"鹏鹏很不好意思地说道:"那我帮你重新搭吧?"豆豆有点气急败坏地回应说:"哪还有时间呀,马上老师就该让收了,要搭也得明天了。"鹏鹏挠着头说:"就是,本来我还想搭个多层立体停车场呢,看来也来不及了,要是老师让咱们一直玩就好了!"

上面的镜头相信我们每一个人都有不同程度的记忆。当儿童投入于一个有吸引力的游戏中时,一切外物都仿佛不存在了,他们浑然忘我、不知疲倦地享受着游戏带来的快乐,有时成人难以理解,这一玩起来多长时间好像都不知道累,孩子们却总是说:"让我再玩一会嘛,我还没玩够呢!"研究表明,游戏时间的长短的确会影响到儿童游戏的质量。在较短的游戏时间,如 15 分钟以内,儿童是没有足够的时间结伴进行游戏的,也很少有可能相互协商、讨论或进行更进一步的探索和建构材料,往往只能从事一些社会和认知层次较低的游戏形式,包括平行游戏、旁观、无所事事、频繁转换行为等。而只有在较长的游戏时间,如大约 30 分钟以

给儿童充足的游戏时间

上,儿童才能逐渐发展出社会和认知层次较高的游戏形式。这样的游戏形式通常包括完整的游戏活动、群体游戏、建构游戏、团体—戏剧游戏等。

无论是哪类游戏,儿童都需要有充裕的时间去探索和尝试。有充裕的时间,儿童才能尽情地投入、愉快地享受,才能达到游戏的目的。如果游戏时间过短,儿童尚未熟悉、了解玩具材料的特征,尚处于探索阶段,游戏就结束了,儿童实际上还没有真正地进入游戏,不但不能感受到游戏的乐趣,而且还有可能阻碍儿童本身的想法,使游戏应有的价值不能得以发挥。有教育家指出:人的生命是以时间来度量的,儿童的童年是以游戏时间来计算的。剥夺儿童的游戏时间,就是剥夺儿童的童年。所以说,充足的游戏时间是保证儿童开展游戏的首要条件。

(二) 如何安排充足的时间让儿童进行游戏

在幼儿园中要真正实现"游戏作为幼儿基本活动形式"这一要求,就必然体现在一日生活活动作息时间安排中幼儿实际能进行游戏的时间有多少上,否则,游戏的开展就是一句空话,再好的游戏场所、设施、玩具材料及计划也是摆设,难以发挥出其应有的实际效用。

1. 幼儿园应提供一定的较为集中的游戏时间

为了确保儿童游戏的时间,幼儿园应特别提供一定的较为集中的游戏时间,比如上、下午各安排1个小时左右的较为集中的游戏时间,或一周安排几次半日游戏活动时间,不管采用哪种形式,都应固定下来,认真执行并形成制度,长期坚持,才能对儿童发展起到实效。

附:幼儿园一日生活活动作息安排表

7:30　入园
7:30—8:00　晨间游戏活动
8:00—8:40　早餐及餐后游戏
8:40—9:15　集体教学活动(中、大班)
8:55—9:15　集体教学活动(小班)
(冬季)9:15—10:00　室内区域活动
　　　　10:00—10:15　喝水、如厕
　　　　10:15—11:15　户外活动
(春、夏、秋季)9:15—10:15　户外活动
　　　　　　　10:15—10:30　喝水、如厕
　　　　　　　10:30—11:15　室内区域活动
11:15—11:30　盥洗
11:30—12:00　午餐
12:00—12:10　散步或睡前安静活动

12:10—14:15 午休
14:15—15:00 起床、盥洗、吃午点
(冬季)15:00—16:00 户外活动
　　　　16:00—16:45 室内区域活动
(春、夏、秋季)15:00—15:45 室内区域活动
　　　　15:45—16:45 户外活动
16:45—17:00 盥洗
17:00—17:30 晚餐
17:30—18:00 离园、餐后游戏

2. 幼儿园应尽可能利用一日生活的其他环节及零散时间

幼儿园除了要保证为儿童提供一定的较为集中的游戏时间,也要尽可能地利用一日生活的其他环节及零散时间,以扩展儿童的游戏时间。这些时间包括:幼儿来园后的晨间活动时间,有些儿童很早入园,这段晨间游戏时间就相当可观,可安排他们进入区域游戏或继续进行前几日未完成的活动;早餐后的时间以及傍晚饭后准备离园的时间等也是很可以利用起来开展小型游戏的;即便是教学活动后或各环节过渡中,只要有部分便于收放的区域或材料,都可以随时开展游戏。请注意,语言趣味游戏、拍手游戏、手指游戏等不需要使用材料的游戏,开展起来更加方便,非常适合用短暂的时间进行。

3. 教师应具备指导家长开展游戏活动的知识与技能

为了确保儿童游戏的时间,教师不仅应在幼儿园中认真执行作息制度,提前创设好游戏环境与材料,保证幼儿的有效游戏时间,还应该具备一定的指导家长在家庭中开展游戏活动的知识与技能。

总之,只有保证充足的游戏时间才能使儿童获得游戏的满足感。无论是哪类游戏,儿童都需要充裕的时间去探索和尝试。所以,充足的游戏时间是保证儿童开展游戏的首要条件。幼儿园除了要保证提供一定的较为集中的游戏时间,也要尽可能地利用一日生活的其他环节及零散时间,以扩展儿童的游戏时间。

扫码看视频
学前教育实训中心

 阅读与思考

父母 6 种做法破坏宝宝游戏专注力

当宝宝的注意力总是被破坏、总得不到保护时,注意力就会慢慢涣散。所以,请让宝宝从容地做完他投入的"工作"。在不受打扰的前提下,注意力是宝宝自然具备的一项品质。一旦发现宝宝似乎对所有的事情都只有"三分钟热度",你难免会有一些担忧。但是,宝宝不专注是天性使然吗?

No.1 不分时机地关心、干扰、催促

2岁的家家正在地板上专心拼积木。她把积木堆起来，哗地又推掉，然后再堆再推。堆的时候一脸专注，推的时候满脸兴奋……奶奶一会儿过来说"宝贝，喝水了"，一会儿又问"宝贝，饿不饿"，本来玩得好好的家家发起飙来……

很多父母会抱怨孩子写作业坐不住，不是吃东西，就是摆弄小汽车，一会儿又去偷看电视……看家家的案例就该知道原因了！当宝宝专注地玩的时候，你一会儿问要不要喝水，一会儿问饿不饿，试问宝宝怎么会专注于手头上的事情呢？

No.2 提供给宝宝太多玩具

你若是以为玩具多、书籍多，宝宝就会很开心，就会增长很多知识，那就大错特错。当然，如果有你在旁边陪伴和指导，宝宝会有一定的收获；如果你只是把玩具和书扔给宝宝自己玩、自己看，宝宝很容易形成浮躁和注意力涣散的毛病。久而久之，注意力不集中的习惯就形成了。

有目的的活动更容易集中宝宝的专注力。游戏开始时，你可以帮助宝宝选择玩具，不要所有的玩具都堆在地上，宝宝一会儿玩一样，什么都玩不长，这样的游戏是没有意义的。游戏质量的高低不在于玩具的多少，而在于宝宝在游戏中获得了怎样的发展。

No.3 缺乏耐心

动物园猴山旁，蒙蒙高兴地看着爬高跃低的小猴子。一旁的爸爸不断催促着："走了走了！还要看老虎、狮子呢！"小家伙不为所动："我要看猴子！爸爸，猴子也有手，对不对？"爸爸一边敷衍着一边又开始催："走啦，有什么好看的！"

很多时候不是宝宝缺乏耐心，而是大人提前丧失了观察的耐心。就像蒙蒙爸爸一样，总会从现实的角度去考量，但是宝宝的专注力却集中于自己感兴趣的事上。与其走马观花地快速看完所有的动物，不如一次看不完再来一次，让宝宝尽情享受专注的乐趣、发现的乐趣。

No.4 玩游戏时过多干涉、强迫

星星在沙滩上玩沙堆游戏，他小心地用铲子挖着，把沙子送进小桶里，装入桶里的沙子还没有洒在衣服上的多。可他一点不在意……妈妈从旁边走过来大叫："怎么把衣服都弄脏了！"爸爸也来了："儿子，你的房子怎么没有装门呢？来，爸爸教你，在这里留个小门！"……

爸爸妈妈总是不经意间破坏宝宝在快乐中建立起来的专注力，用自以为是的行为干涉、瓦解了宝宝的自尊心和成就感。

No.5 对待宝宝的重复不耐烦

3岁的童童反复把杯子里的水倒进另外几个杯子里。他仔细观察着，有的杯子水刚满，有的杯子水刚好半杯，还有的杯子很小。妈妈在门口观察了半天，看到童童把水洒了一身，立马制止童童。

宝宝如此专注地反复做一件事，完全忽略外物，这样的情况专家称之为"重复练习"。每次完成这种体验后，宝宝就像完成重大任务一样充满了喜悦和满足。其实，宝宝正处于注意力不能持久的年龄，通常会不停地从一件事转移到另一件事。一旦碰到吸引他的事物，就会

忘我地投身其中，注意力的集中程度十分惊人。

No.6 不给宝宝独处或安静的空间

让宝宝在一个安静的环境中学习或游戏，才能取得良好的效果。例如宝宝正在房间里读书，爸爸在一旁翻箱倒柜地找东西……试想，宝宝的注意力怎么能不被转移？一般在成人的陪伴之下宝宝的注意力会比较集中，在此过程中给予宝宝积极的鼓励和肯定，有助于建立良好的专注力。

（资料来源：《扬子晚报》，2012年3月23日）

思考：在幼儿园里，教师应该怎样保护幼儿的专注力？

儿童不宜过早开始的游戏

由于儿童正处在生长发育旺盛时期，身体内的器官、组织尚未发育成熟，有很多与成年人不同的生理特点，因此有些健体运动不宜在儿童中过早开展，以免造成伤害。

儿童不宜进行拔河比赛

儿童的心脏正在发育中，当肢体负荷量增加时，主要是依靠提高心率来增加供血，心脏容易疲劳。有资料显示，250名5—6岁的儿童拔河后心率均高，赛后1小时有30%的儿童心率未能恢复正常。此外，拔河还容易使儿童的手掌皮肤被绳索磨破，甚至由于拉扯时间过长、用力过猛，在强烈的外力作用下，引起脱臼或软组织受伤，影响儿童体型健美。

儿童不宜过早练肌肉

在生长发育过程中，儿童往往身高先于体重增长，先长身高、后长体重。儿童时期肌肉水分较多，蛋白质和无机盐很少，力量弱、易疲劳，因此，儿童不宜过早进行肌肉负重的力量锻炼。

儿童不宜倒立

尽管儿童的眼压调节功能较强，但如果经常进行倒立或每次倒立时间过长，会损害眼睛对眼压的调节。

10岁以下的儿童不宜玩碰碰车

少年儿童的肌肉、韧带、骨质和结缔组织等均未发育成熟，非常脆弱，受到强烈碰撞时容易造成扭伤和碰伤。

8岁以下的儿童不宜玩滑板车

儿童身体正处于发育的关键时期，如果长期玩滑板车，会出现腿部肌肉过分发达，影响身体的全面发展，甚至影响身高发育。此外，玩滑板车时腰部、膝盖、脚踝需要用力支撑身体，这些部位非常容易受伤。

针对儿童身体发育特点，家长可以让孩子进行跳绳、弹跳、跳皮筋、拍小皮球、踢小足球、打小篮球、游泳等体育运动，这些项目既有助于增加儿童的身高，又不会伤害儿童的身体。

（资料来源：《中国妇女报》，2011年11月19日）

思考：幼儿不宜玩的游戏还有很多，你还知道哪些？

二、游戏场地

游戏场地是供幼儿游戏时的空间场所,是游戏开展不可或缺的重要条件之一。游戏地点的安排对游戏行为很有影响。比如,儿童在规划好的小地方玩角色游戏,比在很大、很空旷的地点玩时更容易进入角色。游戏场地的大小、在室外还是室内、场地的结构、空间的密度等,都会对儿童游戏的进行产生不同的影响。

(一)什么样的户外游戏场地更适合儿童开展游戏活动

《托儿所、幼儿园建筑设计规范》规定,托儿所、幼儿园室外游戏场地应达到下列规定:一是必须设置各班专门的室外游戏场地。每班的游戏场地面积不应小于60平方米。各游戏场地之间应采取分隔措施。二是应有全园公用的室外活动场地……室外公用场地应考虑设置游戏器械、30米跑道、沙坑、洗手池和注水深度不超过0.3米的戏水池等。因此,幼儿园室外可以规划自然区、运动区、休闲区、活动材料区、玩水区、玩沙区等游戏场地。

户外游戏场地在设计时要特别注意安全卫生。地面以坚实的土地或沙地为宜,这种地面适宜做跑、跳等运动,能减少跑、跳活动对脑部造成的震荡,同时也比较安全。有条件的幼儿园可以铺设一定面积的塑胶场地,这种塑胶场地要注意选择无毒环保型的,保护儿童健康,同时也要注意日常维护与清洁。

场地内的设备或器械应适合不同儿童的身高和运动能力。高矮、宽窄、轻重等应有适当梯度。如梅花桩小径,可以从平地画大小不一的圈开始,过渡到高矮、粗细或不同材质、不同距离的桩墩排列。

户外游戏场地的结构设计,要尽量利用地形地貌的自然特点,减少不必要的人工装饰,让儿童在接近大自然的环境中愉快地游戏。有的幼儿园在设计建造户外游戏场地时,过于突出了景观性,而弱化了儿童与环境的互动性,那就建成了公园或景区,而不是供儿童游戏的场所了。

游戏场地中要放置数量适宜的大型设备和用具,设备、器械的数量与场地面积要保持合理的比例,以不妨碍儿童奔跑、活动为原则。

好的游戏场地不仅要有设备,更要有合理的结构关系。游戏场地的结构关系是指游戏场地中的各个部分、各种材料与器械构成一个有机整体。这样的游戏场地不仅能发展儿童的动作与运动能力,而且能够发展想象力和创造力,满足儿童各方面发展的不同需要。

(二)什么样的室内游戏场地更适合儿童开展游戏活动

也许有的人会认为,室内游戏场地越大越有利于开展游戏,其实不然。史密斯(Smith)和康洛利(Connolly)的有关研究表明,将每个儿童的平均空间密度从7.0平方米降至2.32平方米时,会明显地减少儿童的大动作游戏如追赶、混战等,但当空间密度由2.32平方米降至1.4平方米时,儿童的团体游戏会减少,攻击性行为会增加。

室内游戏场地要求教师不仅要在有效空间密度内,经常调整游戏的空间结构,而且还要有开放的空间和分隔的空间,这可以通过对活动室整个大空间的分隔和变化来实现。

活动空间的大小应当能满足儿童的多种发展需要。一般来说,既要有一定的较大空间,以适用于全班集体性活动的使用,又要有较小的空间,能让几个儿童在一起共同活动。如果有条件,还可以设置小型空间,仅供个别幼儿单独活动使用。这种小而安静的私密空间,在满足儿童独处的需要和其他一些情绪情感的需要上是相当重要的。这些不同大小和用途的游戏活动空间的安排通常分为集中式和区域式,这两种空间的安排对儿童的游戏有着不同的影响。集中式活动空间,便于儿童开展集体性的规则游戏、平行游戏和大动作游戏;区域式活动空间,可根据游戏活动的不同类别,将游戏区分隔为若干个不同的区域,这样的空间便于儿童开展合作性游戏和探索性游戏。

总之,游戏场地是供幼儿游戏时的空间场所,是游戏开展不可或缺的重要条件之一。游戏场地的安排对幼儿的游戏行为很有影响。游戏场地的大小、在室外还是室内、场地的结构、空间的密度等,都会对幼儿游戏的进行产生不同的影响。幼儿园室外可以规划自然区、运动区、休闲区、活动材料区、玩水区、玩沙区等游戏场地。户外游戏场地在设计时要特别注意安全卫生。场地内的设备或器械应适合不同儿童的身高和运动能力,更要有合理的结构关系。

三、游戏材料

游戏材料是儿童游戏时所用玩具和物品的总称。游戏材料是游戏的物质支柱,是儿童游戏的工具,如果离开了游戏材料,儿童的游戏常常难以进行。因为儿童的思维具体形象,在缺乏游戏材料的情境下,儿童很难将已有的经验调动出来。游戏材料也恰好具备形象具体、生动的特点,正好满足了这一需求,给儿童以直接具体的刺激,使其产生各种联想,将已获得的生活经验迁移至游戏中,刺激儿童再度体验其已有的经验,并可产生新的经验。游戏材料可以激发儿童的游戏意愿、兴趣、灵感,引起儿童的联想和构思,表现在行动上就成为我们所看到的各种游戏活动了。

镜 头

玩积木的倩倩

倩倩是位小班幼儿,平时不太爱说话,也很少到建构区来玩积木。这次是犹豫了半天才进了建构区。别的幼儿都在忙着搭建,她却坐在地毯上东瞧西望,似乎不知道要做什么。这时,旁边的宝宝用几块积木连成了一架小飞机,他很高兴地学着飞机飞的样子,嘴里还不时地发出声响。倩倩大概是觉得有意思,也用小筐盛了几块积木,搭了一架差不多一样的小飞机。搭好后,倩倩看起来很兴奋,一边绕着玩,一边自言自语地说着:"轰轰,飞了。"一会儿,她又用小筐装了好多小块积木,连续搭出几架小飞机,她玩得很专心也很有兴趣。她搭了一会儿,又坐在地毯上想了一会儿,然后走到箱子前拿出一个小纸盒,放在积木上。我问她,这是什么?她说是飞机头。她又从箱子里找出几个小盒放在了积木上,之后又去拿小积木,可是已经没有了。她站着看了一会儿,拿了许多娃哈哈奶瓶,把瓶子放倒了一个挨着一个摆成一个圈。我问她,这是什么?她说是机场的围墙。然后她又用雪碧瓶摆在围墙外面,上面再放上一个小盒。我又问她,这又是什么?她笑着说是机场前的雕塑。我问她是怎么知道机场的样子的,她说是前些天和爸爸妈妈出去玩坐飞机时看见的。

可见,适宜的游戏材料可以有效地引发和推动儿童游戏的开展和身心的发展。心理学的诸多研究表明:儿童的年龄特点决定了他们对物质世界的认识是感性的、具体形象的,思维常常需要动作的帮助。他们对物质世界的认识还必须以具体的事物和材料为中介和桥梁,在很大程度上借助于对物体的直接操作。儿童是在对游戏材料的推、拉、拆、卸、敲、打、摔、捏、拼摆、组合等的改变过程中才能获得相应的知识的。所以,我们必须保证让儿童亲自动手动脑去操作实践,避免包办代替,才能使儿童获得丰富的直接经验,获得更有益的发展。

儿童是通过使用玩具材料在游戏中学习的。不同的游戏需要的材料是有差别的。比如,与游戏主题有关的道具,如司机服饰、汽车方向盘模型、刷卡机等,对儿童开展公共汽车的角色游戏有激励作用;积木、拼图和美术材料能刺激建筑游戏的进行。如果成人希望提高各种游戏的质量,很重要的一点就是准备适宜的游戏材料。教师在准备游戏材料时应注意以下几点:

一是为儿童提供的游戏材料要保证安全和卫生。《幼儿园教育指导纲要(试行)》指出:"幼儿园必须把保护幼儿的生命和促进幼儿的健康放在工作的首位。"因此,游戏条件的安全性问题,如场地、设备、器材、工具、玩具等是否达到卫生要求,是教师在创设游戏环境时首先要考虑的问题。在游戏进行的全过程中,教师要随时检查游戏材料是否安全,并为儿童创设必要的保护措施,教会儿童一些基本的自我保护技能,尽可能排除意外事故的发生。

二是为儿童提供的游戏材料要数量充足,符合儿童的年龄特点。因为不同的玩具材料有不同的功能和特点,材料的种类对儿童游戏的具体选择有着某种定向的功能。游戏材料适合儿童的需要,才能让儿童尽情体验游戏的乐趣;材料数量充足,才能避免具有相同兴趣的幼儿在游戏时出现争抢等纠纷。特别是小班幼儿,多爱平行游戏,所以,同种玩具教师应该多准备一些。

为儿童提供适宜的游戏材料

三是为儿童提供游戏材料要丰富、多层次,应强调游戏材料的多功能和可变性,鼓励幼儿制作玩具。

> **镜头**
>
> **制作小汽车的天宇**
>
> 　　一次游戏活动时间,天宇正在制作一辆小汽车,他用了一个较大的纸盒子做车身,又拿起一个汽水瓶瓶盖放在前面做车灯,可固定时出现了情况。只见他先拿起胶水往纸盒上抹了点,又在瓶盖上抹了点,然后使劲往纸盒上一贴,可他的手刚一松,瓶盖就掉在地上了。天宇捡起瓶盖,又重复了一次,结果瓶盖又掉下来了。这次他没有继续重复这种做法,而是一边想一边看四周,似乎在找其他的材料。他顺手捡起一根胶条,刚要粘又放下了,嘴里嘟囔着:"这么粘就把灯挡住了。"他停了下来,又开始找别的材料,一会儿拿了一块橡皮泥过来,一边捏一边说:"挺黏的,应该行的!"结果橡皮泥牢牢地将瓶盖粘在了车身上,他成功了。

研究表明,在活动空间较大和活动材料丰富的条件下,儿童表现出来的竞争性、侵犯性和破坏性行为都低于活动空间小、活动材料贫乏的情况。但这并不是说给学前儿童的游戏材料越多越好。重要的是如何让这些材料真正地发挥作用,提高其利用率。如果教师提供的材料单一,儿童游戏情节的发展就可能受到限制。因此,在游戏中为儿童提供多种材料,有利于儿童通过探索接受丰富的感官刺激,利用不同的材料去替代和想象,在与材料的互动中促进发散性思维的发展。当游戏材料的品种多样化时,可促进儿童发散性思维的发展;不同种类和数量的游戏材料摆放在一起,会影响儿童游戏的主题和性质。为此,教师还应尽量多提供一些无固定功能的材料。

总之,材料是游戏的物质支柱,是儿童游戏的工具,如果离开了游戏材料,儿童的游戏将难以进行。游戏材料可以激发儿童的游戏意愿、兴趣、灵感,引起儿童的联想和构思。适宜的材料可以有效地引发和推动幼儿游戏的开展和身心的发展。不同的游戏需要的材料是有差别的,教师在准备游戏材料时应注意:为幼儿提供游戏材料要保证安全和卫生;为幼儿提供游戏材料要数量充足,符合儿童的年龄特点;为幼儿提供游戏材料要丰富、多层次,应强调游戏材料的多功能和可变性,鼓励幼儿制作玩具。

四、游戏机会

游戏机会的提供对于儿童的发展具有十分重要的作用。斯米兰斯基和克罗恩的研究说明:在儿童期缺乏游戏机会的儿童以后较多地会遭遇到学习各门学科的困难。特别是没有或较少参加过社会角色游戏的儿童,这种困难会更为显著。于是,为儿童游戏提供"均等"的机会就显得尤为重要。所谓"均等",有平均、平等的意思,机会面前人人平等,也就是说要为儿童提供平等的、适宜的参加各种游戏的机会。

有些儿童对游戏不感兴趣，也许有儿童自身的差异性，但是更为主要的可能是因为教师未能提供多元化的活动，使他们无法选择适合自己能力和兴趣的游戏。有的儿童对某种游戏感兴趣，也被提供了相应的机会，但由于机会次数少，可选择的人数少，游戏的机会通常会被能力比他更强的儿童抢先得到。如果这样的情况反复出现，那么一定时间后，儿童在个人能力方面以及自信心、成功感、挫折感方面就可能会出现差异。

那么，当我们给儿童提供一个平等、适宜的机会，每一个儿童都可能在同一时间、同一范围内选择自己所喜爱的游戏，情况就不一样了。儿童必须主动地去适应环境，凭自己的能力和智慧去拥有游戏的机会。最终并非每个儿童都能如愿以偿，但正是这种主动去选择的过程体验，能让儿童逐步懂得怎样去把握时机、怎样去面对挫折、怎样去与别人协调，学会怎样去尊重别人和得到别人的尊重，从而促使其适应环境能力的发展，这本身就是一种社会化的学习。如果我们怕儿童因一点小事发生争执，而事事给他们安排好、计划好、协调好，他们永远不可能学到如何与人相处、与人合作，能力强的或乖巧的儿童永远比能力弱的或调皮的儿童有优先权，但这种优先权会使他们养成习惯，唯我独尊、霸道、自私的个性可能会不知不觉地形成；而处于弱势的儿童可能逐渐变得退缩、不自信，对游戏丧失兴趣，以攻击性行为来发泄内心的不满，势必造成恶性循环。因此，为儿童提供均等、适宜的游戏机会，对儿童游戏的发展十分重要。

总之，游戏机会的提供对于儿童的发展具有十分重要的作用。要为儿童游戏提供"均等"的机会，也就是说要为儿童提供平等的、适宜的参加各种游戏的机会。

五、讨论

案例：教师应怎样安排游戏

一次游戏时间，小班李老师规定幼儿玩积塑，给每个孩子分几块材料，为了安全起见，要求不能离开自己的座位。有的孩子胡乱地摆弄着材料，有的就坐在那里发呆，有的玩了一会儿就表现出厌烦，但老师不让离开座位，于是他们不时回身与周围的孩子打闹……为什么会发生这种情况呢？要是你组织这次游戏，你会怎样安排？

附：案例讨论答案提示

案例提示：虽然案例中有一定的游戏时间、场地、材料，但都存在问题。比如，场地限制，不许离开座位，使游戏空间狭小；材料单调，每人几块积塑，种类单一、数量不足，都会影响儿童游戏的质量。但最重要的原因是，教师的要求使孩子们没有了自愿选择感兴趣游戏的机会，教师的不恰当要求使这次游戏不再是充满乐趣的游戏，而成为孩子们按教师的要求去做的事情。

第二节 精神因素

儿童游戏具有社会性,是由儿童生活在社会中这一基本现实决定的。儿童的游戏其实是儿童参与成人社会生活的愿望与儿童自身能力不足之间矛盾作用的结果。

引发儿童游戏的力量来自物质与精神两个方面。游戏中的同伴关系以及师幼关系都起着重要作用,但儿童内在的力量是最主要的,儿童的自身特点、对周围事物的兴趣、儿童的好奇心、儿童的模仿和想象都是引发游戏的重要因素。

一、同伴

1. 游戏中的同伴关系

随着儿童年龄的增长,生活范围的不断扩大,儿童会从最初的"独自游戏"阶段过渡到"集体游戏"阶段。集体游戏就是两个或几个儿童一起玩,独自游戏的经验是集体游戏的基础。从两岁左右起,儿童逐渐从独自游戏阶段过渡到集体游戏阶段。具有独自游戏经验的儿童即使在集体里面也有着主动而又积极的游戏能力。

在集体游戏阶段,儿童的游戏主要有三类,即"平行游戏""模仿游戏""创造性游戏",它们分别与儿童不同的年龄相联系,同伴关系的表现也是不同的。

(1) 平行游戏是儿童刚过渡到集体游戏时的一种常见游戏方式。这类游戏看上去儿童是在和别的小朋友一起玩耍,实际上却是各玩各的,相互之间没有交流和协作。

(2) 模仿游戏一般出现在三到四岁,游戏内容大都是模仿成人社会生活中的一些情景,例如模仿成人的做法经营商店、办医院等。他们在模仿社会生活的游戏中不断地认识事物、探索世界,在游戏中更多地出现相互交流、互相启发的情况,同时他们也在游戏中了解到:在游戏中每个人都要遵守一定的规则。有的儿童在游戏中了解了与同伴之间的关系,学会谦让玩具、互相借换玩具等最基本的交往技巧,也有的儿童在游戏中学会了如何控制自己的情绪和行为、如何帮助同伴等。

(3) 创造性游戏大都出现在五六岁左右,在这段时期儿童的理解能力有了飞速提高,他们能够认真思考,逐渐萌发独立思维,开始注意事物的形体而不仅仅是颜色,精力也更加集中,对趣味性强的游戏能专心致志地玩很长时间。这时期的儿童已不再满足于对社会生活的简单模仿,他们尤其喜欢与多个同伴共同玩耍,这使游戏的结构、情节、用具与材料等都更加复杂了。

2. 同伴对游戏的影响作用

随着儿童年龄的增长,其游戏中的社会性因素越来越多,同伴的地位也表现得越来越重要。我们通常能感觉到很多儿童一般喜欢与自己年龄相仿、比较熟悉的同伴在一起玩游戏,而不太愿意与比自己小很多、不认识或不熟悉的儿童一起玩。有关研究证实,同伴的年龄、性别、熟悉程度等都会对儿童游戏产生影响。

儿童与同伴一起游戏

（1）儿童在游戏中通过与不同的同伴进行交往，比如在与比自己年长的儿童交往时，大一些的儿童的社交经验有助于促进其社交技能与水平的提高。年长儿童能通过其与伙伴的交往方式，帮助较少有或没有同伴交往经验的儿童把在自己身边的其他儿童认同为游戏伙伴，并指导这些儿童如何进行交往。即年长儿童能以自己更丰富的游戏经验和行为榜样，促进年幼儿童游戏水平的提高。这也正好说明了年幼儿童为什么都喜欢并跟着年长儿童去游戏的道理。

（2）同伴的性别对儿童游戏行为的发生是有影响的。当同一性别的儿童在一起游戏时，要比独自一人或与异性的儿童一起游戏时，能开展更多的共同性的探究活动，对游戏中所出现的内容会更感兴趣，推动游戏的不断演进，而注意力较少停留在熟悉的玩具上。

有研究证明，同伴的性别也影响着儿童对玩具的偏爱及其游戏的风格。对于四五岁的儿童来说，他们已经表现出对某些玩具是男孩还是女孩玩的明确态度，如果他们以前看到一个玩具主要是男孩玩的，那他们就把它当成男孩的玩具。儿童往往会排斥异性同伴常玩的玩具。如果儿童选择了符合自己性别的玩具，就容易被同性伙伴接纳，否则就容易遭到伙伴的嘲笑和拒绝。在这一时期，儿童是非常渴望得到伙伴的赞同及积极反应，并能进一步与同性伙伴进行交往的。

（3）儿童与同伴在一起的时间会随年龄的增长而加长。从婴儿期到幼儿期，儿童与周围其他儿童的交往呈现出持续增多的趋势，而与成年人的交往则持续减少。通常我们会认为儿童在入学后，与同龄人常在一起玩的时间一定会大大增加，但有关调查却显示出，他们与其他年龄有差异的儿童的交往却明显地增多了。

儿童在游戏中，要与其他伙伴发生关系，他们会逐渐发现和了解自我与他人，了解自己的行为结果及他人对自己的反应，使自己的行为能为同伴接受。在游戏中儿童作为集体成员，需相互适应，服从共同的行为规则，掌握和学习轮流、协商、合作等社交技能。

（4）儿童与同伴之间的群体生活还可以帮助儿童克服以自我为中心的问题，让他们学会遵从群体活动规则，认识到每个人的权利与义务。如果儿童只顾自己，就会受到同伴的排斥，其他人会看不起他，不和他玩，这将会促使儿童最终向群体规则投降。"合群"是人的重要品质和能力，这是无法口授给儿童的，而同伴起着非常重要的作用。

总之，随着儿童年龄的增长，其游戏中的社会性因素越来越多，同伴的地位也表现得越来越重要。每个儿童在成长过程中，都是需要伙伴的。在群体中成长起来的儿童，比那些只生活在个人小圈子里的儿童往往更健康、更活泼，也更加开朗、自信。同伴之间的群体生活可以帮助儿童克服以自我为中心的问题，让他们学会遵从群体活动规则，认识到每个人的权利与义务。

二、儿童自身

儿童喜欢游戏,是出于自己的兴趣和愿望。儿童游戏的水平在一定程度上取决于儿童自身的条件。研究表明,每个儿童的性别、年龄、气质、性格、兴趣、爱好、能力等对其游戏具有着不同程度的影响,使每个儿童的游戏出现有别于其他人的特点或风格。

1. 性别影响

有研究者比较了男孩和女孩在游戏中的差异,指出在两岁之前,男孩与女孩的行为差异并不显著,相比之下,女孩表现得更喜欢亲近成人,对周围人更敏感,说话的时间通常也早于男孩。而在变化了的情境中,男孩更容易出现不适应、焦虑或不安。

有研究者对两岁儿童的家庭活动和三四岁儿童的幼儿园的班级活动进行了观察分析,发现在活动的选择上,男孩与女孩存在显著的差异。女孩大多喜爱进行布娃娃、表演或过家家游戏,男孩则更多地倾向于车辆与交通类玩具、积木以及活动量大的活动,如扔球、踢球或者打闹游戏等。然而,这一年龄段儿童的很多活动没有表现出太明显的性别偏向。研究还发现,在幼儿园里,儿童游戏中更多地出现选择同性别伙伴的现象,而且年龄越大这种倾向越明显。女孩更喜欢室内不太需要运动的游戏,而且常常是两个人一起游戏。男孩偏好在户外游戏及进行团队比赛,还经常进行一些打仗游戏和实际的攻击性行为。

2. 健康影响

儿童自身的健康状况也影响着他的游戏活动。处于健康状态的儿童游戏容易进行。但当儿童的身体出现不适或疾病时,通常会出现改变,比如拒绝活动量大的游戏、游戏兴趣低迷、持续时间缩短、情绪起伏大等。

通过对一些特殊儿童的研究发现,他们在游戏中的特殊性与健康儿童相比更为明显。如很早丧失视觉的儿童对于游戏并不特别感兴趣,他们的游戏多以反复操作物体以获得触觉刺激为主,而极少见到他们进行表演游戏。听力丧失儿童的游戏较单一,社会性交往少,不太会协商、合作,攻击性行为也较正常儿童多。患有孤独症的儿童,其游戏内容也是特有的。他们的游戏通常是刻板的、操作式的,反复地无意摆弄,很少几个玩具一起使用,或用来替代某物。研究发现,在孤独症儿童的语言学习和游戏之间,其游戏水平的高低与其语言发展有很高的一致性。语言受损伤的儿童,其象征性游戏明显低于正常儿童。而一些对残障儿童所做的研究也证实,其游戏情况有别于一般儿童。如智障的儿童会有更多的非游戏行为或个人游戏行为,而与同伴的群体性游戏极少,语言表达能力偏低。

3. 认知风格影响

儿童个体的认知风格对游戏行为有普遍影响。个体的认知风格是指每一个人不同的理解、记忆和思维方式,包括感知方式、智力、个性和社会性行为等因素。其中,场依存性和场独立性是两种不同的认知风格。这两种认知风格的儿童其游戏行为也存在差异。

阅读与思考

场依存性个体和场独立性个体的特征

场依存性个体主要表现有以下行为特征：

① 依赖于周围的感知场景。

② 倾向于对环境做出整体把握，易受当时场景的影响。

③ 相信权威。

④ 把周围人的脸部表情作为一种信息来源。

⑤ 对人有兴趣。

⑥ 与相互交往的人有密切的关系。

⑦ 对他人很敏感，并通过这种方式获取社会性技能。

⑧ 喜欢与人打交道的职业。

场独立性个体主要表现有以下行为特征：

① 在感知物体时，能把物体从场景中区分出来。

② 能解决在不同场景中出现的同一问题和稍作改变的问题。

③ 不服从权威，有自己的评判标准和价值观。

④ 对事情积极努力。

⑤ 冷淡、疏远。

⑥ 不合群，有较好的分析能力。

⑦ 喜欢自己能独立工作的职业。

（资料来源：邱学青.学前儿童游戏[M].南京：江苏教育出版社，2005）

思考：教师在游戏中如何指导不同认知风格的幼儿？

研究发现，场依存性和场独立性两种不同的认知风格的儿童，其游戏中的爱好与表现也不相同。场依存性认知风格的儿童对社会性的游戏主题更加关注，一旦有游戏时间，社会性游戏出现的概率较大，喜欢和别人一起玩耍，合作性的群体游戏多，与他人之间发生的互动多，侵犯性行为也多，比较在意周围人的态度或反映。而场独立性认知风格的儿童独自游戏的时候多，较少结伴，对人冷淡，不太合群，想法较独特，有主见，有较强的分析问题的能力，特别是有明显的逃避集体性游戏的行为倾向。

总之，每个儿童的性别、年龄、气质、性格、兴趣、爱好、能力等对其游戏具有着不同程度的影响，使每个儿童的游戏出现有别于其他人的特点或风格。教师要注意观察儿童的不同情况，只有多观察、分析，才能较准确地了解儿童的具体情况，才能根据儿童的特点和实际需要，为他们准备适宜的游戏环境，满足他们的发展需要。

三、师幼关系

注重师幼关系是近些年来比较强调的一个话题。儿童与教师应是民主平等、互动合作、共同成长的关系。没有良好的师幼互动关系就谈不上是有效的教育。特别是在幼儿园的游戏活动中,教师既是儿童游戏发展状况的研究者,又是儿童游戏活动环境与材料的设计者、提供者,还是儿童游戏中可能的伙伴与指导者、评价者,教师的态度、行为对游戏的影响十分关键。

尊重儿童的想法

那么,教师如何正确实施与儿童的互动呢?

(一) 教师要时时保持正确的教育理念

教师应把儿童看成是具有独立价值的生命个体,尊重儿童、理解儿童、关注儿童、相信儿童,时刻站在儿童的角度,以儿童的心态,去体察儿童可能的兴趣与需要,而不是只想着"我要怎样怎样"去和儿童互动,把自己的意愿强加给儿童。

镜头

"小猪赶球"比赛的规则要不要改

今天,幼儿园五个大班的小朋友要在一起比赛孩子们自己创设出来的运动项目。前一阵子,各班的小朋友都利用自己制作的运动器械发明了不少玩法,通过不断尝试和改进,每个班的小朋友都把自己班比较成熟的项目教给了其他班。孩子们练习一段时间后,今天要在一起比赛了,他们都显得十分兴奋。

在"小猪赶球"项目的比赛中,出现了这样的情况。第一次比赛时,大部分小运动员情绪兴奋,虽然速度快,但是违反游戏规则的现象也比较多。有的孩子对比赛结果明显不服气。教师马上请该项目的创设班级派代表向孩子们再一次重申规则:小棍和一只大球放置在起点线上,只能手持棍接触球向前推拨,不允许用手、脚等其他身体部位接触球,球如果滚出边线或到终点时未能拨入球门出界,都要返回起点重新开始。

第二次比赛开始了,第五小组的婷婷出发了。只见她前一小段还能按照规则做,跑着跑着不由自主地用左手去拿回快滚出边线的球,又继续朝前赶。在终点当裁判的小朋友生气了,大喊:"你犯规了,从头来!"婷婷愣了一下,似乎明白了,拿起球回到起点重新开始。可是,类似的情况又出现了,婷婷越着急球就越往外跑,结果又犯规了。她一直做了五次,才按规则完成了比赛。回到队伍后面,婷婷哭了起来。像婷婷这样重复了多次才完成比赛的小朋友有好几个呢。

活动结束后,教师们展开了热烈的讨论。有的教师说:"他们这个班定的规则太苛刻了,必须得改改!"婷婷班的教师说:"是啊,太难了点,把婷婷都弄哭了,会不会伤害到孩子呀?"有的教师说:"我看干脆改成球从哪出线就从哪再开始就得了!""小猪赶球"项目班的教师说:"大家都别着急,这规则可是我们班孩子经过很多次尝试和讨论后才定下来的,要改也得他们商量着改,不能咱们代替,那样会伤害到这些孩子的积极性。其实,在前一阵,孩子们也是规定球从哪出线就从哪开始,可总有孩子投机取巧不返回,或者着急了难以判断、记住到底是从哪出线的。他们还想出了让裁判跟着跑,由裁判指定返回地点的办法,可实际试了之后,又发现,每个运动员后面跟一个裁判,运动员和裁判交叉在一起,太乱了,很影响边上或后面的运动员。所以孩子们才规定要从头再开始。我觉得,不管孩子们怎样规定,肯定有孩子们的道理,只要大家都遵守,就是很好地达成了我们的活动目标。何况,今天是孩子们第一次全体在一起比赛,场地也长,有的孩子平时练习少,出一些状况也是正常的。规则到底要不要改,怎样改,我建议咱们回到班里和孩子们讨论讨论,听听特别是像婷婷这样的小朋友的意见吧。"

(二)教师要采取正确的态度和方式,给儿童充分的自主

教师正确的态度和方式包括:对待儿童的游戏应该表现出喜爱或感兴趣的姿态,让儿童能真实地感受到教师喜欢看到他们快乐的游戏。即便儿童的某些行为是不被允许的,也要先搞清楚儿童行为的前因后果,表示理解和接纳,再和儿童讨论适宜的做法有哪些,切记不要简单地进行批评与指责。

教师参与和指导儿童游戏的方式,要能让儿童愉快接受而不是把指导变成干扰。游戏中,不同性格的儿童进行的游戏不同,面临的问题也不同,教师在与儿童的互动中也应采取不同的方式。一般而言,教师如果能以儿童游戏的伙伴身份出现,像朋友那样和他们共同游戏,容易和儿童建立亲近的情感关系,教师的行动和语言也更容易为儿童关注和接受。

对于儿童来说,会常常在游戏中表现出对一切新鲜事物的好奇心。而且儿童一旦面临新奇的、神秘的、不能理解的事物,就会产生多种形式的探究行为:感官探究、动作探究、言语探究。正是通过这些探究行为,儿童有选择性地了解周围事物,并积累大量生活经验,获得满足感。教师应当尽可能保护好儿童的游戏意愿,创设能满足儿童好奇心的游戏条件,把儿童的探究行为引向更高级的活动。如果儿童的这些探究行为能够得到不断的强化与满足,还会逐步内化为其个体良好的心理品质。

教师引导和支持游戏时还应该注意使用的方式有:不要给儿童太多不必要的限制;给儿童尝试错误的机会,因为他们有不断改进的能力;不要因为嫌脏、麻烦或自己不喜欢而不让儿童玩土、泥、沙、水等游戏;多陪伴、关心儿童,正面、简洁地回应儿童在游戏中的提问;多

说"试试看",少说"不许""不准""不要";经常和儿童交换一下自己的新发现,并鼓励儿童不断思考,认真聆听;采用引导式提问和大家一起交谈的方式,与儿童谈论游戏中的各种情况。

教师要保证儿童每天有适当的自主选择和自由游戏的时间,在自由游戏时间段里,给儿童以机会和许可去开展游戏。教师要成为儿童游戏活动的支持者、合作者、引导者,以关怀、接纳、尊重的态度与儿童共同游戏;关注儿童在游戏活动中的表现和反应,敏锐地察觉他们的需要;善于发现儿童游戏活动中的教育价值,及时以适当的方式做出应答,形成合作式的师幼互动。

总之,在幼儿园的游戏活动中,教师既是儿童游戏发展状况的研究者,又是儿童游戏活动环境与材料的设计者、提供者,还是儿童游戏中可能的伙伴与指导者、评价者,教师的态度、行为对游戏的影响十分关键。教师要时时保持正确的教育理念,要采取正确的态度和方式,还要善于发现儿童游戏活动中的教育价值,以有效地促进儿童在游戏中的发展。

四、讨论

案例:斯宁为什么也不想玩

斯宁小朋友(小班)今天入园晚了。他在各游戏活动区看了一遍,谁也没有理他。他站了一会儿,搬起椅子坐到了益智活动区,这里只有他一个人。他先来到系扣板前,玩系扣子的游戏,最下面一个扣子很快就系好了,过了一会儿,他又系好了两个,还剩最后一个扣子,他系了半天,总是系不上。他干脆不系了,玩起旁边的拼图游戏。他没有按照老师教给的方法拼,而是摆成一长串点着玩,玩了一会儿,扔下图片跑到积木区边上看别的小朋友玩。我心想:"这个斯宁,又忘了收玩具,还不能坚持做完一项游戏。"我准备提醒一下他。"斯宁,你想去积木区玩吗?"斯宁回过头看了看我,摇了摇头。"那你想玩什么呢?"他说:"我什么也不想玩。"我看着系扣板说:"呦,这个小朋友的衣服还没穿好呢,多冷呀,咱俩帮帮他好吗?"他点点头,开始系扣子,可是系了半天也没系上,我发现他系扣子的方法是对的,于是我说:"我来帮帮你。"我系时才发现的确很费劲,原来是扣眼太小了,系起来比较困难,怪不得他系了半天总是系不上,差点冤枉他。于是我找来剪刀,把扣眼剪开了点,让他再系,这回他很快就系好了。他高兴地笑了。在把系扣板放回去后,他也开心地将拼图装进盒子里放回去了。为什么斯宁什么也不能坚持,也不想玩?这位老师的做法有什么可取之处吗?你觉得应该怎样培养儿童游戏的坚持性和秩序性?

附:案例讨论答案提示

案例提示:小班幼儿由于年龄小,行为的坚持性以及按照要求行动的能力都需要加强培养,并不能一蹴而就。因此在游戏中,碰到困难或其他吸引,而转移注意去做别的是通常会出现的情况。这是需要教师恰当提醒的。案例中的教师注意到了这点,也采取了比较温和的策略,没有直接批评斯宁不完成游戏、不收放好玩具的行为,而是和斯宁一起游戏,才发现了是由于系扣板上的扣眼太紧,导致斯宁屡系不成,才中断游戏的真实原因。教师的耐心与有效的解决办法,既帮助斯宁完成了游戏,也避免了一起"冤案"。

 思考与练习

一、判断

1. 指导学前儿童游戏只是教师的事情,和家长没关系。(　　)
2. 给学前儿童的游戏材料越多越好。(　　)
3. 场依存性认知风格的儿童个性比场独立性认知风格的儿童好,因此,教师要努力转化场独立性认知风格的儿童。(　　)
4. 儿童的各方面特点不同,因而教师不可能提供均等的游戏机会。(　　)
5. 无论是哪类游戏,儿童都需要充裕的时间去探索和尝试。(　　)

二、选择

1. 儿童在游戏中会产生的各种形式的探究行为有(　　)。
　　A. 感官探究　　　　　　　　　B. 动作探究
　　C. 言语探究　　　　　　　　　D. 玩具探究
2. 影响儿童开展游戏活动的物质因素有(　　)。
　　A. 游戏时间　　　　　　　　　B. 游戏场地
　　C. 游戏材料　　　　　　　　　D. 游戏机会
3. 影响儿童开展游戏活动的精神因素有(　　)。
　　A. 同伴关系　　　　　　　　　B. 儿童自身条件
　　C. 师幼关系　　　　　　　　　D. 认知风格
4. 以下(　　)因素会对幼儿游戏的进行产生不同的影响。
　　A. 游戏场地的大小　　　　　　B. 场地的结构
　　C. 在室外还是室内　　　　　　D. 空间密度
5. 教师在准备游戏材料时应注意(　　)。
　　A. 保证安全卫生　　　　　　　B. 要数量充足,符合儿童的年龄特点
　　C. 要丰富、多层次　　　　　　D. 要买高档的、时髦的、高科技的玩具

三、简答

1. 影响学前儿童游戏的物质因素和精神因素有哪些?
2. 室内外游戏场地应该怎样创设?
3. 教师怎样与儿童建立良好的游戏互动关系?

四、实践与实训
1. 观察两名同龄儿童的游戏情况，分析他们各自的认知风格如何影响其游戏。
2. 调查某一个幼儿班级游戏区的创设情况，分析其优劣，并写出评价报告。
3. 如果某一个幼儿不想玩游戏，教师该如何引导和支持？
4. 如何化解幼儿在游戏中的错误和危险？

实 施 篇

内容导览

第五章　学前儿童游戏环境规划

第六章　指导儿童游戏的策略

第七章　幼儿园各类游戏的指导

第八章　游戏观察与评析

第九章　其他游戏资源简介

第五章　学前儿童游戏环境规划

1. 理解游戏环境规划的定义和意义
2. 掌握室内、外游戏环境的规划方法
3. 能够科学提供玩具和游戏材料

问题提出

搏搏再过几个月就要上幼儿园了,搏搏妈妈忙着到处看幼儿园,比较幼儿园。最后她决定把搏搏送到"太阳幼儿园"去,原因是这所幼儿园有很大的活动场地,搏搏可以在里面玩得很开心。

足够的游戏空间能满足儿童开展游戏的需要,从而让儿童能尽情地游戏。除此之外,在与游戏环境的相互作用下,儿童能获得丰富的经验,教师能完成教育目标。那什么是学前儿童游戏环境规划?规划些什么,要注意些什么问题?请同学们带着你们的思考,进入本章的学习,从中获得理想的答案。

创设有趣的游戏环境

第一节　游戏环境规划概述

游戏环境规划在幼儿的游戏过程中起着潜移默化、此处无声胜有声的教育效果。《幼儿园教育指导纲要(试行)》指出:"环境是重要的教育资源,应通过环境的创设和利用,有效地促进幼儿的发展。"从中可以看出,幼儿园的环境创设不单是外在的一种感官性的东西,它具有更多的教育价值,游戏环境更是如此。

一、游戏环境的定义

游戏环境是指儿童进行游戏活动所需要的一切条件,主要包括物质环境和心理环境两个方面。物质环境主要是指幼儿园各种人工或非人工的游戏空间和场地、游戏时间、游戏材料和设施等。心理环境是指环境中的人际关系及心理氛围,包括师幼关系、同伴关系和游戏气氛等。

物质环境是儿童进行游戏的前提。比如,开展"冒险游戏",让儿童完成在成人眼里看来比较危险的任务,包括建造、拆卸、炊事、挖掘、种植、养殖等多种多样的活动,但前提是要有自然环境(如池塘、花园、树林)和自然材料(如泥土、木材、绳索)以及工具(如锤子、锯子、钉子)等,才能进行建构和游戏。

有挑战的游戏环境

心理环境是儿童进行游戏的根本。游戏环境中必须建立尊重、平等、对话、关心、互动的师幼关系,形成友好、互爱、合作、竞争、主动的同伴关系,营造温暖、愉快、宽松、安全、信赖的游戏气氛,教育目标才能完成,游戏价值才能体现;相反,没有灵魂的游戏环境只能成为摆设,缺乏儿童与设备的相互作用,缺乏儿童与教师、同伴的互动,自然而然游戏也不会发生。

二、游戏环境规划的定义

游戏环境规划是指教师对儿童游戏环境进行整体、系统的方案设计和实施,主要包括对游戏环境中基本条件(硬件和软件)、空间规划以及区域内材料的提供等方面从宏观到微观的长远思考,它将指导教师围绕长期、中期、近期发展目标开展游戏。进行游戏环境规划,教师应该考虑的基本问题如下:

区域游戏环境的规划表

游戏区 游戏条件		主题内容	活动目标	场地要求	设备材料	人数限制	指导重点	备注
室外 游戏 区域	固定区域	…	…	…	…	…	…	
		—	—	—	—	—	—	
	拓展区域	…	…	…	…	…	…	
		—	—	—	—	—	—	

续　表

游戏区 游戏条件		主题内容	活动目标	场地要求	设备材料	人数限制	指导重点	备注
室内游戏区域	固定区域	…	…	…	…	…	…	…
		—	—	—	—	—	—	—
	拓展区域	…	…	…	…	…	…	…
		—	—	—	—	—	—	—

三、游戏环境规划的意义

杜威认为,要想改变一个人,必先改变他的环境,环境改变了,他自然也就会改变。目前,环境对儿童的影响已经被广大教师认同和接受,所以,环境作为隐性课程已经进入到幼儿园课程范围之中。

学前儿童是独立的、发展的个体,他们是活动的主人,更是幼儿园环境的主人,是他们赋予环境以生命和活力。作为教育者,教师有责任和义务规划好游戏环境。游戏环境规划的意义体现在以下两个方面。

(一) 有利于游戏活动的开展,促进教育目标的实现

《幼儿园工作规程》提出:"游戏是对幼儿进行全面发展教育的重要形式,应因地制宜地为幼儿创设游戏条件(时间、空间、材料),游戏材料应强调多功能和可变性。"

在观念上,每个幼儿园教师都不会否认游戏对儿童的重要影响,但在实践中,"小学化"倾向、剥夺幼儿游戏权利的现象比比皆是。究其原因,有传统教育的强大影响力的问题,还有一个外显的影响因素就是幼儿园环境。在现阶段很多幼儿园环境设计简单,室内仅仅适合上课,室外仅仅适合做操,至于儿童的多样性游戏活动的需要则甚少考虑,即使教师想要组织儿童游戏,也只是简单的集体游戏,游戏玩具材料不足是普遍问题,所有这些都制约了幼儿园游戏活动的开展。

所以,游戏环境值得幼儿园认真考虑,应纳入幼儿园整体规划和改善计划中,这对于彻底改变教师教育观念,落实《幼儿园教育指导纲要(试行)》精神,有效地组织实施游戏活动,实现游戏成为幼儿园的基本活动的目标具有重要意义。

(二) 有利于儿童社会性的发展、学习经验的获得,满足其爱游戏的天性

儿童需要游戏,这是其生命意义的展现,也是其机体和心灵发展的需要,他们可在游戏中获得成长。无法想象一个不游戏的儿童,也无法想象一个不游戏的童年,游戏与童年、儿童始终是无法分割的整体。

游戏是需要环境刺激的,丰富的玩具材料、良好的环境设计会直接引发儿童的游戏活动和探索活动,让儿童在积极有效的互动活动中得到身体、智能、社会性、情感等方面的和谐

发展。

良好的游戏环境有利于儿童与环境互动、与同伴互动、与教师互动,有利于儿童在各种互动中获得自主、健康的发展。

四、游戏环境规划的基本要求

(一)符合安全要求

幼儿的年龄决定了其活泼爱动的特点,但是因其器官的稚嫩、动作发育的不完善和危险意识的欠缺,容易导致各种意外事故的发生,使其受到伤害。所以,幼儿园游戏环境规划首先要考虑的就是安全问题,尽可能把幼儿游戏过程中可能受到的伤害降到最低。比如各种游戏器械设备的定期检修,感官刺激和操作性材料的定期消毒等,只有游戏环境安全,才会吸引幼儿的积极参与。

(二)环境丰富,能开展多样性游戏活动

扫码看视频
"智慧空间"绘本馆

游戏环境的规划应该综合考虑幼儿的活动需要和课程开展的需要,尤其是幼儿开展多样性游戏的需要。幼儿不仅需要大肢体运动游戏,也需要社会性交往游戏、表演游戏、感官游戏、益智游戏、建构游戏等,所以,游戏环境无论是室内还是室外都应该尽可能丰富多样并富有变化。这样,既有利于教师组织各种教育活动和游戏活动,也有利于幼儿自发地开展各种各样的探索活动和游戏活动;既有利于集体游戏活动,也有利于小组和个别游戏活动;既有开放性游戏空间,也有半开放和相对封闭的游戏空间,可满足不同幼儿的个体需要。

(三)空间密度适宜

空间密度是指游戏环境中可供每个幼儿使用的空间大小。很多研究表明空间密度会影响幼儿的游戏和游戏中的交往行为,因为空间密度减少,就意味着拥挤度增加,相应地必然会减少幼儿的大动作活动,如奔跑追逐类嬉戏活动,也有可能会增加幼儿相互之间的冲突,使幼儿的攻击性行为增加。相反的,空间密度增加,比如在开阔的室外活动空间,会使幼儿的大运动游戏增加。

按照我国的幼儿园空间标准,室内人均不少于 2 平方米,室外人均不少于 4 平方米,但现阶段大多数幼儿园,尤其是大、中城市幼儿园,存在着以下问题:空间不够,班级中人数多,幼儿的活动空间不足,尤其是室内拥挤。

空间密度过小的问题,不仅会影响幼儿游戏的开展,也会导致很多班级纪律问题和室内安全问题。对于空间不足的问题,教师可采用如下方式:如果室外活动空间不足,可以通过班级轮流开展室外活动来补偿;如果室内活动空间不足,可以通过改变布置、多采用分组活动等方式来改善。

(四) 玩具材料丰富

对于幼儿来讲,玩具和材料是最有诱惑力的东西,能满足其好奇、爱玩、探索的心理需求。所以,无论是室内还是室外游戏环境,都应该尽可能提供充足的玩具和材料,并不断随幼儿的发展进行调整和补充。一般来讲,室外游戏以运动类和探索类游戏为主,所以应该多投放此类玩具和材料;室内游戏以社会交往、认知、操作类游戏为主,所以玩具和材料的投放与室外不同。幼儿年龄不同,对于玩具和材料的要求也不一样,教师在投放时应具有针对性。

　　　室外探索石头　　　　　　　　　室内泥工活动

总之,好的游戏环境,应该是符合幼儿特点的、最能满足幼儿需要的,并能引发幼儿的发展,这是评价游戏环境适宜性的主要标准。

 实践与思考

1. 请学习本书第八章有关游戏场的评价量表,到某一幼儿园去做观察,分析这所幼儿园的游戏场地情况,写一份观察报告。

2. 幼儿园的马老师是个细心的人,她发现孩子们最喜欢有点危险的玩具材料,比如剪刀之类,更喜欢爬高,大人越是不让玩的,孩子们越想玩。这是怎么回事呢?她很苦恼,一方面想让孩子们尽兴,可一想到安全问题,又觉得还是多限制孩子们玩冒险的游戏好。你怎么看这个现象?遇到这种情况应该怎样做呢?(提示:好奇是幼儿的心理特点,冒险也是幼儿的一种探究学习方式,适当的冒险有助于提高幼儿的自我保护能力。)

第二节　室内游戏环境的规划

幼儿一日生活的大部分时间是在幼儿园的室内度过的,所以室内游戏环境创设尤为重要。

扫码看视频
区域活动材料

如果室内游戏环境设置合理、材料投放丰富、氛围宽松和谐,就可以激发幼儿生动多样、富有创造性的游戏行为,为幼儿的自主选择和决定创造条件。

室内常设的游戏区域有园级多功能游戏室、班级活动室、划分给班级的相对独立使用区域(一般是相近的走廊、墙裙、栏杆、楼道等)和公共区域,教师可规划成不同的游戏活动区,包括基本活动区和其他活动区。

室内活动区的构成

基本活动区	角色(表演)区	其他活动区	沙水区
	积木区		阅读区
	美工区		电脑区
	玩具区		木工区
	……		……

一、室内游戏环境的规划内容

创设室内游戏环境规划的内容包括:空间利用和活动区划分、墙面及顶面规划、走廊空间与地面规划等。

(一) 空间利用和活动区划分

教师依据幼儿发展目标因地制宜规划空间,分析其基本结构区(卧室、盥洗室、活动室等)和各区建筑元素(墙、门、窗、柱、台),创设适合幼儿游戏的区域。

规划活动区

(二)墙面及顶面规划

墙面可用于幼儿的作品展示区、感官训练区、主题探究交流区。例如：主题栏、亲子栏、生日栏等。

主题栏

亲子栏

生日栏

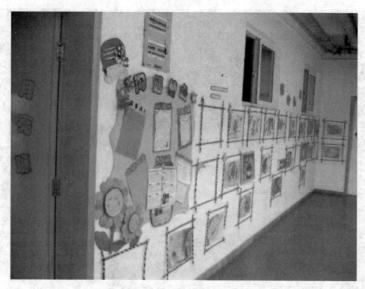

幼儿作品栏

评比栏

顶面多用于展示幼儿的吊饰作品或幼儿园重大活动的吊饰等,它是相关教育活动的一种辅助、延伸形式。

吊饰

(三) 走廊空间与地面规划

走廊一般不会用做活动区域,而是利用走廊的地面和两侧墙面作为环境创设范围之一。

走廊环境

地面可以粘贴导向标志、认知训练和活动区的划分标识,如符号、数字、图案等。

地面环境

二、室内游戏环境的规划原则

(一)与幼儿园教育目标一致原则

幼儿园环境是幼儿园课程的一部分,是促进幼儿身心和谐发展的重要保证,要考虑它的教育性,即环境的规划要与幼儿园的教育目标一致。如在大厅里挂上"一切为了孩子"的标语,走廊里挂上"今天你微笑了吗""谢谢""对不起"等文明礼貌用语,并设置家、园互动板块,如家教之窗、家长园地、幼儿活动风采展示等。另外,还可让具有特色的环境体现出教育价值。如将英语学习作为本园的一大教学特色:在教室门口悬挂结合英语教学的内容、配合英汉互译的日常用语卡片,形成一组具有英语氛围的"我与小动物对话"的组合吊饰;利用走廊柱子与柱子之间的横梁空间,设计悬挂拟人化的英语字母,将字母"A"装饰成有眼、有嘴的"A"姐姐,将字母"B"装饰成戴帽子的"B"弟弟等。

活动室内的环境创设应考虑与活动主题相呼应,并在相应的美工区、科技区、劳作区内创设与教学目标相关的环境。如创设秋天这个主题环境,利用自然材料充分发挥想象进行创意制作,有的幼儿用小米、绿豆等农作物粘贴出了蝴蝶,有的幼儿用瓜果、蔬菜制作成娃娃、企鹅、鲸鱼等玩偶,有的幼儿将普通的树叶制作成孔雀、蝴蝶、金鱼、房子等,一幅幅作品充满了奇思妙想,仿佛就是一件件独一无二的工艺品,凝聚了孩子们的聪明与智慧。这些作品,有的可以直接成为孩子们的玩具,有的可以放入区角活动中作为材料,还有的可以当成装饰品作为环境创设的一部分。

(二) 遵循幼儿的年龄特征和认知水平原则

不同年龄阶段的幼儿,其身心发展和需要有不同的年龄特征,即使同一年龄阶段的幼儿,他们的兴趣、能力、学习方式等都存在很大差异。因此,环境的创设应尊重幼儿的这种差异。如小班幼儿刚入园,对幼儿园比较陌生,教师就可以设置"宝宝树"主题墙饰,把幼儿的全家福贴在墙上,也可以把幼儿的头像做成"苹果",早上来园时让幼儿自己贴到苹果树上,离园的时候带回家。中、大班的幼儿开始对文字产生了兴趣,教师可创设有趣的汉字主题墙,有汉字的演变历史、书写方式、字形特点,图文并茂,生动形象,把我国汉字的艺术魅力浓缩在方寸之上,对幼儿的学习起到很好的文化熏陶。

(三) 幼儿充分参与原则

环境创设的过程是幼儿与教师共同参与合作的过程。教育者要有让幼儿参与环境创设的意识,让幼儿充分参与到环境创设中来。如幼儿往往对某动画片或图书中的主人公表现出很大的兴趣,在较长的一段时间内保持着好奇心。如果教师能利用"时尚"物作为环境创设的题材,对诱发幼儿参与学习会有事半功倍的效果。比如,有一段时间小班幼儿喜欢上了动画片中的"海绵宝宝",教师便在活动区中设置"海绵宝宝专卖店"。专卖店中有贴着"海绵宝宝"标志的圆形的皮球、呼啦圈,方形的镜子、图书、文具盒等,让幼儿观察、触摸、交流。这样,不仅能使幼儿在欢乐中认识了基本的图形、掌握了其特征,又使每个幼儿获得了不同的发展。

三、室内游戏区规划的操作指南

要把室内游戏区规划成一个合理的、有教育意义的环境,我们可以通过以下六个步骤实施:

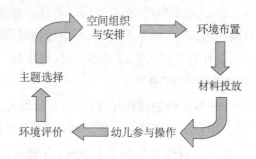

游戏区规划的步骤图

(一)主题选择

选择与教育目标一致、符合幼儿兴趣、来源于幼儿生活经验的内容作为游戏活动区的主题。

(二)空间组织与安排

合理的组织与安排可以促进幼儿主动地、有意义地游戏,同时可以减少和预防行为问题的发生。

(1)合理考虑活动区的分布、大小、数量和种类,实现相互协调和互不干扰。

合理安排区域

(2)因地制宜,满足不同形式的活动要求,充分利用原有环境与现成材料,发挥自身优势,体现本区域特色。

有效利用窗台空间

(3) 在原有基础上进行改造,重新组合材料。

顶饰

(4) 根据幼儿个性发展需要和各种游戏活动的需要创设、扩展、延伸相应的环境。

开放的游戏环境

(三) 环境布置

环境布置的基本原则：注意安全问题，降低意外伤害的发生，利于教师对于幼儿活动的观察，比如家具应选择拐角为圆形的，方便幼儿取放物品等。

教师可运用垫子、靠枕、地板垫、布帘和墙饰等营造成温馨、类似于"家"的环境，比如墙壁的颜色选择令人愉快、放松和舒适的暖色调。

(四) 材料投放

让幼儿易于找到自己感兴趣的材料，这对游戏开展是非常重要的，因此要在游戏环境里投放可探索、改变和组合的足够多的和多样化的材料，既能满足每个幼儿游戏的需要，又能考虑到个别差异。

(五) 幼儿参与操作

通过认识、了解游戏环境后，让幼儿自主地活动，教师在旁边担任支持者、引导者、合作者的角色，帮助幼儿进行游戏。

(六) 环境评价

环境评价内容包括主题的有效性、活动区的设置、材料的投放、幼儿的表现等。通过评价，教师可再完善游戏环境，使之更符合教育目标的实现、幼儿的需求和教育价值的体现。

下表概括了关于良好的室内游戏环境的评价标准：

室内游戏环境评价标准

1. 应当是幼儿喜欢，对幼儿有吸引力，让幼儿感到安全和舒适的。
2. 各活动区的名称易于幼儿理解。活动区的结构方便幼儿寻找和取放材料。
3. 空间安排和分割合理，有利于幼儿的活动和行走。当幼儿在活动区全神贯注地游戏时，不会受到他人活动的干扰。
4. 材料丰富多样，能够支持幼儿各种类型的游戏活动，激发幼儿探究的兴趣，支持幼儿积极主动地学习，使幼儿实践自己的想法和计划，获得多样性的学习经验。
5. 玩具和材料反映人类社会和文化的多样性。
6. 幼儿有独处的空间。

四、讨论

案例一：家长为何对游戏环境有疑问

今天是小豆芽幼儿园的开放日，家长们兴奋不已地来到幼儿园。可是，参观完后，家长们都在嘀咕："咦，怎么都秋天了，墙上的饰品还是和春天相关的呢？而且怎么看起来有点陈旧呢？""语言区的'三只小猪'好像都放了两年了？""孩子们的作品总是拍拍贴呢？""哇，我们小时候是表现好贴小红花，没想到我的孩子也是贴小红花！"家长们的这些疑问，反映的是游戏环境规划中存在的什么问题？

案例二：如何为幼儿提供适宜的游戏材料

某贵族幼儿园的房舍非常漂亮，大型活动器械及有关设施设备也比较高档，但别致、美丽的玩具柜（架）上却放着不多的玩具，且以购买的塑料结构材料为主（无非是棍、片、块、圈等，大的与小的区别）。另外一家小型私立幼儿园房舍简陋，尽力把墙饰布置得让外行看着是幼儿园，玩具材料同样少，园长觉得自己有充足的理由，说："站（坐）着说话腰不痛，没有钱等于零"，园长有这想法，教师就更有理由叫"我也想为孩子提供材料啊，但是无经费，我巧妇难为无米之炊"。请问作为园长或教师，你会怎么解决这样的问题？

附：案例讨论答案提示

案例一提示：不应长期固定不变环境创设的内容，那种单一的创设手段，影响幼儿丰富的想象力，减少幼儿动手操作及与周围环境之间积极的相互作用的机会。教师应引导幼儿参与环境创设。这种参与是教师有目的、有计划，遵循幼儿年龄特点，组织幼儿参与设计、参与收集和准备材料、参与布置、参与操作、参与管理的过程，能够充分发挥幼儿主体性的作用。

案例二提示：此话虽有一定道理，都是指靠"钱"办事，这实际是一个观念转变的问题，即能否正确把握好"把提供幼儿操作材料放在什么地位"的问题。若放在重要的地位，有一分钱，都会首先考虑，而不是把其他安排完后，再根据剩余的钱来考虑。另外，有创意地、绞尽脑汁地将有限的资金经济地、有效地为幼儿挖掘、利用各种资源，即花最少的钱，办最大的事，也能完成投放足够的多样的材料的任务。

第三节 室外游戏环境的规划

对于幼小的孩子来讲，室外总是充满了诱惑和刺激，因为室外活动空间广阔，意味着更多的自由和快乐。室外游戏是幼儿生活中不可或缺的重要内容，在我国也明确规定，幼儿园的幼儿每天室外活动时间不能低于2个小时，寄宿制幼儿园不能低于3个小时。所以，幼儿园应该认真而科学地规划室外游戏场地，使其更好地为幼儿的健康成长服务。

一、室外游戏环境的内容

室外游戏环境的内容包括各班专用、全园公用的基本区域设置及活动区设备和材料的投放。

二、室外游戏环境的规划原则

（一）安全性原则

1. 选择安全的设备和材料

幼儿园在选择设备和材料时，要注意三个方面的问题：

(1) 材料不应含有毒物质。

(2) 设备和材料是否有割伤或刺伤幼儿的尖角和锋利的边缘，是否有夹伤幼儿的裂缝、是否有漏电的可能。

(3) 注意材料的质量和工艺，防止幼儿误食。

2. 建立安全制度

为了避免安全问题发生，幼儿园要建立一定的制度：

(1) 向幼儿说明使用玩具和游戏材料的适宜的方法。

(2) 制定必要的取放玩具的规则和小组活动的规则。

(3) 定期检查玩具是否破损、是否有潜在的危险。

(4) 检查存放玩具的柜子或架子是否安全。

(5) 有安全隐患的玩具或材料要放在幼儿拿不到的地方。

（二）自然性原则

室外环境相对于室内最突出的一点区别是自然性。在室外游戏中，幼儿可以充分享受大自然赐予的阳光、空气、水；室外游戏环境的树木、土坡、草坪、藤萝架等深受幼儿的欢迎。在小树林间穿梭、在草坪上翻滚，或者找蚂蚁、逮蚂蚱、挖知了，或者观察蝴蝶纷飞、蜜蜂采蜜、蜻蜓点水……所有这些都能引发幼儿的好奇心和探索欲望。教师要对其进行有效利用，创设出原生态的室外活动场地，让大自然赐予幼儿更多的财富，让所有的幼儿喜欢和享受童年的乐趣。

室外游戏环境

（三）趣味性原则

对于幼儿来讲，室外游戏环境的趣味性一方面来自大、中、小型玩具，比如，幼儿喜欢滑梯、攀登架、秋千这样的大中型玩具，也喜欢三轮车、轮胎、球、风车、沙包等这样一些小型玩具，他们好像永远乐此不疲，到室外玩耍就意味着可以玩这些玩具了，自然高兴，自然充满乐趣;另一方面来自没有太多约束羁绊的开阔空间,在这里幼儿可以"撒野",可以奔跑追逐,可以让自己的心灵和四肢获得充分的舒展。

(四)挑战性原则

室内环境有桌椅板凳,对于幼儿好像总是羁绊,教师也禁止幼儿追逐打闹,室内的游戏规则更多强调秩序与安静,而室外游戏则完全不同,室外游戏环境充满了刺激性和挑战性。

具有挑战性的室外游戏设施

滑滑梯有爬高并从高处顺势而下的刺激,荡秋千有上上下下眩晕的刺激,过桥索、爬山坡、钻山洞有挑战自己胆量和能力的刺激……幼儿在种种挑战性的活动中,发展肢体的动作,感受自己能力的自信,享受室外活动的"野趣"。

(五)富有变化性原则

因为室外游戏环境的自然性,所以也充满了变化。春有百花,夏有浓荫,秋有硕果,冬有白雪;四季有交替,早晚有变化。即使同一块平静的泥土地,也会不断有小草长出来、花儿开放,或者蛐蛐钻出来、蝴蝶飞来……幼儿的嬉戏活动、探索活动便也由此丰富起来,永无停歇。

三、室外游戏环境规划的操作指南

(一)绿化、美化、儿童化、教育化、游戏化的综合考虑

室外游戏环境规划要因地制宜、综合考虑各方面的需要和要求。

绿化、美化是幼儿园室外环境规划的基本要求。幼儿园应该尽可能扩大绿化面积,栽种各种高大的乔木和低矮的灌木,保证夏季室外游戏活动有绿荫。在绿化的同时,尽可能四季都有花卉,让幼儿园美丽得像个大花园。

扫码看视频
室外环境

儿童化、教育化、游戏化是幼儿园环境最突出的特征。室外游戏环境规划一定要根据3—6岁幼儿的特点和需要设计,既让环境充满童趣,有童话般的感觉,又能在安全的前提下,满足幼儿各种游戏活动如钻、爬、跑、跳等的需要,充分挖掘现有空间条件,让幼儿充分享受室外游戏的乐趣。

(二)有适合各个年龄段幼儿需要和发展水平的活动空间

室外游戏场地设计要充分考虑全园不同年龄段幼儿的特点和需要,比如小班幼儿和小小班幼儿,肢体动作发育尚不完善,容易摔跤,可以为他们设计一个专门的半开放的软游戏区,铺设软垫、塑胶地面或人造草坪,这样幼儿既可以跑跑跳跳,也可以爬爬坐坐,还可以适当投放一些小型玩具如皮球、沙包、小汽车等。如此一来,教师也可以放心让幼儿去室外游戏。

室外游戏活动的组织形式各异,既有集体游戏,也有小组游戏和个别游戏,所以室外游

戏场地的面积也应该根据需要设计,大小不一,可用灌木丛进行适当隔离,并有多个出入口。

室外游戏活动多种多样,地面的设计也应该有所不同,软硬都有。除了前面谈到的为小班幼儿设计的软游戏区外,滑梯、秋千等处的地面也应该软化处理,避免幼儿落地时受到伤害;树林、山坡、草坪等应该尽可能保留其土质地面,便于动植物的生长,可以在连接处的路面进行硬化处理。另外,幼儿园还应该专门为幼儿设计车道等硬化地面,还要有沙池、水池等游戏场地。

室外游戏场地以开放性空间设计为主,也可以设计部分封闭或半封闭的空间,以利于幼儿的自由活动或交往活动,如游戏小屋、小迷宫、小城堡等。

(三) 有适合四季游戏活动的空间设计

室外游戏环境规划一定要根据季节交替,考虑室外游戏需要。比如夏季阳光强烈,如果没有树荫,从上午 10 点到下午 4 点这段时间,就很难组织幼儿外出游戏。幼儿园如果有条件,可以设计绿色长廊,栽种紫藤、笃萝、葡萄等藤蔓类植物,并架设秋千一类玩具;在沙池、水池、大型玩具旁栽种高大、枝叶茂密的乔木;提供山洞、小城堡、游戏小屋一类充满神秘感的设施等。

巧妙利用自然元素

(四) 巧妙利用自然元素和空间

每个幼儿园室外空间各异、面积大小不一,在进行游戏环境规划时应该因地制宜地利用空间。比如,原来低洼的地方可以设计成小河、沟渠,并架设晃悠悠的桥索;如果幼儿园室外空间太小,可以立体地利用空间,进行立体绿化,或者在墙壁设计横向攀岩;购买综合大中型玩具,靠边墙摆放;在高大的树木间设计秋千、摇椅、跷跷板等;沙池与戏水池巧妙组合……

(五) 事先考虑空间密度和地面表层、下水道及场地的相互关系等问题

幼儿园的人数要与自己的室内和室外面积相匹配,避免人均空间密度不够,出现拥挤现象。现已存在人数较多问题的幼儿园,可以通过轮流、交替进行室外活动解决此问题,也可以通过开辟楼顶活动空间、立体地利用室外空间等方法使其得到改善。

在幼儿园建设之初,应该先根据不可改变的地下管道等进行地表设计,绿化场地要避开下水道等管道,戏水池、游泳池、喷泉、鱼池要方便接入水龙头。

室内游戏场地与室外游戏场地可以用长廊相连接,室外每一个游戏区域之间有多个通道。要避免游戏区域相互之间的干扰或者存留安全隐患,如车道应该是一个半封闭的区域,不能与秋千、滑梯等玩具区混在一起。

资料：

室外游戏环境的设计与构成

活动区构成	内容和建议
1. 运动器械区	主要指攀登架、滑梯这样的大型组合玩具和秋千、跷跷板、转椅这样的中型玩具区
2. 集体运动场地	运动场地的四周栽种高大的乔木；四周为每个班设计一个玩具储藏室，方便小型自制玩具游戏的开展，如玩风车、玩沙包、玩飞碟、走莲花桩、玩轮胎、玩球等
3. 攀爬区	在墙面设计横向攀岩，在绿色长廊设计软索爬梯，在草坪上设计轮胎爬墙、软索爬墙等
4. 长廊	设计夏季绿荫长廊、爬索、吊挂、休闲长椅、石桌
5. 小树林	栽种各种树木，包括果木、花木等，在小树林里吊挂秋千、摇椅等设施，保留树林的土质地面
6. 草坪	设计开阔的大面积的草坪，不是观赏草坪，应该允许幼儿上去滚爬戏耍；或铺设带状草坪，在裸露土壤的地面铺设草坪，作为软化地面的手段
7. 种植养殖区	设置在距离自己的班级较近的区域，并有班级标牌，或利用现有场地、盆盆罐罐进行种植养殖活动
8. 山坡(山洞)	建筑土堆的游戏情景，在土坡下挖地道形成一个神秘的小山洞
9. 玩沙区	设计几个不同规格的沙池，边缘可以用轮胎进行软化处理，四周最好有高大的树木，夏季提供树荫
10. 玩水区	玩水区可以和玩沙区相邻，方便幼儿玩沙后洗手；可以设计游泳池、喷泉、鱼池等不同的玩水区或设计简单的长条形玩水池
11. 投掷区	如果空间不足，投掷区可以借用门廊、墙面、树林、长廊等地，不单独占用空间
12. 涂涂画画区	设计一面自画墙，可以用水彩笔涂画、粉笔涂画、毛笔或其他大刷子等涂画。墙面是可以擦掉、重复使用的
13. 室外游戏小屋	童话式小城堡或小木屋，可利用农作物的秸秆或草席、稻草之类自然材料设计成自然风貌的小屋或悄悄话小屋

四、讨论

案例：如何正确看待孩子的冒险游戏

现代父母教育孩子"更难了"，比如"外面很危险"就是父母必须考虑的因素之一。进行室外冒险游戏，父母总是有些顾虑："孩子不能靠近水塘，他们可能会掉下去！""秋千太高了，没有握住，摔下来怎么办？"孩子在室外玩耍时，到底该不该有点冒险？冒险，对他们有益还是有害？

附：案例讨论答案提示

案例提示：过度担心孩子安全会导致孩子失去宝贵的生活体验，孩子需要一个快乐而有趣的童年。孩子的自信和自尊来源于胆大以及认识到什么是可以做的,什么是不能做的,与鲁莽不同,这是学习如何控制风险,是可以应用到今后生活中的技能。

第四节　玩具和游戏材料的提供

玩具和游戏材料是幼儿游戏的工具和支柱,正如鲁迅先生所说:"游戏是儿童最正当的行为,玩具是儿童的天使。"

一、玩具的种类

对玩具进行分类,有助于教育者了解玩具的功能,为儿童提供适宜的玩具。根据不同的依据,玩具和游戏材料有不同的划分:

玩具的不同种类

依据	种类	举例
以功能为依据	表征性玩具	芭比娃娃、厨具玩具
	教育性玩具	绘本
	建构性玩具	积木、积塑
	运动性玩具	球、绳、毽子
以课题为依据	动作技能型玩具	自行车、平衡木
	智力技能型玩具	跳棋、象棋
	创造性玩具	泥巴、沙
以结构性程度为依据	专门化玩具	表征性玩具、教育性玩具、运动性玩具
	非专门化玩具	建构性玩具

在幼儿园中,更倾向于把玩具分为成型玩具(专门化玩具)和未成型玩具(非专门化玩具)。

不同玩具的优势与不足

名称	定义	优势	不足
成型玩具	是结构度高,功能比较固定、通常只有一种操作方法的材料	易引起幼儿兴趣,唤起相关经验,多用于低龄幼儿	少有锻炼发散思维能力和象征性活动
未成型玩具	指一些废旧物品或自然物被幼儿当作玩具使用,结构度低,具有多功能可变性,有多种操作方法的材料	不容易感到厌倦,需要更复杂的智力活动,具有灵活性、多功能性、经久性,来源广泛,经济简便,适合较大年龄幼儿	不易保存

(一)成型玩具

1. 角色游戏玩具

仿造生活中实物制作的玩具,如家具、房子、炊具、餐具、动物、交通工具、商店、理发店、医院等,幼儿可以进行角色游戏。

2. 表演游戏玩具

幼儿表演游戏中所需要使用的物品,如服饰、头饰、道具、戏台等,可以是购买的,也可以是师幼制作的。

3. 结构游戏玩具

结构游戏玩具主要包括几何形体的大中小型积木、积塑、积竹等;金属或木制、塑料的装拆玩具;玩沙、玩水、玩雪使用的工具玩具等。

4. 智力游戏玩具

各种镶嵌、装、套玩具,如套盒、套塔、镶嵌板;图片型、实物型的智力游戏玩具;各种棋类和竞争性智力玩具。

5. 体育游戏玩具

大型体育活动玩具,如攀登架、爬梯、脚踏滚筒等;中型体育活动玩具,如木马、儿童三轮车、儿童两轮车等;小型体育活动玩具,如各种球、铁环、长绳、哑铃、旗子等。

6. 娱乐玩具

悬挂玩具、彩色脸谱或涂片、摇响玩具、音乐玩具、抓握类玩具、电动玩具、能发出声音的填充玩具等。

(二)未成型玩具

未成型玩具所利用的材料来源于生活中,以物代物,或自制玩具。比如:生活中的自然物、废旧材料等。

游戏材料

自制玩具

二、玩具的选择

玩具是重要的教育工具,游戏中玩具成了联接人与人之间关系的纽带。教育者要根据儿童的年龄特点和心理、生理发展的需要选择适当的玩具。

(一) 选择安全卫生的玩具

随着社会的进步和时代的发展,人们越来越重视为儿童提供富有时代感的有益的玩具。可以说,玩具是儿童的良师益友,是儿童成长的活的教科书。因为,玩具能愉悦儿童的身心,启迪儿童的思维,培养和发挥儿童的想象力和创造力。许多商家之所以热衷于生产和销售儿童玩具,是因为玩具对儿童发展有着巨大的潜力。然而,并不是所有的玩具都能带给儿童快乐,有利于儿童健康成长的。细心观察一下现时的玩具市场,有些玩具说不定会给儿童带来灾难,比如,一些不合格的、打扮得五颜六色、形状各异,用塑料、铅质、铅质油漆涂料制作的塑料玩具流入市场,它们被儿童当作心肝宝贝,殊不知就是这些玩具可能会成为儿童的杀手。因为,不合格的塑料玩具的材料本身含有毒成分,儿童每天都摆弄这些玩具,在直接接触中难以避免有急、慢性中毒的危险。因此,幼儿园在为儿童选购玩具时,应到合法经营的商店里购买,要以安全、卫生为前提,注意玩具的出产地,弄清玩具的材料成分是否对人体有害,切勿贪图便宜胡乱选购,尤其那些没有标明厂家、厂址,造工低劣的玩具更不要购买,这样才能让危险品远离儿童,让安全、卫生的玩具真正发挥其教育功能。

(二) 选择结实耐用的玩具

儿童好动好奇,玩具的材质必须能承受摆弄的力度,有些玩具到了儿童手里几天就散架了,儿童在玩时容易被破损的玩具刺伤,同时也造成资源的浪费,因此最好选择结实耐用的玩具给儿童玩,这样做既能让儿童玩一段时间也相对省钱。

(三) 选择发展适宜性的玩具

所谓发展适宜性是指适合儿童的身心发展特点,包括年龄特点和个体特点。下面介绍如何按年龄划分来选择儿童玩具。

1. 0—2个月

也许有些父母认为这么小的宝宝不需要什么玩具,认为他们根本不懂得玩耍。研究表明,即使新生儿也有很强的学习能力,从一出生,他们就会用自己的独特方式来认识周围的世界,不到一个月的宝宝,吃饱睡足后也能积极地吸收周围环境中的信息。

0—2 个月宝宝的玩具

名　称	建议活动	所培养的技能
摇响玩具	让宝宝寻找声源	听觉能力
	让宝宝抓握拨浪鼓,摇动	精细动作、因果关系
音乐玩具	让宝宝倾听声音	听觉能力、愉悦情绪
活动玩具	吸引宝宝的视线,追随玩具的活动	视觉能力
镜子	让宝宝照镜子,观察自己	自我意识
悬挂玩具	悬挂在床头,能吸引宝宝的视线,发出声音	视觉、听觉能力
图片	悬挂在床头或贴在墙上让宝宝观看	视觉能力

2. 3—4 个月

为这个年龄段宝宝提供的玩具要特别注意安全。首先,油漆和材质要无毒,以免宝宝把玩具放入嘴里时发生危险;其次,玩具里的小珠子和缝上去的装饰品要不易脱落,玩具的大小不能小于宝宝的拳头,以免被宝宝误食引起窒息。从 3 个月开始,宝宝可以初步分辨各种颜色,对彩色(特别是黄色和红色)感兴趣。给宝宝提供色彩鲜艳的玩具,可以促进宝宝辨色能力的发展。

3—4 个月宝宝的玩具

名　称	建议活动	所培养的技能
家庭相册	让宝宝认识自己、父母	视觉能力、社会情绪
婴儿床拱架	悬挂各种玩具,便于宝宝抓握、踢打	全身的动作,手、眼协调能力
抓握类玩具	抓握、摇响	因果关系、手眼协调能力
能发出声音的手镯、脚环	带在宝宝的手腕、脚腕上,增加宝宝对活动的兴趣	全身的动作、因果关系
适合宝宝特点的图书	读书	对书的认识、阅读的兴趣

3. 5—6 个月

在这一阶段,手眼协调动作发生了,宝宝可以准确地把手伸向玩具,不像前一阶段手要在玩具周围转几圈才能拿到。宝宝可以做出一些简单而有效的动作:坐在桌边时,宝宝喜欢用手抓挠桌面,去抓桌上的玩具;宝宝喜欢撕纸,会摇动和敲打玩具,记住不同的玩具有不同的玩法和功能;玩具掉了,宝宝会顺着掉的方向去看;两只手可以同时抓住两个玩具。

5—6个月宝宝的玩具

名　称	建议活动	所培养的技能
浴室玩具	洗澡时放在澡盆或浴缸里，便于宝宝抓握，增加洗澡的乐趣	手眼协调能力、认知能力
积木	认识积木，抓握积木	手眼协调能力
	家长给宝宝搭积木，做出新的造型	认知能力、因果关系
软性球类	抓握	手眼协调能力
能够发出声音的填充玩具	认识填充玩具的名称，如娃娃、小猫等，抱着填充玩具，让它发出声音	社会行为认知能力
不倒翁	摇晃、试图推倒	精细动作、因果关系
适合宝宝特点的图书	读书	阅读的兴趣

4. 7—9个月

宝宝的各种动作开始出现有意性，如会有意识地把小铃摇响，会用一只手去拿东西，会把玩具拿起来在手里转来转去。宝宝的五个手指也有了分工，可以用大拇指和其他手指配合拿起玩具，还可以用拇指和食指捏起一些细小的东西。过了半岁，宝宝双手之间的"屏障"消失了，他会把玩具从一只手递到另一只手，拿着两块积木在手中对敲。这个阶段常见的现象是给宝宝的玩具太多、太杂，显得"刺激过剩"，使得宝宝对满屋子的玩具不知所措。研究表明，给宝宝过多的玩具，会使宝宝性格散漫，导致宝宝兴趣不专一，注意力不易于集中。给宝宝适量的几个玩具，只要启发宝宝多想些玩的方法，达到激发宝宝动手动脑的效果就好。

7—9个月宝宝的玩具

名　称	建议活动	所培养的技能
拉绳音乐盒	捆在婴儿车上，让宝宝学会如何通过拉绳使音乐盒发出声音	手眼协调能力、因果关系、音乐能力
玩具鼓	随意敲打，满足宝宝手的动作的需要	听觉、刺激手眼协调能力、因果关系
积木	练习抓握	手眼协调能力
	成人用积木搭出造型	认知能力
拖拉玩具	推拉，利用玩具上拴的绳把它拉过来	解决问题的能力
带盖的盒子	盖盖子	手眼协调能力、因果关系
装玩具小盒子	把玩具拿进拿出	手眼协调能力
	藏找玩具	认知能力
卡片	认识事物的名称	认知能力、语言能力

5. 10—12个月

宝宝拇指和食指的配合也越来越灵活,能熟练地捏起小豆子;手眼协调有了很大的提高,宝宝喜欢尝试把豆子放入小瓶里;他能把包玩具的纸打开,拿到玩具;拿着蜡笔,宝宝在纸上戳戳点点,并"嗯嗯哎哎"地让大人来看他画出的笔道。宝宝喜欢摆弄玩具,对感兴趣的事物长时间地观察。他开始有记忆力,当妈妈说到小狗的时候,宝宝不用看实物或图片就能明白妈妈指什么,并用"汪汪"来表示;宝宝会记住事情,当妈妈放给他听熟悉的儿歌时,宝宝会非常兴奋地发出"呼呼"的声音;经过餐桌,宝宝会伸手去够面巾纸盒,他还记得把面巾纸一张一张抽出来的快乐。宝宝更喜欢玩藏东西的游戏,宝宝已经建立起"客体永久性"的概念,不会再犯"脱离视线,记忆消失"的"幼稚错误"。宝宝会推妈妈的手或看着妈妈的眼睛,恳求她把够不着的玩具拿过来。

10—12个月宝宝的玩具

名 称	建议活动	所培养的技能
球	滚球、踢球	大肌肉运动、因果关系
爬行隧道	练习爬行、攀登	锻炼身体各项技能的协调能力、大肌肉运动、探索能力
套塔/套杯	把套塔/套杯按照大小套上去	手眼协调能力、大小概念、因果关系
	旋转套塔/套杯	体会力量与速度的关系
玩具琴	随意按键,满足宝宝手的动作的需要	听觉刺激
	根据音乐做动作	手眼协调能力
	给宝宝弹一首曲子	因果关系
形状分类玩具	认识形状	形状概念
金属丝串珠玩具	上下移动珠子	手眼协调能力、因果关系

6. 13—15个月

宝宝刚过完1岁生日,妈妈的感觉就大不一样了。他占的"地儿"可比以前大多了,家里的每一个角落都能触及。牵着妈妈的一只手,他走得比较稳,会起步、停步、转弯、蹲下、站起来,他还会往后退。宝宝喜欢拖着小鸭子走来走去的那种感觉,也喜欢坐滑梯往下溜的感觉,更追求被爸爸假装追逐时那种兴奋的体验。这些充满乐趣的运动使宝宝体会到自己成功的喜悦,获得情绪上的满足。宝宝手的动作也有了相当的发展,他开始喜欢玩盖瓶盖,并抓着笔学着大人的样子煞有其事地在爸爸妈妈的文件上乱涂乱点,看着自己的心血毁于一旦,看着宝宝得意的样子,真是让人哭笑不得。宝宝还特别喜欢撕纸、把手插到洞里、从高的地方丢东西、把柔软的东西捏碎、把收好的东西拿出来等。宝宝就是在这些手的抓、摸、拿过程中,使手指的功能和技巧都得到了极好的锻炼。

13—15 个月宝宝的玩具

名　称	建议活动	所培养的技能
能发出声音的拖拉玩具	随意推拉,增强行走的乐趣	行走能力
球	把球当成目标,让宝宝试着用玩具撞球	有意行为、对身体的控制
	滚球、扔球、踢球,在活动中感知圆的特征,球的活动对宝宝永远充满了吸引和刺激	手眼协调能力、大运动技能、形状概念
积木	搭高楼、搭火车,再打乱、推倒	手眼协调能力、因果关系
	说出积木的颜色、认识积木的形状	颜色、形状概念
	把积木放到一个盒子里	里外概念
套装玩具	根据大小套起来(3 个左右)	大小概念
	认识颜色	颜色概念
	作为玩沙、玩水的容器	体积、容积概念
锤盒	把球敲入箱子里,问宝宝球去哪了	手眼协调能力、因果关系
木钉板	把木钉插到板上,并说出颜色	手眼协调能力、颜色概念
儿童图画书或彩色图片	认识物品、讲故事	认知能力、语言能力
毛绒玩具	假装喂食、哄睡	精细动作、想象力和社会行为
	指认五官	语言、认知能力
玩具电话	学习给别人打电话	语言能力、社会交往能力
	学习认识数字	数概念
电子玩具	向宝宝展示玩具的功能,让他自己按按钮、探索	手眼协调能力、因果关系

7. 16—18 个月

　　宝宝已经走得很稳了,偶尔也会打个趔趄,吓自己一大跳。他可以踮着脚尖够东西,够不着的东西也难不倒他,踩个凳子就行了。宝宝的小手更是闲不住,各种东西他都喜欢摆弄。他最喜欢把东西塞到小洞里,给他一个小口瓶子和一些珠子,他就会一个一个地把珠子塞进瓶子里,然后再倒出来。宝宝的"画画"水平也提高了,能模仿妈妈画道道。现在,宝宝已经知道用锤子敲打球、敲打钉子,不再把什么东西都拿来敲敲打打了。他非常热衷于用手去探索世界,在这些探索和发现中,宝宝最初的独立倾向也悄悄地萌芽了。积木是宝宝喜欢的玩具,他很快能搭出个小火车,在妈妈的指导和鼓励下,他还能搭出一座高楼,然后推倒再来。妈妈教会他按墙上的灯的开关,宝宝发现了其中的奥秘,就会反复地开、关、开、关,每做一个动作,他都会抬头去看灯光的变化。电视机、录音机的开关都不能幸免,表明这时他已经意识到自己的动作能引起东西发生变化,理解这种因果关系。

16—18 个月宝宝的玩具

名　称	建议活动	所培养的技能
大型推动玩具	随意推动	增加行走的乐趣、行走能力
	在车里放满玩具或食品,让宝宝送到屋子里的不同地方	行为的有意性、想象力
沙包	指定一个目标——室内的盒子或室外的一块大石头,让宝宝用沙包击中目标	手眼协调能力、行为的有意性
	让宝宝认识沙包的形状、颜色和数量	形状、颜色、数量概念
	和宝宝一起玩投掷	轮流的概念、社会规范
钥匙	让宝宝用钥匙假装打开房门或箱子	想象力
	把钥匙当作乐器使用,随着音乐打节奏	节奏能力
	在钥匙上贴上有颜色的标签,在纸板上剪出几个钥匙孔,并标记与钥匙相对应的颜色,让宝宝对号入座	手眼协调能力、颜色概念、对应能力
油画棒	随意涂画、认识油画棒的颜色	颜色概念、形状概念
形状盒	先用圆形、方形和三角形三种形状,把不同的形状放到相应洞穴里,并说出形状名称	形状概念
	说出形状的颜色,数出数量	颜色概念、数概念
洒水玩具	浇花或把水洒在适宜的地方	手眼协调能力
	把水倒入其他容器,先倒入一个大容器,再倒入一个小容器	手眼协调能力、容积概念
烹饪玩具	假装做饭	精细动作、想象力
	帮助宝宝把不同的食物分类,例如水果、蔬菜等	分类能力
玩具卡车	让宝宝往卡车上装货物,推着卡车前进	大运动、精细动作
	编故事,给宝宝描述卡车经过的地方、遇到的人和事情	语言能力、想象力

8. 19—21 个月

宝宝用手玩玩具的机会多了,把玩具放到嘴里的时候少了。翻书的时候,每次翻的页数越来越少,偶尔也能翻过一页。他能挑出自己喜欢的书要妈妈讲,能用积木搭成简单的物体,还会用笔在纸上画道。每当在纸上画出一道一道,他就拿着给爸爸妈妈看,炫耀自己的成就。得到妈妈的夸奖后,宝宝会兴致勃勃地画满一大张纸。

19—21个月宝宝的玩具

名　称	建议活动	所培养的技能
凹凸的塑料积木及操作板	拼搭成各种物品	精细动作、想象力
	在操作板上玩积木配对的游戏	精细动作、观察力
简单拼图（不超过5个部件）	演示后让宝宝拼起来	观察力、精细动作
	根据拼图编故事，讲给宝宝听	语言能力
	在组合好完整的拼图后，拿走其中的一个部件，问宝宝哪个部件不见了	观察力、记忆力
玩具录音机	逐步让宝宝自己操作录音机，放喜欢的磁带	精细动作、因果关系、音乐能力
	帮助宝宝录下自己的声音，回放给宝宝听，让他认识自己的声音	自我概念
	录下一些熟悉的声音，如风吹树叶的声音、洗衣机工作的声音等，让宝宝辨认	记忆力、辨别力
玩具手电筒，开、关手电筒	寻找光源	精细动作、因果关系
	对黑暗的地方用手电筒的亮光做探索	认知、因果关系
	在手电筒的镜片前贴上不同颜色的玻璃纸，观察灯光颜色的变化，并说出每一种颜色	因果关系、颜色概念
打击乐器	先做示范，让宝宝即兴演奏	因果关系、音乐能力
	准备一段节奏鲜明、欢快的音乐，让宝宝跟着音乐打节奏	因果关系、音乐能力
	每个人拿一个乐器，组成一个打击乐队，一起为一首乐曲打节奏	因果关系、音乐能力
万花筒	拧动万花筒，体验视觉的变化	精细动作、因果关系
	让宝宝说出看到的是什么	语言能力、观察力
	给宝宝解释万花筒的原理	科学概念
排序玩具	根据颜色把玩具分类	分类能力、颜色概念
	根据大小给玩具排队	大小概念、排序能力
	给小动物们编一个故事，讲给宝宝听	语言能力

9. 22—24个月

宝宝的小手也越来越灵活了，他会用珠子穿成一串项链让妈妈戴上；宝宝喜欢用笔涂涂抹抹，即兴画一堆"面条"；宝宝也尝试学着妈妈的样子画鸡蛋，不管画出的是什么，他都高兴地叫"鸡蛋、鸡蛋"。家里的每一样东西，他都要翻一翻、动一动，总没有安安生生、老老实实待一会儿的时候。宝宝就是这样通过手脚不停地摆弄各种东西来逐渐了解客观世界。

22—24 个月宝宝的玩具

名　称	建议活动	所培养的技能
四轮自行车	学习骑车,学习前进、后退、转弯等技巧	对身体的控制能力、身体的协调能力、腿部力量、认识方向
	过家家,扮演邮递员送信	想象力、语言能力
滑梯	爬上去,滑下来	大肌肉动作、理解"上、下""高、低"的概念、空间关系、语言能力
秋千	荡秋千	大肌肉动作、愉悦情绪、理解"高、低"的概念、空间关系
串珠	串成项链	双手协调能力、想象力
	认识颜色、形状	颜色、形状概念
橡皮泥	随意捏出各种形状和物品	精细动作、想象力
	认识颜色	颜色概念
	利用捏出的各种物品过家家	想象力、社会行为
手偶	学习用手控制手偶	精细动作、因果关系
	利用手偶编故事、对话	想象力、语言能力
配对卡片	观察卡片的相同与不同之处,学习配对	观察力、分类
	用卡片编排一个简单的图形,如一张红色、一张绿色、一张黄色等	排序
清洁玩具	鼓励宝宝自己扫地、擦桌子等	自理能力、精细动作
	学习清洁物品的顺序,例如,先用扫帚扫地,再用小刷子和簸箕把垃圾盛起,最后倒入垃圾箱	排序、语言能力、精细动作
适合搂抱的玩具动物或玩具娃娃	过家家	社会行为、想象力
	编故事	语言能力、社会行为

10. 2—3 岁

选择原则：

3 岁的幼儿已经有了一定的生活经验,善于观察,喜欢模仿,活泼好动,好奇心强,对组合构造概念已比较清楚,并开始了解事物的因果关系,此时,父母可以给他选择的玩具越来越多,范围也越来越大。我们建议为幼儿选择一些生活用品玩具和可供室外活动的玩具。

玩具推荐：

（1）生活用品玩具,如锅碗瓢勺、冰箱、桌

玩拼图游戏

椅、床等。

（2）可引导幼儿玩过家家的玩具，如听诊器、注射器；多种用来"成立动物园"的小动物；各种各样的交通玩具，如汽车、火车、飞机和船等。

（3）能表示大小、高矮、快慢等意义的图片、形状拼图或各种组合的图片。

（4）积木、橡皮泥、串珠等操作性强的玩具。

（5）室外游戏的玩具，如球类、小三轮车等。

（6）色彩鲜艳雅致、构图合理、具有故事情节的图画书。

11. 3—4岁

选择原则：

（1）发展感知觉，促进幼儿认知和语言能力的玩具：简单的拼图玩具、成套的小盒、拼插玩具、中小型的积木；各种动物形象的毛绒玩具；娃娃、玩具餐具、玩具家具；各种玩具交通工具，小汽车、卡车、救护车等。

（2）发展和促进幼儿动作的玩具：大皮球、小皮球、儿童自行车、三轮车、套环等。

（3）使幼儿情绪愉快的电动玩具：电动飞机、小汽车、轨道火车等。

（4）促进幼儿精细动作发展的沙滩玩具：小桶、小铲、小漏斗、小喷壶等。

玩具推荐：

颜料和刷子；彩笔；彩色书；练习写字和写数的本子；编织物、做卡片用的工具；串珠（大珠子适合3岁幼儿）；木板和卡片游戏；成人用机器的缩微模型，如计算机；各种复杂的拼图；图钉板；磁性板或绒板；匹配和记忆游戏；书、钟、表；装有合适软件的计算机；需要利用小肌肉运动来制造的玩具；需要紧密地装在一起的小物体，如洋娃娃、小家具、小汽车、小农具；可教穿衣技能的玩具：如扣扣子、系鞋带、拉拉链、按按扣；娃娃及其附属物；玩具动物；化装用的服装；木偶及戏台；儿童用的拖把、扫帚、簸箕、熨斗及熨板；儿童用的塑料工具，如锤子或螺丝刀；沙子；小火车；儿童用的录音机等。

体育玩具，如绳圈、保龄球和靶子；小弹簧垫；各式各样的球；任何能动的和能激发幼儿跑、追、摇，能扑上去、能跳起来的玩具。

12. 4—5岁

选择原则：

（1）发展小肌肉系统，完善各种动作的协调性、准确性和灵活性的玩具：各种球类、毽子、跳绳、自行车等。

（2）能够丰富幼儿生活经验、培养各种技巧、发展幼儿智力的玩具：玩娃娃家的各种用具，小锅、小碗、小家具，木工玩具；各种交通和运输工具，大卡车、消防车、警车等；各种组装玩具，积木、建筑模型、七巧板等；各种棋类，如跳棋、五子棋等。

（3）激发幼儿数学兴趣和科学爱好的玩具：计算器、学习机、电脑、遥控汽车、电子积木等。

（4）培养兴趣、陶冶性情、发展审美能力的玩具：电子琴、铃鼓、木琴等。

扫码看视频
户外运动器械

玩具推荐：

运动型玩具：利于锻炼体能，如：球类、跳绳、小自行车、沙包等。

技巧型玩具：利于锻炼小肌肉群及机体协调能力，如：钓鱼玩具、画板和画笔、投球、套圈等。

智力型玩具：利于锻炼思维和动手能力，如：拼图板、插塑积木、铁积木、橡皮泥、组装玩具、科学模拟玩具、电子积木玩具等。

（四）选择有教育功能的玩具

玩具是幼儿的教科书，能够教幼儿学习。选择玩具时要注意玩具的教育功能：

（1）是否能很好地、正确地传递给幼儿颜色、形状、各个部分关系的概念；

（2）是否有助于发展幼儿的思维、想象力和创造性；

（3）是否有助于促进幼儿人际交往技能的学习和发展；

（4）是否符合幼儿的年龄特点和审美心理。

三、玩具使用的注意事项

教师不仅应该精心地为幼儿选择玩具或游戏材料，而且也应该仔细地考虑玩具或游戏材料的存放和呈现问题：

一是玩具或游戏材料应该存放在专门的玩具柜或玩具架上，玩具柜或玩具架应当是开放式的，高度适宜于幼儿自己取拿、存放玩具。

二是存放玩具或游戏材料的容器应该是透明的或开放式的筐子，不透明的盒子应贴上标志，方便幼儿寻找。

三是建立适宜的行为规则：玩具在哪里拿，玩完后放回哪里；每一次结束后一定要分类清理、摆放好玩具。

四、讨论

案例："你为何打小娃娃"

一日，在幼儿园遇到这么一件事：一个小女孩独自在做游戏，忽然，她抱起板凳上的小娃娃，嘴里学着大人骂小孩的语言，右手拿着小竹鞭在抽打着小娃娃。我问她："你为何打小娃娃呢？"她说："她打破了杯子就要狠狠地打，这样才能记住。"我又问她："你过去打破杯子，你的爸爸妈妈有没有打你？"她说："他们就是这样打我、骂我的。"当幼儿出现这种情况时，教师或家长该如何引导才能更有利于幼儿游戏的发展？

附：案例讨论答案提示

案例提示：幼儿的身体各组织发育均未完善，自我控制和调节能力差，注意力容易分散，力量和耐力还很弱，动作往往不正确、不熟练，带有随意性。因此，幼儿在做事时免不了要失手。如果教育者不了解幼儿的这些生理和心理上的特点,采用粗暴的方法对待,其结果不但会使幼儿对教育者产生惧怕心理,失去了亲切感和信任感,而且,由于幼儿模仿性强,道德行为评价能力差,还会在行为上受到不良的影响。

当幼儿失手的时候,作为教育者绝对不能打骂幼儿,而应当采取讲道理、示范、诱导等教育方法。成人要鼓励幼儿做事,可在表扬他爱劳动的同时,教育他珍惜劳动成果、尊重成人劳动。然后再言传身教地引导幼儿做事要认真、仔细,并以信任的态度让他反复训练。只有这样,才能培养幼儿爱劳动的良好习惯,并逐渐减少和避免发生失手的现象。

 思考与练习

一、判断

1. 学前儿童游戏环境规划只是教师的事情。(　　)
2. 室内游戏活动区要丰富多彩,设置得越多越好。(　　)
3. 幼儿教师要多选择时尚的玩具,因为这类玩具更容易让幼儿喜欢。(　　)
4. 我们不需要成型玩具,孩子思维得不到锻炼。(　　)
5. 室外游戏环境不需要设计,每个幼儿园都差不多。(　　)

二、选择

1. 游戏环境规划的意义有(　　)。
   A. 有利于游戏活动的开展
   B. 协助教育目标的实现
   C. 有利于社会性的发展、学习经验的获得
   D. 满足儿童爱游戏的天性
2. 室内游戏环境规划的内容有(　　)。
   A. 空间利用　　　　　　　　　　B. 活动区划分
   C. 墙面及顶面规划　　　　　　　D. 走廊空间及地面的规划
3. 室内游戏环境的规划的原则有(　　)。
   A. 与幼儿园教育目标一致原则　　B. 遵循儿童年龄特征和认知水平原则
   C. 儿童充分参与原则　　　　　　D. 教育者为主的原则
4. 室外游戏环境规划操作要(　　)。
   A. 绿化、美化、儿童化、教育化、游戏化综合考虑
   B. 有适合各个年龄段幼儿需要和发展水平的活动空间
   C. 有适合四季游戏活动的空间设计、巧妙利用自然元素和空间
   D. 事先考虑空间密度和地面表层、下水道及场地的相互关系

5. 选择(　　)玩具,适合幼儿园的游戏开展。
   A. 安全卫生的　　　　　　　　B. 结实耐用的
   C. 发展适宜性的　　　　　　　D. 有教育功能的

三、简答
1. 学前儿童游戏环境规划是什么?
2. 室内游戏环境规划包括哪些内容?
3. 玩具的选择要考虑哪些问题?

四、实践与实训
1. 设计一个小班的室内活动区分布图,以平面图的形式展示出来,相互讨论是否科学合理。
2. 调查一所幼儿园的游戏环境规划,自拟调查表,并写出评价报告。
3. 请利用一根10厘米的毛线设计10种玩法,并教给幼儿。
4. 请利用一块手绢设计20种折叠方法,并教给幼儿。

第六章 指导儿童游戏的策略

1. 能根据儿童的游戏水平为其预设恰当的游戏
2. 能在儿童游戏过程中把握介入时机,灵活转换角色
3. 掌握推动和指导儿童游戏的有效方法

 问题提出

小医院的游戏正在有条不紊地开展着,三名幼儿先分配好了角色:海佳是医生、雨泽是护士、小宝是病人。之后他们又一同布置游戏环境:用小椅子搭围墙、病床等。这时,教师走过来对幼儿说:"别忘了把医院的围墙围起来!"说完走开了。幼儿布置完场地、准备好了器材,游戏正式开始了。医生给病人开了刀,护士非常细心地给病人喂药、打针,为病人盖好被子。这时教师又走过来说:"雨泽,你是在给病人盖被子吗?真是个细心的好护士!"几名幼儿没有回应教师,仍然在不停地忙碌着……

环保时装秀游戏

游戏是幼儿的自主性活动,但幼儿常常会由于知识经验、操作技能等的缺乏而致使游戏中断。因此,教师的指导便在幼儿游戏中起着很重要的作用。但是,幼儿的游戏在怎样的情况下需要得到教师的介入和指导?教师在幼儿游戏中充当着怎样的角色?这些都是需要教师仔细观察和深入研究的问题。在幼儿不需要时,教师的指导是毫无意义甚至有害的,这就是为什么有时看似是教师的"积极"介入,却对幼儿的游戏造成了负面影响的原因。相信学完本章,同学们便能把握介入幼儿游戏的恰当时机,获得指导幼儿游戏的有效策略。

第一节 预设策略

儿童的游戏是不断发展变化的,处在不同年龄阶段的儿童其游戏会表现出不同的发展水平和特点。因此,教师要从儿童的实际情况出发,根据不同年龄阶段儿童的游戏水平,为

其选择或提供适当的游戏。

一、儿童游戏水平的评估

我们将主要从社会性游戏、动作游戏和玩物游戏、语言游戏、象征性游戏四个角度对不同年龄阶段儿童的游戏水平进行分析和评估。

(一) 0—3岁婴幼儿的游戏发展水平

这一阶段儿童游戏活动发展的基本规律是：由成人与儿童的协同活动到儿童的独立活动，由个体活动到与同伴进行的集体活动，游戏活动的认知和社会性水平不断提高。具体而言体现在以下四个方面。

1. 社会性游戏的发展水平

该阶段婴幼儿社会性游戏发展的总体特点是：由亲子游戏逐步向伙伴游戏发展。

在出生后的最初两年中，亲子游戏是婴幼儿游戏的主要形式。8个月前，婴儿往往在游戏中扮演被动角色，之后随着婴儿的成长发展，婴儿游戏的主动性、积极性逐渐增长，婴儿会主动带着大人玩，由被动的游戏者转变为游戏的主动发起者。

随着婴幼儿对同龄伙伴的意识的发生，伙伴游戏也逐渐发生发展，到两岁末时，幼儿出现了对玩伴的最初偏好，最初的友谊开始萌发。但由于社会性水平较低，此阶段的幼儿喜欢独自游戏和平行游戏。

2. 动作游戏和玩物游戏的发展水平

动作游戏即以大肌肉动作为主的身体运动游戏。玩物游戏即以小肌肉动作为主的操作物体的游戏。

婴儿最初的动作游戏是有规律地重复动作，如踢脚、摇动身体等。幼儿在1岁后，练习性游戏的数量不断增加，如与母亲玩"扔与捡"的游戏，之后逐渐发展为追逐打闹游戏。

在玩物游戏方面，婴幼儿始终在积极主动地探索周围环境中的各种物体，摆弄物体的方法随年龄增长而变化，由开始的咬、摇、敲打等发展到能抱娃娃、模仿成人打扫，甚至能串珠等。

3. 语言游戏的发展水平

婴儿期的语言游戏通常以亲子游戏的形式表现出来，从最初的婴儿发出声音母亲模仿，发展到婴儿可以与母亲进行嬉戏性的"对话"，模仿母亲的姿势、表情、语言等，婴儿从中获得了轮流、等待、重复等许多社会性经验。

4. 象征性游戏的发展水平

象征性游戏的重要特征是"以物代物"，幼儿大约在1.5—2岁之间出现象征性游戏的萌芽。

(二) 3—6岁幼儿的游戏发展水平

1. 幼儿初期

(1) 社会性游戏。此阶段，伙伴逐渐代替成人成为幼儿游戏中主要的交往对象。但在幼儿初期，独自游戏和平行游戏仍然较多见。其中，平行游戏的出现表明幼儿间出现了交互的模仿，形成了初步的玩伴关系。

身体运动游戏

(2) 动作游戏和玩物游戏。①在动作游戏方面：由于幼儿身体运动能力的发展，幼儿活动范围明显扩大，动作游戏能力较婴儿期有了很大发展。在幼儿初期，幼儿不仅可以很好地走和跑，而且可以用脚尖走路，单脚站立。这时期的幼儿还非常喜欢骑三轮车。②在玩物游戏方面：幼儿以摆弄和操作物体为特征的玩物游戏发展为结构游戏。幼儿开始能搭积木、玩拼图、插乐高。在结构游戏中，幼儿有一定的建构意图，但目的性不明确，往往是先做后想，且不能按一定目的坚持下去。

(3) 语言游戏。幼儿出现了以对语言的嬉戏性运用为特征的自发性的韵律游戏、单字游戏、幻想和无意义地玩弄词语的游戏以及交谈。猜谜语、说笑话、念儿歌等，都是幼儿喜爱的语言游戏。

(4) 象征性游戏。幼儿初期处于象征性游戏初期，游戏内容和情节都比较简单，常常重复同一动作，行动的计划性较差，且游戏主题不稳定，常随外部条件和自己情绪的变化而改变。在游戏中，幼儿经常独自充当角色或平行充当同一角色。

2. 幼儿中期

(1) 社会性游戏。此阶段幼儿的伙伴游戏以联合游戏居多。此外，幼儿之间的嬉戏性活动在数量和水平上都有所提高。幼儿对规则游戏产生初步的兴趣。

(2) 动作游戏和玩物游戏。①在动作游戏方面：幼儿可以单脚跳跃、双脚跳跃、攀爬和快跑等。因此，这一阶段的幼儿非常喜欢玩追逐打闹的游戏以及一些运动或球类游戏。②在玩物游戏方面：由于幼儿思维、想象和生活经验的丰富以及手部小肌肉动作的进一步发展，玩物游戏变得更加复杂、目的性更强，逐渐发展成为具有时空特性的结构性游戏，幼儿能进行主题构造活动，还喜欢看图构造。

(3) 语言游戏。幼儿能将各种不同结构的语言，如儿歌、歌谣、说反话、颠倒歌等使用在各种游戏中，使游戏更富有意义和乐趣。

(4) 象征性游戏。幼儿中期处在象征性游戏的高峰期，此阶段幼儿对象征性游戏的兴趣及其游戏水平均大大提高，游戏情节丰富、内容多样化，不仅模仿、反映日常生活情境，还常常创造性地反映日常生活。他们能够自己选择主题，设计组织游戏，自行分工，扮演角色等。由于幼儿表征水平的明显提高，还出现了用替代物进行游戏的行为，如用小木棍代替温度计等。

3. 幼儿晚期

(1) 社会性游戏。这一阶段的伙伴游戏中合作游戏的特征十分突出。幼儿开始对伙伴游戏的特殊形式——规则游戏产生较为浓厚的兴趣,幼儿在游戏中能接受并适应事先约定的规则,能控制自己的行为。

（2）动作游戏和玩物游戏。①在动作游戏方面：此阶段幼儿的动作技能更为成熟,可以学会跳绳、跳健美操、走平衡木等。②在玩物游戏方面：此阶段幼儿的建构活动不再仅具有模仿的特点,还表现出了创造性。他们还可以联合起来开展结构游戏,共同设计,选择建构材料,所以此时的结构游戏开始具有社会性活动的特点。

平衡游戏

（3）语言游戏。幼儿语言游戏的发展状况与幼儿中期类似,只是水平更高。

（4）象征性游戏。幼儿晚期处于象征性游戏的高水平期。此阶段的幼儿会自行策划游戏、讨论游戏主题、构思游戏情节、分配角色、创设游戏环境,积极主动地进行游戏。幼儿摆脱了实物直观相似性的束缚,可以用语言、动作替代实物进行游戏。

二、儿童游戏的预设

（一）预设游戏的方法

（1）通过观察儿童的游戏现象,分析其所处的游戏发展阶段和实际游戏水平及儿童在游戏中的兴趣点所在。

（2）为儿童创设适宜的游戏环境,提供丰富的游戏材料,且注意与儿童的兴趣相吻合,激发儿童的游戏愿望。

（3）通过多种途径丰富儿童的生活经验,如讲故事、看图书、参观访问、谈话等,以间接丰富儿童的游戏内容和形式。

（4）在游戏过程中适时介入儿童的游戏,直接提供恰当指导。

（5）游戏结束时与儿童共同谈论游戏,根据游戏情况总结经验、提出建议,为下次游戏做铺垫。

需要注意的是：在预设和指导儿童游戏时,成人应去除固有的性别定势,为男孩、女孩提供均等的机会去接触各种不同类型的游戏,使他们的身心得到平衡协调的发展。

（二）对不同年龄阶段儿童游戏的预设

1. 0—3岁婴幼儿的游戏预设

父母应为婴幼儿创设一个安全、温馨、幸福、和谐的物质环境和心理环境,经常对婴幼儿说话、讲故事、唱歌,给他们听柔和的音乐、玩色彩鲜艳的玩具,引导他们参与游戏。在保证安全的情况下，父母应鼓励婴幼儿大胆的探索行为。

2. 3—6岁幼儿的游戏预设

（1）幼儿初期的游戏预设。教师应为幼儿创设温馨的物质环境和心理环境。在室内游戏区的设置上，以角色游戏区为主；在室外游戏区的设置上，以运动区、玩沙区、玩水区等为主。在游戏区投放玩具材料时，教师应注意同种玩具要提供多份，以满足此阶段幼儿玩平行游戏的需求。

（2）幼儿中期的游戏预设。在室内游戏区的设置上，以象征性游戏（如娃娃家、小医院、超市等）和结构游戏区域为主，为幼儿开展合作性和协商性的角色扮演游戏创造条件。在游戏区投放材料时，教师应适当增加结构性材料的种类和数量，满足幼儿想象和创造的愿望。教师可引导幼儿玩简单的规则游戏。

（3）幼儿晚期的游戏预设。该阶段幼儿可进行各种类型的游戏活动，所以在室内游戏区的设置上，为幼儿创设的功能游戏区，应以游戏类别进行整体划分，玩具材料应按类摆放；在室外要有平坦开阔的游戏区，场地上的玩具材料摆放要安全、科学、合理。教师可多向幼儿提供规则游戏，注意引导幼儿在规则游戏中发生的认知活动，如对规则意义的理解等，不宜过于强调规则游戏的输赢。

总之，只有教师把握幼儿的游戏发展水平，在"最近发展区"内为幼儿预设游戏，并为游戏提供条件，才能满足不同年龄阶段幼儿对游戏的不同需求，充分发挥游戏对幼儿身心发展的积极作用。

三、讨论

案例一："娃娃家"里忙碌的"妈妈"和"爸爸"

场景一：在"娃娃家"游戏中，婷婷扮演"妈妈"。只见她看到躺在小床上的娃娃，开心地一把抓起娃娃的衣服，将娃娃搂在了怀里，用自己红嘟嘟的小嘴不停地亲娃娃的脸。然后她拎着娃娃的小脚，走到"爸爸"的旁边，用手摸摸碗摸摸菜。随即，她将娃娃甩在了地毯上，高兴地摆弄起小碗、小勺来。婷婷一手拿着小碗，一手拿着小勺，不停地把小勺往自己嘴巴里送。她一边送，一边还使劲地说着："啊呜，啊呜。"之后她看到"爸爸"正拿着刀切茄子，便飞快地扔下了小碗、小勺，也拿着刀切起了茄子。

场景二：三名幼儿在"娃娃家"里忙碌着，只听"妈妈"说："咱们快吃饭吧，今天超市搞促销活动，吃了饭咱们赶快去抢购。""宝宝"说："好啊。""爸爸"说："那我们可要抓紧啊，去晚了就抢不到便宜的东西了。"于是三人围坐在空空的饭桌旁，都用手势做出左手托碗，右手用勺子舀饭放进嘴里吃的动作。大概半分钟后，三人起身准备出门。"爸爸"说："我去开车。"只见他走到窗台附近，回来时双手做出握方向盘的动作，嘴里发出"滴滴，呜——"的声音。之后"妈妈"和"宝宝"站在"爸爸"身后，三人朝旁边的"家乐福超市"方向走去。

问题：对比以上两个场景中幼儿的游戏表现情况，分析场景一中的"妈妈"和场景二中的"爸爸"分别处在象征性游戏的哪个发展阶段？你是根据什么进行判断的？

案例二：颠倒词

场景一： 李博涵(男,4岁6个月)手拿两个量杯,对起来,边敲边说："38度7,37度8。"王晓苏(男,5岁1个月)被吸引过来,说："88度8。"同时李博涵说："87度8。"两个人的声音很有韵律,边说身体边跟着有节奏地晃动,李博涵还敲着小量杯伴奏。

场景二： 孔德立(女,4岁4个月)又将听诊器弄坏了,林婧楠(女,5岁0个月)在一旁说："傻瓜!"刘韫哲搭话："傻瓜,真是傻瓜,傻瓜!"林婧楠接着说："瓜傻!"方一铭(男,4岁6个月)听了大笑。过了一会儿,方一铭说："手榴弹!"林婧楠说："弹手榴!"林婧楠又走到刘韫哲处,拿着听诊器自己说："他坏,他坏,坏他,坏他!"几个孩子又开心大笑。

(资料来源：刘焱.儿童游戏通论[M].北京：北京师范大学出版社,2004)

问题：以上案例主要反映了幼儿的哪些兴趣点？教师可借此为幼儿预设哪些游戏？

附：案例讨论答案提示

案例一提示：场景一中的"妈妈"应处在象征性游戏初期。因为该幼儿的游戏主题不稳定,行动计划性差,游戏内容和情节极易随外部条件和自己情绪的变化而发生改变,且后来模仿了另一名幼儿的行为,开始进行平行游戏。场景二中的"爸爸"应处在象征性游戏的高水平期。因为他已经摆脱了实物直观相似性的束缚,可以用语言、动作替代实物进行游戏。

案例二提示：幼儿在娃娃家游戏中自发添加了语言游戏。他们的兴趣点在于：把词颠倒过来说,且彼此心照不宣、心领神会。这反映出幼儿较强的语言操纵能力和幽默感。教师可借此为幼儿预设语言游戏,如儿歌、歌谣、说反话、颠倒歌等,并对幼儿在其他各种游戏中伴随出现的语言游戏表现出支持鼓励态度,以满足幼儿将语言作为游戏对象的需求,提升幼儿的语言运用能力。

第二节 介入策略

大量研究表明,成人参与儿童的游戏,可以提高儿童游戏的质量和技巧。但教师必须认清自己在儿童游戏中的角色和地位,把握好介入儿童游戏的时机,才能在游戏指导中取得实际效果。

一、教师的角色

游戏是儿童的基本活动,是儿童自发自主的活动,所以在游戏中,儿童是主人,教师对儿童游戏的介入、指导必须建立在尊重其游戏意愿的前提之下,以满足其游戏需要为目的,而不是将自己的意愿强加给儿童,让儿童遵从教师的意志行事。在儿童的游戏中,如果教师能以一种支持性的、回应的方式参与游戏,这种参与就能大大丰富儿童的游戏经历。反之,如果教师完全控制游戏或对游戏持不闻不问态度,则会严重地破坏儿童的游戏。因此,游戏环境的创设者、游戏过程的观察者、游戏进展的支持者这三种角色,是教师在儿童游戏中扮演的积极的、促进性的角色。而不参与、导演或指导者这两种角色,则是教师在儿童游戏中扮演的消极的、不利的角色。

(一)积极的、促进性的角色

丰富幼儿的生活经验

1. 游戏环境的创设者

为儿童创设一个能满足其游戏需要的环境至关重要,将直接关系到儿童游戏的品质和儿童在游戏中的体验。所以,作为游戏环境的创设者,教师的主要任务包括以下三个方面:

(1)丰富儿童的生活经验。儿童的游戏是对儿童生活的反映,生活经验是儿童游戏的基础和源泉。如果儿童某种生活经验缺失,是不可能出现与之相关的游戏的。所以,教师要善于利用幼儿园的各种活动如教学活动、节日庆祝活动、外出参观活动、观察活动、劳动、讲故事等来丰富儿童的知识经验,充实儿童的日常生活,同时也要建议家长善于利用家庭教育丰富儿童的生活经验。

(2)保证充足的游戏时间。儿童要充分开展游戏就需要时间作保证,尤其是具有认知复杂性的游戏,如角色游戏、建构游戏等,都需要花费大量的时间计划和实施。如果游戏时间太短,儿童经常会在游戏刚刚开始时甚至刚刚完成了游戏前的准备工作就不得不停下来,去进行结束与整理活动。这样的情况多次发生后,儿童就会倾向于放弃从事水平较高的较为复杂的游戏,而去从事一些在较短时间内能完成的较低级的游戏形式。因此,建议教师每天为儿童提供的游戏时间至少 45 分钟。

(3)提供游戏的空间与材料。游戏的空间和材料是影响儿童游戏的重要因素。如何安排游戏的室内室外空间,如何为儿童提供游戏材料,这些问题在第四章、第五章中均有详细论述,此处不再赘述。总之,科学合理的空间安排和恰当的材料提供,更能体现教师的智慧和能力。

2. 游戏过程的观察者

观察是连接儿童游戏所需和成人参与之间的桥梁。教师作为游戏过程的观察者,其目的是为了了解儿童。通过观察,教师才能了解儿童的游戏内容,才能判定何时需要提供给儿童必要的时间、空间、材料和经验,何时需要教师以怎样的方式介入、参与游戏等。

在观察中,教师需要对儿童游戏持以下三种态度:一是欣赏的态度,即欣赏儿童在游戏中的纯真表现;二是忍耐的态度,即对儿童的游戏行为持耐心和宽容的态度,不要迫不及待地以成人的主观意图强加于儿童;三是研究的态度,即对儿童的行为进行思考,以便通过行为发现儿童的需要。

游戏观察的方法及对观察结果的分析,将在第八章"游戏观察与评析"中进行详细阐释,此处不再赘述。

3. 游戏进展的支持者

教师对儿童游戏的支持主要体现在两个方面:

(1) 材料的支持。教师根据儿童在游戏中的需要,可随机进行材料上的支持。例如教师可采用以下方法:适时增添新材料、示范材料的使用方法、展示材料的多种玩法,以帮助儿童解决操作材料方面的困难等。

(2) 语言的支持。教师在运用语言指导儿童游戏时,应十分谨慎,因为教师的语言在很大程度上会左右儿童的游戏行为,以至影响儿童在游戏中的情绪体验。所以,在游戏中,教师要为儿童提供支持性的语言指导,即根据儿童当时的游戏方向,提出问题或建议,并最终给予肯定和赞许。

此外,教师在运用语言指导时,语言方式应当是开放的,有多种答案可选择的,如咨询、征询的口吻:能……吗? 假如……会……吗? 建议的口吻:……就好了;也许……就会……了。

(二) 消极的、不利的角色

在儿童的游戏中,教师太少的干预、不闻不问或太多的干预,以及完全控制儿童的游戏,都会产生负面影响。所以,教师在儿童游戏中扮演的消极、不利的角色包括两种:不参与、导演或指导者。

1. 不参与

即教师对儿童的游戏不予关注。对幼儿园游戏的有关研究发现:一些教师完全无视教室里正在发生的游戏,他们企图利用游戏时间预备下一次活动,做书面工作或与其他成人交谈。

有相关研究发现:当教师选择了这类不参与角色时,儿童倾向于从事大量的功能性运动游戏和嬉戏打闹活动。即使儿童进行角色游戏,游戏情节也相当简单,而且经常十分喧闹。游戏主题通常是恶魔、超级英雄或猫与狗。这类吵闹的游戏又迫使教师不得不成为"安全监督者",花费大量的时间去抑制、减少不好的或不安全的游戏行为,例如不断地对儿童进行口头警告、频繁地解决儿童之间的纷争,甚至需要多次改变教室里的物品摆放位置,以确保儿童的安全等。

可见,教师在儿童游戏中扮演不参与的角色,对游戏进展情况采取完全放任自流的态度,并没有为儿童带来更大的自由空间,激发更富有创造性的游戏行为,反而带来了游戏情节的单调、游戏场面的混乱,以及教师自己的手忙脚乱、无所适从。这是一种消极的、不利的角色。

2. 导演或指导者

即教师对儿童游戏进行完全控制。当教师扮演这种角色时，教师便处于游戏情节之外了。教师扮演导演会告诉儿童在游戏中应该做些什么，而教师扮演指导者则总是想方设法把儿童的注意力转移到教育内容上来。

沃德（Wood）和其助手经过研究发现：教师经常扮演导演或指导者的角色，对儿童的游戏可能会产生两种影响，一种影响是儿童会对教师的提问、要求做出有思考的回答，然后继续自己的游戏，游戏并未受到严重影响；而另一种是教师的干预严重破坏游戏原本的"框架"，致使儿童停止游戏。

可见，导演或指导者角色是最有可能破坏儿童的假装游戏的成人参与形式。但这类角色并非完全不能使用，只是教师在扮演这类角色时要十分小心，应选对时机。导演角色只有在儿童不能自己进行游戏时才能使用，且应尽量缩短扮演时间，一旦游戏开展起来了就应停止扮演。指导者角色只有在儿童已经安全进入其装扮的角色，并且存在一个很好的学习机会时才能使用，这个角色也应尽量缩短扮演时间，不影响儿童的游戏，使儿童始终将注意力集中在游戏活动上。

二、教师介入的时机

教师何时介入儿童的游戏，对儿童游戏的发展起着重要的作用。教师介入的时机和方法恰当，可以扩展和提高儿童游戏的安全性和水平，而不适宜的介入，则会抑制他们的游戏，如在自发游戏中，教师介入频率过高、主观介入过强，会影响儿童在游戏中的主动性、创造性和解决问题的能力；在运动性游戏中，教师的过度保护和回避其挑战性，会降低儿童的身体素质和自我保护能力等。同理，若是在需要介入的时候，教师却未能发挥相应的作用，同样可能导致儿童游戏水平的降低甚至游戏的终止。可见，教师只有适时地介入，才能推进儿童游戏的顺利进行，促进儿童游戏水平的发展。教师选择介入的时机是相当重要的。只有教师找准介入游戏的恰当时机、减少不适宜的游戏介入，才能使儿童游戏过程中教师的介入价值彰显出来。

（一）教师介入儿童游戏的步骤

萨顿·史密斯（1982）提出介入儿童游戏的步骤有三个阶段：

1. 观察并仔细辨别儿童的兴趣和技巧

介入儿童游戏的时机，需要教师根据观察情况而定。教师只有观察儿童的游戏，才可能发现儿童游戏的兴趣和需要，了解儿童游戏的现状及存在的问题，及时调整游戏材料，确定何时参与、介入儿童的游戏，做出有效的指导。在介入儿童的游戏之前，教师最好先预计其可能的后果是什么。

2. 投入参与

教师应在观察的基础上，根据儿童的需要，采用恰当的方式，适时介入游戏。具体的参与方式将在后文中详述。

3. 跳出儿童的游戏，做进一步观察

当教师的介入达到预期的效果或有所不达时，教师有必要及时退出游戏。因为过多的干预可能会在儿童游戏中加入过多的成人意志，阻碍儿童游戏的自主进行。所以当介入告一段落时，教师要适时退出游戏，并对游戏做进一步的观察，以判断是否需要再次介入。

如此，介入儿童游戏的三个步骤便形成了一个循环往复的过程。

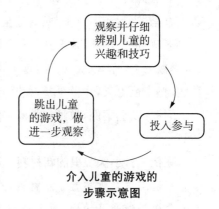

介入儿童的游戏的步骤示意图

（二）教师介入儿童游戏的时机

1. 介入儿童游戏的时机

当教师通过观察，发现儿童在游戏中出现以下六种情形时，可以介入儿童游戏：

（1）当儿童并不投入自己所构思的游戏想象情境时；

（2）当儿童难以与其他同伴沟通互动时；

（3）当儿童一再重复自己原有的游戏行为，进一步延伸和扩展游戏有困难时；

（4）当儿童缺少材料，使游戏难以继续时；

（5）当儿童发生游戏技能的困难时；

（6）当游戏中出现负面行为效应时。

2. 不介入儿童游戏的时机

萨顿·史密斯建议，当教师出现下列四种情形之一时，最好不要介入儿童的游戏：

（1）自己不想与儿童玩的时候；

（2）感觉自己的介入会干扰儿童的游戏时；

（3）认为介入游戏仅仅是一种责任，而不能从中享受乐趣时；

（4）感觉身体太累、心事太重时。

可见，只有当儿童在游戏中确实需要教师的介入和帮助，而教师自身也确实具备了投入儿童游戏的热情和精力时，教师介入儿童游戏的最佳时机便到来了。

三、讨论

案例一：生日晚会

以下是一个幼儿园老师鼓励儿童举办一次生日晚会活动的例子。

老师：布里塔尼，到这儿来，你想戴一顶晚会帽吗？这一顶怎么样？这是专门为过生日的人准备的，你戴上它吧，它看上去像一顶皇冠！

布里塔尼：不，我已经有了一顶（指着她的头饰）。

老师：你能给我们做一个11月份的日历表吗？我们假装这天是你的生日。

老师:帕科,帕科,你愿意做一份蛋糕吗?谁愿意做蛋糕?

布里塔尼:我不用做,我是过生日的女孩。

老师:但是你看,她要把蜡烛插到蛋糕上。真正的蜡烛呢?我们做两个蛋糕怎么样?帕科,你做一个,你拿一根蜡烛,每个人拿一根蜡烛。约瑟夫,你也拿一根,你去做蛋糕,做一个蛋糕,把蜡烛熄灭,先做蛋糕,然后再插蜡烛。11月的日历表放在哪里?

问题:以上案例,教师在游戏中扮演了怎样的角色?可能导致怎样的结果?

案例二: 小医院里的新材料

小医院里最近添置了新材料:急救箱和听诊器。某日,小钰和琪琪分别担任了医生和病人的角色。游戏开始后,两人分别拿起急救箱和听诊器,津津有味地操作起来,对周围发生的一切丝毫没有反应。游戏时间过半,教师发现两人始终没有交流,也没有离开过小医院。于是老师便走过去对琪琪说:"这位病人,你得了什么病啊,是不是很不舒服?赶快请医生给你治疗吧!"但琪琪仍旧摆弄着听诊器,并未理会教师。过了一会儿,教师又走过来,对小钰说:"医生,那边有个病人需要急救,带上急救箱过去看看吧。"小钰一边摆弄着急救箱里的各种用具,一边说:"我不去!"教师随即走出了小医院,回来时,手里拿着一张挂号单,对医生说:"医生,我已经挂了你的号了,我肚子不舒服,你帮我看看吧。"然而,小钰依旧没有回应,还在专心致志地操作着急救箱里的各种器具。

问题:以上案例中,教师介入的时机是否恰当?儿童是否需要教师的介入指导?

案例三: 悦悦的乌龟车

在结构游戏区里,悦悦正在用花片拼插乌龟车。她想将两个类似碗状的花篮倒扣在一起,然后在其中一个花篮上拼上乌龟的脖子和头部。该活动的重点是用镶嵌的办法将两部分连结在一起。她已经将两个碗状的花篮拼好,正在完成镶嵌连结工作。在埋头努力了五次而未获成功后,悦悦第一次抬头瞄了一下周围(此时旁边几个小朋友都在玩自己拼好的简单作品)遂将另一部分拆散重新拼得牢固一些,并接着进行第六次努力。在第六次努力做镶嵌连结时,悦悦曾一度将一端固定好,眼看就接近成功了,但最终还是失败了。面对第六次的失败,她非常沮丧地抬头看了三次老师,并将拼完的作品拆散改拼成相对简单一点的"乌龟车"(即直接在拼好的碗状的花篮上拼插上乌龟的脖子和头部)。拼完后她就去老师那儿要了一条纤维绳子系在"乌龟车"的头上,并提起这"乌龟车"晃悠晃悠地游荡,结果把"乌龟车"的身子晃掉了,最后悦悦手上提的只剩下了"乌龟车"的脖子和头部……

问题:案例中,悦悦为什么最终放弃了复杂乌龟车的拼插?教师在其中是否发挥了应有的作用?

附: 案例讨论答案提示

案例一提示:教师希望帮助儿童进行一次生日晚会的角色游戏,但她扮演了导演的角色,完全不顾儿童的意愿,从角色分配、材料选择到设计游戏情节全部一手包办,这种过度的指挥可能导致的结果是:有的儿童只以简单的重复的装扮行为做出反应,有的儿童则可能很快失去游戏兴趣,离开游戏区。

案例二提示:该案例中,儿童由于太专心于操作新材料,而忘记了自己的"医生""病人"身份,忘记了自己的角色行为,教师希望通过提示或介入使儿童回归到先前的角色游戏中来。但教师多次执意的介入,都未能达到自己的目的,原因是教师以理想的游戏模式束缚了儿童自由游戏的空间。教师一次又一次地介入儿童游戏,实质上已构成对儿童游戏的干扰,也失去了进一步了解儿童需要的机会。

案例三提示:悦悦因为游戏技能的缺乏而在拼插游戏中遇到了困难,但悦悦表现出了较高的结构游戏水平和较强的坚持性。在没有得到任何帮助的情况下,连续六次失败,才最终放弃了复杂乌龟车的拼插。说明拼插复杂乌龟车这一游戏技能,是在儿童的最近发展区范围之内,是适合儿童现有发展水平的,只待教师的恰当指导。但遗憾的是,教师没有敏锐地观察到这一教育契机,没能把握住介入儿童游戏的绝佳时机,致使最后悦悦只做出了一份与她的发展水平不相称的再简单不过的作品。

第三节 推动策略

游戏是儿童主动自愿的活动,自主性是儿童游戏最显著的特点。但教师对儿童游戏的介入和推动与儿童游戏的自主自愿性之间是完全不矛盾的,因为两者都立足于促进儿童的最大化发展。下面我们将探讨教师介入和推动儿童游戏的价值及有效的推动策略。

一、游戏推动的价值

(一) 有利于发挥游戏对儿童发展的正面效应,抑制负面效应

纯粹自发的游戏对儿童的发展可能产生正面和负面的双重效应。正面效应表达了儿童发展的正确方向,如促进儿童身体、认知、情感、社会性等方面的发展,与教育目标一致;而负面效应则反映出儿童受到游戏中消极因素的不良影响,强化儿童的不良行为,甚至可能产生对身心的伤害,如儿童游戏行为中的不良习惯、游戏中出现的可能造成对儿童身体伤害的危险因素、对游戏形象的负面模仿等。

教师的介入与指导,如对游戏从类型、时间、比例上做适当规划,运用语言、材料、行为、情感等对游戏施加影响,不仅能使游戏对儿童发展的正面效应得到充分显现,还可抑制其负面效应,使游戏对儿童发展的价值发挥到最大化。

(二) 有利于提高儿童的游戏水平

由于身心发展水平所限,儿童在游戏中经常由于技能上的困难或知识经验的缺乏而致

使游戏中断。而教师的适度介入与推动,不仅能保证儿童的安全,而且能提高其游戏水平,尤其是儿童的角色意识、社会行为规范和积极情感等的发展。

萨顿·史密斯等比较了"游戏—教导"和"技巧—教导"两组儿童的差异,结果表明,两组儿童和特定儿童接触的总次数间没有显著差异,在一般语言和认知能力的进步方面分数差不多。但"游戏—教导"组的儿童在自由游戏时间的想象活动,以及在角色代替偏好上的表现,比"技巧—教导"组的儿童好。该研究表明了成人的介入与推动能提高儿童的游戏能力。

值得注意的是,教师对儿童游戏的指导和推动,必须以保证儿童游戏的特点为前提,否则一切指导都可能是徒劳的,甚至可能成为儿童发展的障碍。教师的"介入"与"不介入"都应尊重儿童的意愿,避免不必要的干扰,不要让自己成为一名"不速之客"。

二、游戏推动的方法

根据教师在游戏过程中影响活动的形式,我们把介入和推动游戏的方法分为如下三种:平行式、交叉式、垂直式。

(一) 平行式介入法

当儿童只喜欢某一种游戏,而不喜欢玩其他游戏或对新出现的玩具材料不感兴趣、不会玩或不喜欢玩时,教师可以在儿童附近,和儿童玩相同或不同材料和情节的游戏,其目的在于引导儿童模仿,此处教师起着暗示指导的作用。

(二) 交叉式介入法

当儿童有要教师参与的需要和教师认为有指导的必要时,由儿童邀请教师作为游戏中的某一角色或教师自己扮演一个角色进入儿童游戏,通过教师与儿童、角色与角色间的互动,起到指导儿童游戏的作用。当儿童处于主动地位时,教师则扮演配角,根据儿童的游戏行为做出反应。如果教师认为有必要对儿童游戏加以直接指导,则可以根据游戏情节的发展,提出相关的问题,促使儿童去思考。当教师和儿童都感觉到很快乐时,教师应适时退场,不能介入太久。

(三) 垂直式介入法

当儿童在游戏中出现严重的违反规则、攻击性等危险行为时,教师则以现实的身份直接进入游戏,对儿童的行为进行直接干预,这时教师的指导是显性的。如在游戏当中,儿童因争抢玩具而发生打骂,或者是玩一些如"死""上吊""暴力"等内容的游戏时,教师应直接干预,加以引导。但这种垂直式的介入法不宜多用,因为它很容易破坏儿童的游戏气氛,甚至使游戏终止。

马卡连柯曾经这样说过:"如果我只是指导、要求和限制,那我就会成为一种外部的力量,而不能成为一种儿童的力量。我必须和儿童们一起游戏。"教师对儿童游戏的介入指导,与游戏中儿童的发展有着密切的联系。教师只有选择好适当的时机,利用最适当的指导方法,才能发挥游戏对儿童的最佳效应。

三、教师在游戏推动过程中的行为和语言指导

(一) 行为指导方式

1. 为儿童提供丰富的游戏材料

有研究表明:为儿童提供丰富的材料,让他们在自由选择的条件下进行游戏,能促进其社会性的发展。所以,教师一方面要为儿童提供丰富的游戏材料,另一方面还要根据游戏的进展情况及时添置新材料,以促进游戏情节的发展。如在"小小舞台"的游戏里,教师及时投放了魔术箱、帽子等,儿童由原来单纯的歌舞表演,又增添了变魔术等新的玩法,花样也更丰富了。

2. 合理布置游戏场地

教师期望儿童产生什么行为,朝着什么方向发展,可以通过合理布置游戏场地来达到目的。例如,如果教师希望减少儿童的跑动及粗大动作的游戏,可用分隔物或家具把开放的空间阻隔起来,把喧闹的游戏区域和安静的游戏区域分开。再如,如果有的区角内没人光顾,教师可通过变换场地等方式吸引儿童,也可同孩子们一起规划、设计、安排场地。

3. 运用身体语言给予儿童反馈

即教师利用动作、表情、眼神等身体语言对儿童的游戏行为做出反馈。如对儿童在游戏中表现出的良好品质、创造性行为,教师可以用点头、赞许的目光、欣喜的表情,甚至拍手等表示肯定;对儿童不遵守游戏规则的行为,教师可用手势、摇头或面部表情等表示否定。

4. 亲自进行动作示范

规则游戏由于有玩法及规则的限制,必须在学会后才能玩。因此,教师要给儿童进行适当的示范、讲解,帮助他们掌握玩法,理解并掌握规则。在创造性游戏里,如表演游戏,教师可以在小舞台上向孩子们进行示范性演出,不仅能激发起儿童的表演欲望,而且能将各种表演技巧展现给儿童,供儿童模仿。此外,教师还可与儿童一同表演,表演里面就隐含着示范。

(二) 语言指导方式

在具体介入儿童游戏的过程中,教师通常会伴随着一定的语言指导。根据教师运用语言进行指导的目的和方式不同,可将教师的语言分为七大类:

1. 询问式语言

教师根据儿童游戏情节的发展需要,发现儿童需要帮助或有指导的必要时,有目的地设置问题情境、提出有针对性的问题。这种语言表面看来是在提问题,实则是把儿童面临的问题描述出来,摆在儿童面前,帮助儿童拓展思维空间,让他们以自己的方式去寻求解决途径,从而促进游戏情节的发展。如"这位顾客叔叔,你家的茶叶是怎样变大的?""警察的工作是

不是只抓坏人呀?"

2. 建议式语言

观察儿童在游戏中的行为表现,当教师发现儿童在游戏中情节发展有困难或停滞不前时,可用一两句简单的建议性提示,帮助儿童明确想法,促进游戏顺利开展。有些建议式的语言也可以询问的方式出现,其与询问式语言的不同之处在于它不仅提出问题,还给予具体的暗示。如:"这样试试……""我觉得如果放在旁边会更好。""这家麦当劳没有油条卖,我们再开个卖油条的店吧。"

3. 澄清式语言

对于游戏中一些儿童不明白的事情,或儿童模仿了一些不良现象,教师不去随便评价,而是通过语言引导儿童加以讨论、澄清,帮助他们形成正确的价值观。如,"娃娃家"游戏中,"爸爸""妈妈"因为"吵架"要"离婚",教师可以引导儿童:"爸爸妈妈一吵架就要离婚吗?爸爸妈妈分开了,小宝宝该有多伤心啊。有没有其他的解决办法?"再如,有的"警察"去"餐厅"吃饭,不给钱就走了,"餐厅"的"收银员"一定要让他交了钱再走,有的儿童却说:"警察"吃饭是可以不给钱的。教师可就此引导大家讨论:"警察买东西是不是就不用给钱?"以此帮助儿童梳理经验。

4. 鼓励式语言

在儿童游戏中,教师用鼓励式的正面语言对儿童表现出的创造性及正向的游戏行为和意志品质如自觉遵守规则、克服困难、坚持游戏等加以肯定并提出希望,以强化儿童正向行为的出现。如:"某某小朋友自己想办法解决了问题,真能干!"针对儿童在游戏中出现的某些不良行为习惯和违规行为,教师也可运用此法,即不直接指出儿童的不足,而是用鼓励式语言把希望儿童出现的行为要求提出来,以促进儿童良好行为习惯及规则意识的形成,如"售货员叫卖的声音如果再大些,我们就听得更清楚了"。

5. 邀请式语言

对于游戏中的弱者或无人问津的区域,教师可以运用邀请式的语言来带领儿童进入游戏情境,提高儿童游戏的兴趣和愿望。如"你愿意和我一起去肯德基吃点东西吗""你可以帮我理发吗"等。

6. 角色式语言

当儿童在游戏中遇到情节进展方面的困难时,教师以角色身份参与到儿童的游戏中,并以该角色的口吻对儿童进行一定的语言引导。此法不仅会使游戏情节得以丰富,还会使儿童感到亲切和平等,如"我是居委会的,需要帮忙吗"。

7. 指令式语言

当儿童在游戏中严重违反规则或出现攻击性行为时,教师应立即用行为和语言加以制止,并明确告诉儿童这样做的后果,以约束儿童的不良行为,保证儿童在游戏中的安全和健康。如:"你不能把积木扔到小朋友的头上,这样会很疼的。"这类语言通常伴随着垂直式介入法而出现,亦可能严重干扰游戏甚至使游戏停止。所以,若非十分必要,应尽量少用。

以上游戏介入指导的三种方式及具体的行为和语言指导方法，教师需视儿童游戏的实际情况加以灵活运用。无论采用哪种方式方法，均应始终把握一个宗旨：如果教师能以恰当的方式与儿童进行互动，就可促进儿童的游戏。相反，如果教师控制游戏，基于教育目的而打断游戏，儿童的游戏就可能受到破坏。

四、讨论

案例一：奶粉罐的妙用

建构区里大部分都是男孩子，除了用叠高的方法建构已学过的东西，儿童之间还相互配合着拼搭新的造型。没过多久，他们就发现圆柱形的积木不多了，这是叠高的关键积木，没有这种积木他们怎样叠高呢？此时，我进入到建构区，在一旁一个人搭建着。不一会儿，我自言自语地说："圆柱没有了，怎么办呢？那边的奶粉罐挺像柱子的。"说着就把奶粉罐拿来做起了柱子。一旁的男孩们见状也纷纷效仿起来。受到这样的启发后，在接下来的游戏中，孩子们开始用牛奶盒、饼干盒等代替积木，建构区的建筑也更鲜活逼真起来。

（资料来源：上海市徐汇艺术幼儿园吴静，"儿童自主性游戏中教师的介入"，http://www.docin.com/p-395007761.html）

问题：该案例中，教师对儿童的游戏采用了怎样的介入方式？

案例二：给语言角带来生机的橡皮泥

自选游戏时，中班语言角已经多次无人光顾，即使有光顾者也只逗留几分钟便离开了，桌面上的塑料小动物和一些画有故事背景的图板被冷落在一边。这天教师在这里投放了一些橡皮泥。红红来到这里，用橡皮泥造了一座山，山洞里躲着小动物，加上原来的背景图板，红红津津有味地玩了半天。李晓则用橡皮泥捏了一只大恐龙，肚子里装了一只小恐龙，说是恐龙妈妈要生小恐龙了，结果还引出了一场争论：恐龙宝宝是从蛋里出来的？还是从妈妈的肚子里出来的？这以后，孩子们围绕这个话题谈开了。

（资料来源：朱家雄.游戏活动 2—6 岁[M].上海：上海教育出版社，2005）

问题：该案例中，教师对儿童的游戏采用了怎样的行为指导方式？

案例三：如此打针

小伟和小勇两名儿童选择了"小医生"的游戏，小伟脖子上挂着听诊器，小勇手里拿着针筒、体温表。婷婷抱着一个奥特曼的玩具来到"小医生"处，用手指着奥特曼的脖子对小伟说："它咳嗽了。"小伟看了看婷婷，用手指着婷婷所指的地方问："这里呀？"婷婷点点头答应了一声"嗯！"小伟随手从小勇手里拿过针筒，对着所指的地方戳了下去……这样的游戏行为是完全不符合现实生活中的情景，与我们的生活常规相违背的。但从儿童的心理上分析，他们认为身体什么地方不舒服有病了，就在什么地方打针。观察到这样的场景后，老师没有急于纠正儿童的问题行为，而是在儿童游戏结束后，把这样的场景边用语言描述边表演了一遍,然后问儿童:"你们去医院看病,医生是看你哪儿不舒服就在哪儿打针吗?"孩子们纷纷摇头说:"不是的。""那应该怎么做呢?"有的说:"医生是在屁股上给我打针的。"有的说:"医生是给我在手臂上打针的。"如此,儿童把各自零星的与看病、打针、吃药有关的体验与同伴分享,分享的过程中不断去碰撞自己已有的游戏行为,逐步形成了一系列完整的经验,为下次游戏的开展提供了"新的源泉"。

(资料来源:邱学青.学前儿童游戏[M].南京:江苏教育出版社,2005)

问题:该案例中,教师对儿童的游戏采用了怎样的语言指导方式?

案例四: 开心超市

开心超市开张后,经过一段时间的活动,儿童对超市的兴趣慢慢减退,生意自然就冷清下来。这时,我以连锁店巡查员的身份来到了超市:"咦,超市的生意怎么这么差?我们一起开个会吧,看看有什么办法才能使生意好转呢?"孩子们一听,纷纷开始出主意。吴瑶:"我们像餐厅服务员一样喊一喊吧。"(餐厅的服务员为了招揽生意,常常喊:"香喷喷的红烧肉,快来吃呀!")王梦阳:"我们可以卖些项链、手链、戒指什么的。"徐家林:"嗯,我们去进一些新货,这样大家就会来买了。"我接着说:"这样吧,夏天快到了,水果很好卖的。"我趁机拿出早已准备好的"水果"塑制品4个,孩子们马上大喊起来:"新鲜的草莓呀,快来买呀!""香喷喷的香蕉和梨,快来买,迟了就没有了。""顾客"越来越多,"服务员们"忙着称水果、收钱,脸上挂满了微笑……我也跟着买了一个大西瓜:"哎呀,太重了,我怎么拿回家呢?你们能派个人帮帮我吗?"周林杰连忙说:"我来帮你送回家。"于是,超市又有了专门的送货工,还共同制定了"送货上门"的服务,并推广到"餐厅外卖""银行上门服务"。后来超市还开设了一个"珠宝首饰专柜",孩子们自己动手,用橡皮泥、串珠、塑料绳等制作各种不同款式的首饰,丰富了超市的货物,扩大了经营范围,工作人员也不再没事可干,游戏又热火朝天地开展下去了。

(资料来源:应灵敏.如何推动儿童角色游戏的动态发展[J].儿童教学研究,2012(4))

问题:该案例中,教师对儿童的游戏采用了怎样的介入方式?使用了哪些行为指导方式和语言指导方式?

附: 案例讨论答案提示

案例一提示:教师采用了平行式介入法。儿童在建构游戏中遇到了缺少圆柱形积木的问题,教师并未直接告知儿童解决办法,而是在儿童旁边进行同样的建构游戏,在建构过程中巧妙地采用替代性材料,对儿童起到了暗示指导作用。儿童在效仿教师的基础上还进一步拓宽了思路,开发了更多的替代性材料,使得建构作品更加生动形象。

案例二提示:教师采用的行为指导方式是提供游戏材料。橡皮泥的投入,无需教师更多的语言,便为儿童提供了可无限拓展的思维空间。

案例三提示:教师采用的语言指导方式是澄清式语言。针对儿童在游戏中出现的不正确的观念和行为(病人什么位置不舒服就在什么位置给他打针),教师在游戏讲评中引导儿童加以讨论,澄清了对医生打针的不正确理解,帮他们形成了有益的、完整的、符合生活实际的经验。

案例四提示:教师采用了交叉式介入法,使用了"为儿童提供游戏材料"的行为指导方式和角色式语言。儿童的开心超市游戏遇到了困难,游戏情节难以推进,教师以连锁店巡查员的身份提出相关问题,促使儿童思考"怎样使生意好转",并及时为儿童补充了游戏材料,推动了游戏的进一步发展。

思考与练习

一、判断

1. 教师既应该对儿童的游戏进行指导,又应该保证儿童游戏的自主性。（   ）
2. 婴儿社会性游戏发展的总体特点是:由伙伴游戏逐步向亲子游戏发展。（   ）
3. 幼儿初期,教师在游戏区投放玩具材料时,同种材料要提供多份,以满足幼儿玩平行游戏的需求。（   ）
4. 当儿童进一步延伸或扩展游戏有困难时,教师可适时介入儿童游戏。（   ）
5. 垂直式介入法是教师介入指导儿童游戏过程中常用的方法。（   ）

二、选择

1. 以下角色中,属于教师在幼儿游戏中扮演的消极、不利角色的是（   ）。
   A. 游戏环境的创设者　　　　　　B. 游戏过程的观察者
   C. 游戏进展的支持者　　　　　　D. 游戏情节的导演
2. 以下哪种情况（   ）是教师介入儿童游戏的恰当时机?
   A. 儿童十分投入游戏时　　　　　B. 当儿童缺少材料,使游戏难以继续时
   C. 教师感到自己身体太累、心事太重时　　D. 教师不想与儿童玩时
3. 以下关于幼儿晚期游戏预设的注意事项,表述正确的是（   ）。
   A. 在室内游戏区的设置上以角色游戏区为主
   B. 可多向幼儿提供规则游戏
   C. 在规则游戏中应着重培养幼儿的输赢意识
   D. 应少向幼儿提供规则游戏
4. 当儿童在游戏中遇到情节进展方面的困难时,教师以角色身份参与到儿童的游戏中,并以该角色的口吻对儿童进行一定的语言引导,这种语言指导方式称为（   ）。
   A. 询问式语言　　B. 澄清式语言　　C. 角色式语言　　D. 建议式语言
5. 对儿童游戏的垂直式介入法通常伴随着以下哪种语言指导方式出现?（   ）
   A. 邀请式语言　　B. 指令式语言　　C. 建议式语言　　D. 询问式语言

三、简答

1. 简述 3—6 岁儿童游戏的发展水平。
2. 简述教师介入和推动儿童游戏的方法。
3. 教师对儿童游戏的行为指导有哪些方式？

四、实践与实训

1. 根据中班幼儿的游戏发展水平，尝试为中班幼儿预设适宜的游戏。
2. 到幼儿园观察一组儿童的自主游戏活动，完成下表，重点分析教师在儿童游戏过程中是否承担了积极的角色并采取了恰当的介入方法。

儿童游戏及教师指导情况观察记录表

幼儿园：_____ 班级：_____ 记录者：_____

观察时间		游戏名称	
观察对象			
游戏过程实录			
儿童行为表现		教师指导情况	
对教师指导情况的评价			

岗位达标自测量表

操作指标	完全符合	一般符合	基本不符合
1. 能根据儿童在游戏中的表现，对儿童的游戏水平进行评估			
2. 能根据儿童的年龄阶段、游戏发展水平、兴趣等因素为儿童预设适合的游戏			
3. 掌握了预设游戏的具体操作方法			

续　表

操作指标	完全符合	一般符合	基本不符合
4. 认识到教师在儿童游戏中起着不可或缺的作用			
5. 作为教师,能根据儿童游戏情况,灵活转换自己的角色,推动儿童游戏			
6. 认识到教师对儿童游戏的适时介入是十分必要的			
7. 能恰当把握介入儿童游戏的时机			
8. 掌握了推动儿童游戏的具体方法			
9. 能根据儿童的游戏情况为其提供恰当的行为指导			
10. 能根据儿童的游戏情况为其提供恰当的语言指导			

以上项目"完全符合"的越多,说明您的理念越接近于标准。反之,"一般符合"的越多,说明您还需努力才能接近标准。

3. 请总结能支持幼儿继续游戏的引导性语言,并尝试在实践中实施。

4. 请总结教师在幼儿游戏中的非肢体支持语言,并尝试在实践中实施。

第七章　幼儿园各类游戏的指导

1. 了解幼儿园各类游戏的特点
2. 理解幼儿园游戏指导的总思想
3. 掌握幼儿园各类游戏的指导要点

问题提出

早晨,小班老师给幼儿准备了桌面结构材料,浩浩先到,一个人开心地玩起来,陆陆续续孩子们都来了,浩浩把材料移在自己身边,像母鸡护小鸡一样把守着,不让别的幼儿玩,弄得一个组的幼儿抢的抢,叫的叫,还有幼儿哭了起来。老师来了,浩浩还是把守着不肯分给别的幼儿。

这是幼儿园里常见的一幕,如果你是老师,你会怎么办?你会怎样介入幼儿的游戏呢?你的指导能有多大的作用?幼儿园里每天都会进行大量的游戏,那么,幼儿园常见游戏有哪些特征呢?作为老师,从哪些方面指导才有效呢?学完本章,相信同学们都会有自己理想的答案。

探索自然材料

第一节　感知觉游戏指导

一、感知觉游戏概述

(一) 感知觉游戏的概念和重要性

1. 感知觉和感知觉游戏

感知觉是人脑对直接作用于感觉器官的客观事物的反映,区别在于感觉是对个别属性的反映,知觉是对客观事物整体的反映。感觉包括视觉、嗅觉、触觉、味觉、听觉等外部感觉和机体觉、运动觉、平衡觉等内部感觉,通过感觉才可以进行复杂的知觉、记忆和思维等活动,从而更好地反映客观事物。知觉包括对物体的知觉,如空间、时间、运动和人的知觉,知觉是人以感觉信息为基础,在感觉的同时进行整合、加工,从而得出更理性的认识。儿童是通过感知觉来认识和了解一切事物的,感知觉在儿童心理发展中有着非常重要的意义。感知觉游戏是指以刺激、训练儿童感觉器官为目的的游戏种类。

2. 感觉统合训练

"感觉统合"即"感统",是美国心理学专家爱尔丝博士创导的。她在发现感觉统合失调的现象后,设计了感觉统合训练课程和开发了众多的训练器材,以改善儿童所存在的问题。如今,感觉统合训练已经不再仅仅是一种治疗问题儿童采用的方法,而且成为促使正常儿童感觉统合能力发展的重要教育手段。

爱尔丝博士特别强调触觉、前庭觉、本体感觉的刺激。感觉统合训练是以游戏的形式给予儿童前庭、肌肉、关节、皮肤触压、视、听、嗅等多种感官的刺激,并将这些刺激与运动相结合,促使儿童在感觉运动中产生自主的适应过程,促进感觉统合能力的发展。

3. 感知觉训练的重要性

感觉是一切学习的基础,儿童基本是靠感官来学习的,给儿童的良好刺激愈多就愈能激发其内在潜能。心理学家研究发现,感知觉训练对儿童的心理发育非常重要,早期缺乏训练会影响今后的学习能力。儿童感觉统合一旦失调,就会表现出自我概念差、脾气暴躁、性格孤僻,动作笨拙、粗心,好动不安,注意力无法集中,言语与语言发展缓慢等问题,严重影响儿童的发展。而0—3岁是对儿童进行感知觉训练的关键时期,家长要注意对儿童的"六感"(视、听、嗅、味、触、重力感)方面的训练,促进儿童感觉统合能力的发展,进而达到注意力、思维能力等高级心理活动能力的发展。

(二) 感知觉游戏的内容

1. 视觉游戏

视觉游戏是指通过游戏刺激儿童视觉,促进儿童视觉发展。主要包括视觉集中、视觉追随、事物辨识、事物记忆和重现等方面的训练。所以视觉游戏并不只是用眼睛看,还要让儿童懂得看到的东西的意义,以促进儿童的智力发展。游戏举例:

游戏名称:谁能接住它

游戏目的:

仔细观察物体的飘落,训练儿童眼睛追随物体的能力和注意力。

游戏方法:

老师与儿童席地而坐,老师把小丝巾、小手绢、气球等轻飘飘的东西抛向高处,大家的目光随着这些东西的上升而"提升"视线、随着它们的向下飘落而"下降"。当它们快要落下时,让儿童伸手或张开双臂去接。而后,再扔出去,重复刚才的动作。

游戏名称:我找到了

游戏目的:

寻找玩具,体验游戏的快乐。

游戏准备:

儿童熟悉且喜爱的各种玩具。

游戏方法：

（1）将儿童喜欢的玩具藏起来，再让儿童去寻找玩具，找到后鼓励儿童说出："我在……找到了……"

（2）儿童自由玩耍找到玩具。

适用年龄：2—3岁

2. 听觉游戏

听觉游戏是指刺激儿童听觉，促进听觉发育的游戏。如游戏"听一听，什么在响？"让儿童仔细听教师准备的声音，并说出是什么发出的声响。

3. 嗅觉游戏

嗅觉游戏是指以刺激嗅觉，促进嗅觉发展为主的游戏。主要内容有辨别不同气味，如游戏"闻一闻，猜一猜"，教师用气味瓶让儿童猜闻到了什么。

4. 味觉游戏

味觉游戏是指以刺激味觉，促进味觉发展为主的游戏。主要内容是凭借口腔识别不同的味道和识别食物的特质。

嗅觉游戏

5. 触觉游戏

触觉游戏是指让儿童用身体触摸或触碰物体，以感受物体的性质的游戏。主要包括感觉物体不同的轻、重、尖、钝、冷、热等特性和识别不同物体外形等。游戏举例：

游戏名称：奇妙的口袋

游戏目的：

发展儿童的身体触觉能力。

游戏准备：

神秘袋，海洋球和按摩球，小筐。

游戏方法：

（1）家长取一个神秘袋和两个海洋球、两个按摩球，将一个海洋球和一个按摩球装在小筐中，放在儿童面前。

（2）在神秘袋中任意装入一个球（不要让宝宝看到），引导儿童将手伸到神秘袋中，用手触摸感知后，请儿童在小筐中找到和刚才触感相同的球。

（3）家长不断变化神秘袋中的球，引导儿童按同样的方法反复练习触摸。

建议：引导儿童在家中触摸各种不同的物品，感知它们的不同，发展触觉能力，也可以在户外触摸一些物体进行感知。

适用年龄：2—3岁。

6. 平衡游戏

平衡游戏是指对儿童前庭平衡觉进行训练的游戏。前庭觉掌管人的平衡感,没有良好的前庭觉做基础,孩子就会经常摔倒,经常训练可以培养孩子的平衡感,增强孩子的自我保护能力。游戏"金鸡独立""倒着走""跳圈""运乒乓球"等都可以很好地训练前庭觉。

此外,还有对时间、空间以及对人等知觉的游戏。

(三) 感知觉游戏的特点

1. 阶段性、顺序性

儿童的年龄特点是开展感觉游戏的重要依据。儿童的年龄越小,其生理、心理生长发育越显著,教师组织游戏时要注意根据儿童身体发育的顺序开展适宜的活动。如0—6个月的儿童可选择与仰卧、侧卧、翻身、扶坐等动作有关的游戏;6—12个月的儿童可选择与坐、爬、站、扶走等动作有关的游戏;1—1.5岁的儿童选择与站立、走、攀爬、平衡等动作有关的游戏;1—3岁的儿童选择与行走、攀爬、跳跃、投掷、抛接等动作有关的游戏。

2. 个别性

儿童的个体差异是组织开展感觉游戏的主要依据。同样年龄阶段的儿童,个体差异非常大,教师在组织游戏时应充分考虑儿童的个体差异,在游戏的内容、难度、强度、时间等方面体现差别,让每个儿童在游戏中都体验到成功。

3. 生活性、情境性

生活性、情境性是感觉游戏的重要特征和组织原则。教师可将感觉游戏渗透在幼儿的一日生活中,如在进餐和点心环节,可以进行视觉、嗅觉、触觉等活动。在自由活动时,教师可与儿童比赛小游戏,如举行"金鸡独立"比赛,看谁可以做一只独立金鸡,以此培养儿童的运动平衡及协调能力。

二、感知觉游戏的指导原则

(一) 幼儿"主体性"原则

任何学习都必须以个体的自主、自愿为原则才能真正有效。我们提倡幼儿根据自己的能力和需要进行学习,使幼儿在感觉训练中通过自己的兴趣、需要和能力去进行自由选择、独立操作、自我校正。教师和家长可在幼儿操作中进行一些暗示,切忌代替幼儿操作,"代替"会挫伤幼儿的积极性和主动性。

发挥幼儿的"主体性"

(二) 整合性原则

1. 目标整体性

婴幼儿身心发展迅速,教师要把婴幼儿作为一个独立的、完整的、发展中的个体来看待,在设计目标时应着眼于促进幼儿的全面发展,应挖掘活动内容的多种教育价值,体现活动功能的综合性。

2. 感知觉游戏与各领域教育相融合

游戏与一日生活相融合

教师应设计各领域的活动促进幼儿的发展。感知觉游戏最终目的是促进幼儿全面发展,把感知觉游戏渗透在各领域的教育教学中,不仅能有效发挥感知觉游戏的作用,还能使各领域教育内容更丰富、更有效地促进幼儿全面、和谐的发展。

3. 感知觉游戏与一日生活相融合

通过科学、合理地安排婴幼儿一日生活,教师可将游戏活动有机地与一日生活紧密结合起来,充分发挥一日生活的整体教育功能。

4. 资源整合性

我们将家庭、社区、亲子园、早教机构几方面的教育资源进行整合,增大教育合力,为婴幼儿的全面发展创造良好的社会环境。

(三) 渐进性原则

感知觉游戏要遵循循序渐进的原则,根据幼儿年龄特点和身心发展特点,由浅入深地逐渐增加游戏的难度和情节,贯穿于幼儿的活动中,才能收到良好的效果。

孩子一出生就应在每天的生活中有意识地进行感知觉的练习,其不仅能促进孩子感知觉的发展,还能丰富孩子的生活。比如对孩子笑笑、说话、玩耍,让他感知各种和谐悦耳的声音;在小床周围挂一些色彩鲜艳的物品、玩具,让他感知、追随美丽的色彩;适当地抱一抱、拍一拍,抚摸抚摸他的皮肤,让他感到家人的关爱。随着月龄增长,引导孩子对周围环境和事物看看、听听、摸摸、闻闻,多给孩子提供形色各异的物品或玩具,让孩子抓握、敲打,多带孩子到神奇的大自然观看、玩耍,发展孩子的感知能力。

3岁以后,孩子进入幼儿园,教师要根据幼儿年龄、兴趣、能力特点组织感知觉游戏,随着幼儿身心发展,可通过增加游戏材料、改变玩法、提出新要求等办法逐渐增加难度,以适合幼儿的游戏需要。如游戏"时光隧道",先让幼儿用头先的方法从隧道爬出来,再让幼儿用脚先的方法爬隧道,为了进一步吸引幼儿,教师还可以增加情节,如在"山洞寻宝",不知不觉中,游戏难度增加了。再比如游戏"夹珠子",小班可以让幼儿用小勺舀珠子,中班让幼儿用筷子夹珠子,大班则让幼儿用筷子在水中取珠子。

幼儿感觉统合能力的发展是不平衡的,因此感觉统合训练的内容应根据每个幼儿的特点进行编排。教师设计的活动应具有一定的针对性,这样才能改善幼儿的感觉统合能力,促进大脑的发育。因此,教师根据幼儿的年龄和感统的特点进行感觉游戏显得十分重要。如有的幼儿触觉特别敏感,有的则比较迟钝,在游戏中教师应充分考虑幼儿的感觉特点。

 思考与实践

1. 什么是感觉游戏?感觉游戏有哪些特点?
2. 感觉游戏指导原则有哪些?
3. 以小组为单位,设计并组织一则感觉游戏,并进行试教。

三、讨论

案例:3 岁的孩子能长跑吗

3 岁的吴磊在其父亲的带领下,每天清晨坚持长跑。每天早上 6 点钟,父子俩就赤膊出门,孩子的母亲也紧随其后,沿山峰环形道长跑 6 趟,约 10 公里路程,晨练的人见到均很惊奇。

对这样的训练,你有什么看法?

附:案例讨论答案提示

案例提示:长跑运动简单实用、受限制性小,越来越受人欢迎。幼儿与成人在解剖生理上和心理特征上,有很大的不同。成人能够进行的有效的体育运动,置于幼儿身上往往行不通。幼儿练长跑对其生长发育是有很大影响的。因为幼儿有两大弱点容易因跑步而使身体受到损害。其一,跑步所产生的持续冲击震动,会使幼儿正在生长发育的骨骼和大脑受到损害;其二,幼儿的耐热、耐寒力差,在气候不良的条件下跑步,容易影响他们身体的正常发育。

第二节 幼儿园角色游戏指导

一、角色游戏概述

角色游戏,就是指幼儿通过扮演角色,运用模仿和想象,创造性地反映个人生活印象的一种游戏。由幼儿自己确定游戏主题、构思游戏内容、分配游戏角色和制定游戏规则,具有一定的自主性和创造性,它能满足幼儿向往、想象模仿和实践的心理需要。比如"娃娃家"游戏、"医院"游戏、"商店"游戏等是不同主题的角色游戏,都有一定的主题,所以又称为主题角色游戏,它也是创造性游戏中最有代表性的一种游戏。

(一) 角色游戏的特点

1. 印象性

幼儿对社会现实生活的印象是角色游戏的源泉。角色游戏是幼儿对现实生活的一种积极主动的再现活动,游戏的主题、角色、情节、使用的材料均与社会生活有关。幼儿根据自己在社会生活中获得的种种印象,对游戏的情节进行设计和安排,并按照自己的意愿、兴趣和能力来进行游戏。幼儿个人的生活经验愈丰富,角色游戏的水平也就愈高,因此教师应当注意丰富幼儿的生活印象。

2. 自主性

角色游戏是幼儿独立自主的活动。幼儿玩什么主题、有多少个角色、情节如何进行、使用什么玩具等,均由幼儿自行设计与决定,作为教师不要过多地干涉和影响幼儿的角色游戏。

3. 想象性

想象活动是角色游戏的支柱。角色游戏的过程是创造性想象活动的过程。在角色游戏中,创造性想象表现在两个方面:一是扮演幼儿熟悉的角色,如扮演妈妈、老师、司机、警察、售货员等,他们通过语言、表情、动作等表现自己对这些角色的认识和体验,这一反映过程体现了幼儿的想象活动;二是幼儿在游戏中使用玩具,以物代物,往往一种物品在不同的时间与不同的环境中可代替多种真实物品,如小椅子一会儿是汽车,一会儿又当娃娃床,这种替代正是幼儿创造性想象活动的结果。有想象活动参与的角色游戏,既富有假想性,又富有真实性,是虚构性与真实性的巧妙结合。

模仿妈妈贴面膜

(二) 角色游戏的作用

1. 增进幼儿社会认知

角色游戏是幼儿接触社会、接触成人活动的一种游戏,这种游戏带有很大的模仿性。幼儿通过对社会角色的模仿来认识社会、了解社会。如幼儿通过乘坐"公共汽车"可以了解到坐车的一些规则,通过去"自助取款机""取款"可以初步了解使用取款机的注意事项。

2. 学习社会性行为,发展交往能力

角色游戏为幼儿提供了实践社会行为的机会。在内容健康的角色游戏中,幼儿通过扮演的角色,反映着现实生活中人与人的交往关系,模仿社会生活中人们的行为准则,学习劳动者的优良品质与待人接物的态度,体验他们的情感。幼儿在角色游戏的情景中,由于扮演角色而忘却了自我,逼真地表现所担当的角色的特性,如:在"服装店"中,"店员"必须要主动去招呼"顾客",热情大方地介绍各种衣服的款式、颜色、质地等,这样才能吸引"顾客",开好

店。在游戏过程中,就连班上最不爱说话的幼儿,在这里当"顾客"也都能大胆地说出自己要什么样子的衣服,可见,幼儿是自然而然地融入了与他人交往的角色中,由此有助于幼儿的语言表达能力与主动交往的能力的发展。

3. 有助于培养幼儿的主动性、独立性和创造性

角色游戏由幼儿自定主题,自由充当角色,自行设计游戏情节,它可以充分表达幼儿的个人意愿,满足幼儿渴望参加社会生活的需要,因此,幼儿在这种游戏中有着极大的主动性。在角色游戏中,幼儿为实现游戏的愿望,需要按照游戏的主题、角色、情节去支配与控制自己的行动,按自己的意愿作用于周围的环境,这就要求幼儿积极地、独立地去从事活动。幼儿要充分地发挥想象力,开动脑筋,进行创造性的活动,并为达到游戏的目的,不断地、独立地解决与克服遇到的种种障碍。这样的角色游戏有助于培养幼儿的主动性、独立性和创造性。

4. 角色游戏能培养幼儿的意志品质、情感和性格

在角色游戏"我是小小解放军"中,幼儿保持站岗姿势的时间明显长于一般条件下的站岗姿势,这说明幼儿在角色游戏活动中的意志行为、自制力和心理活动的有意性水平大大高于在其他活动中的表现。在"公共汽车"游戏中,扮演售货员的幼儿,要有礼貌地对待乘客,要认真售票、查票,还要提醒乘客"给老年人和抱小孩的让座"等。这样幼儿便在游戏中学习了关心他人、尊重长辈等良好的思想与行为。

角色游戏是最适合幼儿身心发展需要的游戏之一,它能对幼儿的发展起到多方面的促进作用。需要注意的是,由于幼儿在生活中所获得的印象并非全是积极的,所以幼儿自发的角色游戏不一定都有良好的教育作用,比如"烧香拜佛""埋死人""做乞丐"等游戏对幼儿良好的思想品德的形成就有消极作用。因此,教师必须加强对角色游戏的指导,充分发挥角色游戏的良好教育作用。

(三)角色游戏的发展水平

角色游戏的发展可以从以下几个方面来分析,并可作为评价游戏水平的参考。

1. 角色的扮演

幼儿的角色扮演水平从不明白角色间关系、只是简单地摆弄操作材料到明确角色间关系、能配合行动开展游戏,角色扮演水平逐渐提高。

2. 游戏的内容——主题和情节

幼儿游戏主题的范围会由所熟悉的家庭或者幼儿园的生活,逐渐扩大到社会生活。幼儿游戏组织的性质由简单的、自由的到比较复杂、有规定的内容。游戏的情节由零星、片断的情节到有一系列的情节,并逐渐发展情节的丰富性和创造性。

角色扮演

3. 幼儿的目的性、主动性及组织游戏能力的发展

幼儿在游戏中，从无目的到事先计划好玩什么，并能持续地玩；从不参加游戏到在别人带领下参加游戏，最后发展为主动参加游戏。幼儿游戏的组织能力，从一般的收拾游戏场地到会自己提出游戏主题、会自己分配角色，最后发展为能带领别人玩。

二、角色游戏的指导

(一) 为开展角色游戏做好准备工作

1. 保证幼儿游戏的时间

教师要从整体观念出发，确定角色游戏在整个教育日程中的位置，分配一定的时间。角色游戏需要时间比较长，一般安排在上午课后，早晨和下午也可以让幼儿自由选择角色游戏。

2. 丰富幼儿的知识和生活经验

角色游戏是建立在幼儿所掌握的知识和经验的基础之上的。幼儿的知识越多、生活内容越丰富，角色游戏的主题和内容也就越新颖、越充实。教师要善于利用集体教学活动、观察、参观、日常生活、劳动、娱乐等多种活动来丰富幼儿的知识经验，加深幼儿对周围生活、人与人的关系的印象。同时，教师可建议家长安排好家庭生活，使幼儿在家庭中获得更广泛的知识经验，为开展角色游戏打下良好的基础。

3. 准备游戏材料，引发游戏

游戏材料是幼儿进行角色游戏的物质条件，能激发幼儿的游戏愿望。教师要了解幼儿的生活经验和游戏意愿，并据此为幼儿进行角色游戏提供充足的物质准备。有些游戏材料是常备的，不必经常更换，有些游戏材料则需要有所变化。但除少数游戏材料需要形象逼真外，大多数游戏材料都可以用简单的物品代替，以引起幼儿更多的联想。游戏材料要放在幼儿便于自由取放的地方。

(二) 以间接的指导方法为主，帮助幼儿组织和开展游戏

间接的指导方法主要包括：观察；用语言提问、提示、评论；示范、表情、眼神、动作、手势等；适时地出现玩具和游戏材料；教师以角色身份影响游戏或参加游戏。这种指导方法在于启发幼儿的主动性，与直接指导方法如指示、直接教、具体指挥等是不同的。

教师在指导游戏时，首先要观察和了解幼儿的游戏，分析游戏开展的情况、幼儿的表现及游戏存在的问题。在游戏过程中，教师应随时关心幼儿的游戏，保证游戏是安全的、有教育意义的，必要时对游戏加以影响。如"乘客"抢着上"汽车"，教师可以以角色的口吻说："我也来乘车，我排在谁的后面？"这样就可以引导幼儿排队上车。当游戏内容贫乏时，教师可以提供一些新材料，建议加某一项活动，如为"娃娃家"添置小盆，增加洗衣服。当游戏停顿时，教师应根据不同情况，帮助幼儿解决困难，如由于知识经验不足，而使"小医院"的游戏停顿，可建议医生给病人先检查身体；又如由于材料不足而停顿时，教师可和幼儿一道制作。同时

教师的帮助不要过早,要使幼儿在游戏中付出一定的努力,克服一定的困难。

> **镜头**
>
> **医院角色游戏**
>
> 在进行医院角色游戏时,幼儿先进行了分工:朵朵是护士,俊俊是医生,轩轩是病人。"医生"给病人量了量体温,然后告诉"护士"说"病人"需要打针。"护士"为"病人"打过针后,"病人"说自己还是不舒服,于是"医生"建议病人做手术。但是"医生"发现医院里还没有可以做手术的病床,他就走过来对老师说:"老师,我们没有病床可以做手术。"老师走过去说:"病床没有,那你们能不能自己搭一个?"(第一次介入)幼儿就搬来小椅子搭病床。当老师第二次来到医院时,正遇到"病人"和"医生"在争吵,因为"病人"想出院了,但"医生"说这位病人刚手术完还不能出院。老师说:"你们认为病人刚做完手术应该做什么?"(第二次介入)"医生"说:"留在医院进行观察。""病人"听到后点点头说:"好,那就观察一些时间吧。"

(三) 尊重幼儿的游戏水平,针对幼儿不同的年龄特征指导游戏

1. 对小班幼儿角色游戏时的观察与指导

特点:小班幼儿在游戏中多为独自游戏;他们特别容易受到外界环境的影响,喜欢模仿周围的人和事,以模仿为主,处于平行游戏阶段。因此,"平行游戏法"特别适用于小班。

指导:小班幼儿年龄较小,角色游戏以日常生活的主题为主,如娃娃家、理发店、医院等。教师要根据小班幼儿的生活经验为他们提供种类少、数量多、且形状相似的成型玩具,避免幼儿为争抢玩具而发生纠纷,满足幼儿平行游戏的需要。教师主要以平行游戏法指导幼儿游戏。当幼儿对玩具材料不感兴趣、不会玩、不喜欢玩或只喜欢玩某一类游戏时,教师可以在幼儿的附近,用与幼儿玩的相同的或不同的材料玩游戏,目的在于引导幼儿模仿,对幼儿进行暗示性指导;教师也可以角色身份加入游戏中,比如以"病人"的身份参与到"医院"中间接指导。教师要注意对幼儿规则意识的培养,让幼儿在游戏中逐渐学会独立,并通过讲评帮助幼儿积累游戏经验。

2. 对中班幼儿角色游戏时的观察与指导

特点:中班幼儿的游戏能力相对小班有所提高,角色意识较强,游戏的内容、情节丰富起来,但游戏主题不稳定,常常更换主题;他们处于联合游戏阶段,想尝试所有的游戏主题,有了与别人交往的意愿,但还不具备交往的技能,常常与同伴发生纠纷。教师观察的重点应该是在幼儿与同伴的冲突上,不管是规则上、交往技能上的,还是使用物品上的冲突。

指导:教师应针对中班幼儿的特点,根据幼儿的需要提供丰富的游戏材料,鼓励幼儿玩多种主题的游戏;营造开放式的游戏环境与氛围,并提供可操作性的材料以鼓励幼儿自主选

择。其次，中班幼儿虽已有交往意识，但语言交流简单，不会用角色语言进行交流和发展情节，在游戏中教师应注意观察幼儿发生纠纷的原因，以平行游戏或合作游戏的方式指导游戏。最后，教师可通过讲评游戏引导幼儿学会在游戏中解决简单的问题、掌握交往的技能及相应的规范。

3. 对大班幼儿角色游戏时的观察与指导

特点：大班幼儿的游戏主题更广泛、丰富，能反映现实生活中的各种事物和现象；游戏内容向广泛的社会生活扩展，更有时代性；游戏的目的性、计划性、独立性也增强了，能够独立地提出主题、选择伙伴、发展情节，能够充分运用玩具开展游戏。他们喜欢与同伴一起游戏，处于合作游戏阶段。

指导：教师可鼓励幼儿相互交往、合作、分享、解决矛盾，在游戏中培养幼儿的独立性。教师还可以为幼儿提供一段时间来分享游戏经验，先让幼儿把在游戏中的过程体验、存在的问题、有创意的想法及做法等讲出来，再通过幼儿之间的讨论，使幼儿已有的经验发生碰撞，最后再引导幼儿以他们自己的方式来解决问题、分享经验。教师在整个过程中只是一个参与者、发问者、倾听者和解决问题的帮助者。

（四）使幼儿愉快地结束角色游戏

一个好的角色游戏，一般要有良好的开端、有趣的过程、愉快的结束和再做游戏的愿望。因此，教师要掌握时机，在幼儿游戏兴致尚未低落时，根据游戏的内容和情节结束游戏，使幼儿保持继续游戏的积极性。在游戏结束时，教师应鼓励和督促幼儿收拾玩具、整理场地。最后，教师再根据游戏进行的情况和教育要求，组织幼儿评价游戏，评价和讨论在游戏中谁会动脑筋、谁能克服困难、以后怎样玩、还需要哪些游戏材料等，以指导幼儿提高游戏的质量。

 思考与实践

1. 什么是角色游戏？角色游戏有哪些特点？
2. 角色游戏对幼儿有什么教育意义？
3. 开展角色游戏应做好哪些准备？
4. 如何指导不同年龄的幼儿开展角色游戏？

三、讨论

案例：王老师的指导对吗

大班角色区，孩子们在玩"开医院"游戏，"医生"像模像样在给感冒的"病人"看病，吩咐"护士"拿一些阿莫西林。这时王老师过来了，对"医生"说："你不要一个人老当医生，你去当病人，让别的幼儿也当医生。"可是当"医生"的幼儿却反对："我不当医生，我就当护士，我喜欢打针拿药，也知道药在哪里。"王老师觉得很难导演幼儿的游戏就离开了角色区。你认为王老师的指导对吗？为什么？

附：案例讨论答案提示

案例提示：本案例中，王老师的指导不对。幼儿自己发起和组织了角色游戏活动，有故事情节，角色分配也合理，玩得也很开心，这是幼儿主动学习的一种体现，教师应该给予鼓励。但是教师的介入不仅没有使幼儿的游戏向高一级层次发展，反而打乱甚至破坏了游戏的进程，影响了幼儿的情绪。

第三节　幼儿园结构游戏指导

结构游戏是幼儿园的常见游戏之一。结构游戏又称"建筑游戏"，是指幼儿按自己的兴趣、需要利用各种不同的材料来构造物体的游戏。幼儿通过想象、建构、创造性地在建构游戏中反映接触过的生活。游戏材料有以下几种：积木、积塑、胶粒、雪花片等制造类建构材料；沙、石、水、土、雪等自然建构材料；以及瓶子、挂历、纸盒等废旧物品材料。

一、结构游戏概述

（一）结构游戏的特点

1. 材料多样性——多种多样的结构材料是游戏的基础

结构游戏离不开用于建筑的各种材料，否则结构游戏就无法进行。在结构游戏中，幼儿利用各种材料按自己的愿望和想象进行构造，从而增进了对事物的认识，发展了想象力和创造性。

2. 造型性——幼儿对材料的操作和造型是游戏的支柱

幼儿对材料的操作与造型是游戏的支柱。结构游戏是幼儿动手操作的造型活动。在活动中，幼儿必须直接动手操作，才能构造出一定的物体形象来反映

积木游戏

对周围生活的印象，也正是这种亲手操作的构造活动才使幼儿的活动需求得到满足，给幼儿带来愉快。因此，幼儿对材料的操作与造型是结构游戏的支柱。

（二）结构游戏的种类

幼儿园常用的构造材料有积木、积塑、积竹、金属材料、泥、沙、水、雪等。一般可根据结构游戏中运用的材料来确定构造游戏的类型，当然某种结构游戏往往不只用一种材料，我们

在区分时不能绝对化。我们按结构游戏中提供的材料来分类,可以分为以下几种游戏:

1. 积木游戏

积木游戏是指用各种积木或其他代用品作为游戏材料进行的结构游戏。积木的式样很多,有大、中、小型积木,有空心或实心型积木,有动物拼图积木等。这种结构游戏在幼儿园开展得较早,也较为普遍。

2. 积竹游戏

积竹游戏是指将竹子制成各种大小、长短的竹片、竹筒等,然后用它们进行构造物体的游戏。积竹可构造"坦克、火车、飞机",还可建"桥梁、公园",构造出的物体栩栩如生,富有情趣。我国南方盛产竹子,积竹游戏前景广阔,可有大发展。

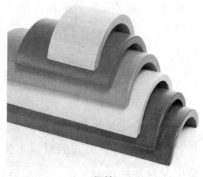

积竹

3. 积塑游戏

积塑游戏是指用塑料制作的各种形状的片、块、粒、棒等部件,通过接插、镶嵌组成各种物体或建筑物模型的一种游戏。积塑轻便耐用,便于清洁。

4. 金属构造游戏

金属构造游戏是指以带孔眼的金属片为主要的建造材料,用螺丝结合,可建造成各种车辆及建筑物模型的一种游戏。

积塑

5. 拼棒游戏

拼棒游戏是指用火柴杆、塑料管、冰棒棍或用糖纸搓成的纸棍等作为游戏材料,拼出各种图形的一种游戏。

6. 拼图游戏

拼图游戏是指用木板、纸板、塑料或其他材料制成不同形状的薄片并按规定方法进行拼摆的一种游戏,如可拼摆动物的房屋、故事情节等画面。传统的七巧板就属于拼图游戏。

7. 玩沙、玩水、玩雪的游戏

沙土是一种不定型的结构材料,幼儿可以随意操作,也可利用水、雪玩划船、堆雪人、打雪仗等游戏。玩沙、玩水、玩雪都是一种简便易行的结构游戏,在城市、农村都可以广泛开展。

(三)结构游戏的教育作用

结构游戏是一种非常有意义的活动,对发展幼儿想象力、增强幼儿体智、促进幼儿全面发展有着重要的作用。幼儿园开展的结构游戏,其活动性、操作性非常强,能满足幼儿积极活动的要求,有利于幼儿动作的准确性和手眼协调能力、想象力、创造力的发展。幼儿在操作过程中能获得有关结构材料的大小、颜色、性质、形状和重量等方面的知识,并获得一些空间概念(上下、前后、左右)和数量概念,拓展幼儿的认知范围。很多时候,结构游戏以合作的形式开展,幼儿可在游戏中练习社会性交往,形成认真负责、坚持耐心、克服困难、团结友爱等良好品质。对幼儿来说,整个活动既是一个认知构造的过程,又是一个艺术成型的过程,在塑造美观、坚固的物体的同时,促进了幼儿的审美能力,同时又有助于幼儿发现自己的能力,增强自信心,发挥自己潜在的创造能力,发展幼儿健全人格。

二、结构游戏的指导

(一) 做好游戏准备

1. 营造平等、宽松、自主的心理环境

教师应以一颗童心来接纳每一个幼儿,以与幼儿平等的心态进行沟通,尊重幼儿的年龄特点和个性特点。尽量让幼儿自己去计划安排、自己选择材料和同伴、自己搭建,成为游戏的主人。在宽松的环境中,幼儿顾忌少,可以充分地想象、交流、表现,有利于幼儿创新能力、自主性的培养。

2. 丰富和加深幼儿对物体和建筑物的印象

教师在日常活动中要引导幼儿注意观察周围生活中的多种建筑,感知各部位的名称、形状、结构特征、组合关系与色泽特点。如楼房是有层次的,房顶有尖的、平的、圆的,桥梁是由桥面和桥墩组成的等,在此基础上教师引导幼儿根据需要选择合适的材料,创造性地表现自己对事物的认识。

3. 创设开放的、丰富的物质环境

(1) 保证幼儿充足的游戏时间。

(2) 拓展幼儿的活动空间。室内(活动室、寝室)、室外、走廊都可以成为幼儿游戏的空间。

(3) 提供符合幼儿年龄特点的丰富的结构材料。小班:色彩鲜艳、大小适中、便于操作的材料;中班:种类各异的、有一定难度、需一定力度操作的材料;大班:精细的、有难度的、创作余地更大的结构材料。

(4) 广泛搜集废旧物品作为辅助材料。自然物和无毒无害的废旧物品是一种未定型的建构材料,能够一物多用,它与定型的材料相比,不仅经济实惠,价廉物美,而且还更有利于幼儿创新思维和能力的培养。如纸箱,纸盒,挂历纸,冰糕盒,贝壳,鹅卵石,可乐瓶,吸管等。

(5) 及时更换,补充结构材料。随着游戏的发展和幼儿多次摆弄同样的材料,幼儿也会玩腻。如果很少有幼儿去玩或很少幼儿专注地去玩这些结构材料,教师就要及时地更换这些材料,但是更换的频率也不能太快,以免幼儿的注意力过多地被材料的色彩和外形所吸引。

(二) 引导幼儿掌握结构造型的基本技能,培养幼儿结构造型的能力

1. 识别与使用材料的技能

引导幼儿认识结构玩具,识别结构元件的形状、颜色、大小等特征,会选用结构元件去构

造物体，会灵活使用材料。

2. 结构操作技能引导

幼儿学会积木的排列组合（平铺、延长、对称、加宽、加长、加高、围合、盖顶、搭台阶等），积塑的插接、镶嵌（整体连接、交叉连接、端点连接、围合连接等），以及穿、套、编织、黏合、造型等技能。这是幼儿构造物体的基础。

3. 设计构思能力

引导幼儿整体构思构造计划，使幼儿能有目的、有计划、有步骤地进行构造活动。在构造实践中，幼儿能根据需要修改、补充，以取得结构成功。

4. 掌握结构分析技能

使幼儿学会看平面图纸，能把平面结构变为立体结构，会评议物体的结构。

5. 集体构造的技能

引导幼儿在集体构造中学会分工和合作，共同完成任务。

（三）根据不同年龄的特点，有针对性地进行指导

1. 小班

特点：小班幼儿对结构的动作感兴趣，常常争抢结构材料，或把结构材料垒高后推倒，并不断重复，从中得到快乐和满足；游戏无目的，看见别人怎么搭，自己也怎么搭。

指导：小班幼儿应侧重认识结构材料，学习初步的结构技能，稳定结构主题并建立结构游戏的规则，学会整理和保管玩具材料的最简单方法，养成爱护玩具材料的好习惯。

2. 中班

特点：中班幼儿不但对动作过程感兴趣，同时也关心结构的成果，目的比较明确，主题比较鲜明。

指导：进一步掌握结构技能，鼓励幼儿与同伴共同构造，大胆想象和创造，并能相互评议结构成果。

3. 大班

特点：幼儿已有了较强的结构技能，目的明确、计划性较强，能围绕一个主题进行长时间的结构活动，合作意识增强。

指导：侧重引导幼儿开展参加人数多、持续时间长的大型结构游戏，引导幼儿进一步美化自己的结构物。

（四）建立适当的游戏规则，培养幼儿良好的游戏习惯

结构游戏中使用的材料较多，教师应注意游戏中的安全，建立必要的规则，使游戏顺利进行，如拿放材料的规则、搭建的规则、在结构区域行走的规则等。在游戏中，教师也应培养幼儿的良好习惯和品质，如爱惜材料、不乱丢掷材料、对人友好礼貌、尊重别人的成果等。

(五) 结束游戏

1. 提前提醒幼儿

对于幼儿来说,从处于专注的游戏状态到结束游戏,需要一定的时间转换,教师要尊重幼儿的这种心理需要,给幼儿结束游戏的过渡期。教师可采取约定的方式,如语言提示、沙漏、计时器、时钟、熟悉的音乐等提前告知。

2. 建构材料的收拾和整理

游戏结束时教师应给幼儿提供充足的整理时间,激发幼儿整理材料的兴趣,养成收拾整理材料的良好习惯和能力。通过收拾、整理建构材料,幼儿不仅可以学习自我服务和为集体服务,养成对于环境的责任感,而且也可以获得其他各种有益的经验。

需要注意的是,有时候部分幼儿会强烈要求保留某建构物,教师应当审慎处理。若是因为幼儿今天没搭完,明天想接着搭下去,或想围绕建构物进一步开展象征性游戏,教师可想办法保留;若只是想把自己的建构物保留下来,可用相机或手机拍一张照片或建议他把自己的建构物画下来。这些做法都可以传达成人对他们游戏成果的尊重和欣赏。不管什么情况,教师不宜强行拆除幼儿的作品。

思考与实践

1. 什么是结构游戏?结构游戏有哪些特点?
2. 结构游戏对幼儿有什么教育意义?
3. 常见的结构游戏有哪些种类?
4. 如何指导幼儿开展结构游戏?

三、讨论

案例:这里为什么又成了热闹的区域

大班结构游戏区,有一段时间孩子对它不感兴趣了,只有少数孩子偶尔来这里摆弄几下。今天老师在游戏区添置了动物玩具、胶泥、纸盒等材料,告诉孩子们:"今天天气真好,许多动物都出来玩了,但现在快天黑了,它们要回家了,它们的家呢?请小朋友帮它们建家吧。"游戏主题产生了,孩子们投入到为动物建"家"的活动中,这里又成了一个热闹的区域。请问从这个案例中,你得到什么启发?

附:案例讨论答案提示

案例提示:多种多样的结构材料是结构游戏的基础,结构材料是开展结构游戏的物质保证,也是丰富建造内容、发展幼儿创造能力的必要条件。

第四节　幼儿园表演游戏指导

表演游戏是幼儿根据文艺作品中的情节、内容和角色,通过语言、表情和动作进行表现的一种游戏,是幼儿喜爱的游戏之一。幼儿的表演游戏融想象、创造于一体,对幼儿创造能力的培养与发展起着不可低估的作用,还能锻炼幼儿的人际交往能力,促进幼儿集体观念的发展和良好个性品质的形成。为了使幼儿能更好地进行表演游戏并能在游戏中得到发展,教师应对表演游戏进行正确的指导。

一、表演游戏概述

(一) 表演游戏的特点

1. 表演性

表演游戏是幼儿根据文艺作品的内容进行表演的游戏。它同角色游戏一样,都是幼儿玩扮演角色的游戏,以表演角色的活动为满足。不同的是,在表演游戏中,幼儿所扮演的角色是文艺作品中的角色,游戏的情节内容也是反映文艺作品的情节内容;而角色游戏中的各种人物,反映的是幼儿自己的生活印象,游戏的角色、情节、内容可以由幼儿自己选择创造。

2. 自娱性

表演游戏是为自娱而进行的。它与幼儿文艺表演不同,并不是以演给别人看为目的的,而是幼儿自娱自乐的一种游戏活动。即使没有人看,幼儿也会饶有兴趣地进行表演。

3. 自创性

表演游戏是以文艺作品为依据的幼儿自创表演。它与文艺表演有类似之处,都是以文艺作品作为表演的依据,但文艺表演是严格按文艺作品的角色与情节内容和一定的表演程序来进行表演的;表演游戏则只是大致依据文艺作品,表演的方式是幼儿按自己的意愿自创的,表演情节也可以按幼儿的爱好增减。所以说表演游戏又是幼儿的一种创造性活动。

(二) 表演游戏的教育作用

1. 表演游戏可以加深幼儿对文学作品的理解和记忆,养成具有对周围事物的正确态度和良好的行为习惯

幼儿通过听故事、童话,不仅可以理解和记忆作品的主题,而且善于模仿作品中人们的思想、对话和动作。当他们站在角色的立场上去表演角色时,就能够在不知不觉中记住各个角色的特征,并把角色具有的良好行为习惯及思考和解决问题的方法应用到实际生活中。

2. 表演游戏可以促进幼儿想象力的发展

角色游戏进行的过程,也是幼儿进行想象的过程。幼儿所扮演的角色是假的,他们所用的道具也是假的,但他们却要当作真的来对待。这种"以假当真"的活动,只有依靠想象才能进行。同时，表演中对话、动作、情节等的增减或者语词的替换，也需要幼儿充分发挥自己的想象力才能完成。

3. 表演游戏可以促进幼儿语言发展

表演游戏对幼儿的语言发展有突出的促进作用。文艺作品中生动、优美的语言，特别能吸引幼儿。幼儿在表演过程中，要熟记作品中的语言，掌握正确的语音，富有创造性地表现符合角色性格特征的语调和表情，这些都有利于提高幼儿的语言表达能力。

4. 表演游戏可促进幼儿集体观念的形成，有利于他们自信心和独立性的培养

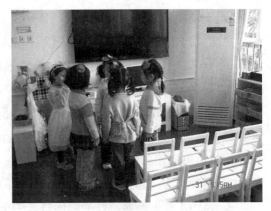

表演游戏

表演游戏能使幼儿具有共同的体验，协调一致的行动，它有助于培养幼儿的集体观念。在表演过程中，可促进幼儿克服羞怯、胆小，增强幼儿的自信心。表演游戏本身就是一种艺术活动，它有助于发展幼儿的表演才能，给幼儿以美的享受，对培养幼儿的心灵美有积极作用。

表演游戏除了由幼儿扮演角色外，还利用形象的玩具来代替文艺作品中的角色，由幼儿操作代替角色的动作，用幼儿自己的语言声调来表现角色的桌面表演，以及利用木偶、皮影进行表演的木偶戏、皮影戏等。

二、表演游戏的指导

扮演开心的"霸王龙"

（一）游戏准备

1. 选择内容健康且适合幼儿表演的文艺作品

（1）内容健康有意义。教师应结合本班幼儿的实际情况，选择思想健康、有教育意义、内容活泼，并符合幼儿生活经验的作品。

（2）场景道具简单。童话、故事要易为幼儿掌握和表演，有适当的表演动作；有易于布置且相对集中的场景；道具要简单，可利用现成物品和玩具等。如"聪明的乌龟"中表演的场景明显发生在草地上，扮演青蛙、狐狸和乌龟的幼儿只要带上相应的头饰即可。

（3）情节起伏有趣。故事情节有起伏，变化明显，并按一条主线发展，重点突出，并易于表演。如在"聪明的

乌龟"中,按"狐狸想吃青蛙—乌龟咬住狐狸救青蛙—乌龟智斗狐狸—狐狸淹死"的情节起伏发展,深深吸引着幼儿。

(4) 对话易记、易表演。在"聪明的乌龟"中,乌龟和狐狸的对话不仅生动有趣,充满智慧,还易于幼儿用动作表演出来。

总之,符合上述要求,易于做表演游戏的童话、故事是很多的,比如"拔萝卜""萝卜回来了""三只羊""三只蝴蝶""小羊和狼""金鸡冠的公鸡""小蝌蚪找妈妈""狐狸和乌龟""送大婶回家"等都是表演游戏常用的童话故事。

2. 帮助幼儿熟悉文艺作品,充分理解作品内容

教师通过有感情地讲述故事,用不同语调表现不同角色的说话声音,并以手势相伴,使作品中的形象栩栩如生地呈现在幼儿眼前。教师还可以通过反复向幼儿讲述故事、及时提问、出示图片等方式帮助幼儿迅速领会作品的内容和情节,激起他们游戏的愿望。

3. 为幼儿提供表演游戏的物质材料,并吸引幼儿参加预备工作

教师可根据幼儿平时喜爱听的、又适合表演的故事,来吸引幼儿参加表演游戏的准备工作,如吸引幼儿一起准备玩具、头饰、服饰、布景及道具;鼓励他们想办法,大胆出主意;还可以引导大班幼儿参加道具的制作等。幼儿参加了游戏的准备工作,便更容易激起他们游戏的兴趣。幼儿的表演游戏是灵活自由的,不受场所、时间与道具的限制。准备的道具不必追求齐全、逼真,稍有象征性即可。幼儿在表演游戏中最为关心的是自己能以角色的身份讲话、做动作,道具的不足往往可用动作表现来弥补。

4. 为幼儿提供充足的游戏时间

游戏时间如果太短幼儿游戏不能尽兴,时间太长幼儿会对游戏失去兴趣。所以,教师要了解幼儿游戏情况,掌握游戏时间。

(二) 游戏过程中的指导

1. 选择角色

角色的扮演在原则上应由幼儿根据自己的意愿选择,如有纷争,教师要注意和幼儿一起商量角色分配,以商量、建议的口吻提出,不要违背幼儿的意愿。对个别幼儿经常要当主角的行为,教师要动员他们更换角色。游戏的主角需要有一定的语言表达能力、表演能力以及组织能力,可先让能力强的幼儿担任,以后再轮流担任主角,也可以有意让某个幼儿担任某一角色,以使他在游戏中得到锻炼。

2. 指导幼儿表演

由于幼儿是在熟悉故事内容的基础上进行表演,教师应重点指导幼儿在游戏中角色的对话、动作及表情,鼓励幼儿积极参与、探索适合自己的角色。由于角色个数所限,幼儿理解故事内容后,先是以观赏性表演为主,然后以小组的形式进行表演,这种活动方式便于教师指导,有利于提高幼儿的游戏水平。对于篇幅长、情节复杂的故事,如"金鸡冠的公鸡",教师应采用分段的方法,以便幼儿更好、更快地理解和表演作品。

游戏中,教师应始终对幼儿的表演游戏有极大的兴趣,欣赏幼儿的表演,尽量不打断幼儿正在开展的游戏。教师也可用讨论、商量、建议等方式帮助幼儿思考或调整游戏,提高幼儿的表演技能。为了提高孩子们的兴趣,教师应鼓励幼儿在不违背原作品主题的基础上合理创新,创造性地运用动作、表情、增减角色、删改对话等表演,并对他们在游戏中的创新意识给予肯定。

3. 针对不同年龄幼儿进行指导,提高幼儿表演水平

对于小班的幼儿,教师应注意培养幼儿游戏的兴趣,为幼儿选择简单有趣的故事,道具力求简单、方便、形象,既能吸引幼儿,又便于幼儿操作。由于小班幼儿缺乏主见,角色意识不强,教师可采用指定角色的办法,但也应该尊重他们的自愿选择,在游戏中幼儿忘记自己的角色时,教师要时常提醒。如果小班幼儿一开始不会表演,教师不要过于着急,要耐心示范、讲解、鼓励,让幼儿感受到游戏的有趣,体验到对游戏的自主控制和支配,帮助他们提高游戏水平。

对于中班的幼儿,教师着重对幼儿表演的动作和语言进行指导,不要求幼儿原封不动地记忆故事角色的语言,允许幼儿增减他们认为合适的情节,鼓励幼儿大胆、生动地进行表演。教师可以在必要时为幼儿进行示范,示范时尽量夸张,让幼儿感受到表演生动即可。

由于大班的幼儿在语言和动作方面都有了一定提高,教师可为幼儿提供较多种类的材料,鼓励和支持幼儿表演,引导幼儿关注细节,探索如何更好地运用语言、动作、表情才能把角色塑造得更生动,同时帮助幼儿提高游戏的目的性和坚持性。

(三) 愉快地结束游戏

游戏后,教师可带领幼儿收拾玩具场地,培养幼儿良好的习惯。然后,教师进行游戏小结,为不同发展水平的幼儿提出不同的要求,对不足之处提出建议,使幼儿在下次表演中形象更逼真、更具有创造性。

思考与实践

1. 什么是表演游戏?表演游戏有哪些特点?
2. 表演游戏对幼儿有什么教育意义?
3. 如何为开展表演游戏选择作品?
4. 如何指导幼儿开展表演游戏?

三、讨论

案例:怎样看待老师的指导

在中班表演游戏"小狐狸送被子"中,孩子们记不住狐狸和动物们的对话,老师又用图片给他们讲解了青蛙、鲤鱼、麦苗过冬的办法,并允许他们在表演中用自己的语言对白,如原文

青蛙说:"谢谢你,小狐狸,我们住在地下室,冬天暖,夏天凉,我一点儿也不冷。"孩子们改为:"谢谢你,小狐狸,我们住在地下室里,冬天很暖和,夏天很凉快,我们一点儿也不冷,我们不需要被子。"孩子们改了对话,游戏很快能顺利进行,他们也玩得很快乐。请问案例中老师的指导成功吗?为什么?

附:案例讨论答案提示

案例提示:老师首先要用多种方法帮助孩子们更好、更快地理解故事内容。为了提高孩子们的兴趣,满足孩子们表演的愿望,教师允许孩子们在原作品的基础上合理创新、改编,创造性地运用动作、表情、增减角色、删改对话等表演,并对他们在游戏中的创新意识给予肯定。

第五节 幼儿园规则游戏指导

一、规则游戏概述

规则游戏是成人为发展幼儿各种能力而编制的、有明确规则的游戏。规则游戏具有规定性、竞赛性、文化传承性等特点,是儿童游戏的高级形式。

(一)规则游戏的类型

幼儿园常用的规则游戏主要包括智力游戏、运动游戏、音乐游戏等。

1. 智力游戏

智力游戏是指以生动有趣形式使幼儿在积极愉快的情绪中增进知识和发展智力的游戏。智力游戏有丰富的内容,并有很多种类。以游戏的作用来分,智力游戏主要有以下几种:

(1)感觉游戏。如"听听是谁的声音""奇妙的口袋"等。
(2)找异同的游戏。如"哪一个不一样""哪里错了"等。
(3)分类游戏。如把几种物品按颜色、形状、大小、性质、作用等标准来分类。
(4)推理游戏。如 A 比 B 高,B 比 C 高,谁最矮?谁最高?
(5)记忆游戏。如记忆两张画的异同、记数字等。
(6)计算游戏。如比多少,看谁算得快等。
(7)听说游戏。如绕口令、谜语等。
(8)纸牌、棋类游戏、走迷宫等。

2. 运动游戏

运动游戏是指以发展动作、锻炼身体为主要目的的游戏。运动游戏不仅能促进幼儿身体发展,还能培养幼儿勇敢、坚强、遵守规则、与人合作等优良品质。

运动游戏最能满足儿童活泼好动的心理,是儿童很喜欢的游戏。在长期的教育实践

中,教育工作者们根据实际需要继承和创编了大量的运动游戏,常见的运动游戏有以下几种:

(1) 体育游戏。体育游戏有严格的规则和固定的玩法,如"烤香肠""小青蛙跳田埂""吹泡泡""掷沙包""小蜜蜂采蜜""打怪兽""运粮"等。

(2) 体育器械游戏。如滑滑梯、拍皮球、踢毽子、攀登架等,其规则不是很明显,但在几个人玩时,也包含某种规则。

(3) 许多民间游戏也是很好的运动游戏。如"捉迷藏""打仗""老鹰捉小鸡""跳房子""贴烧饼""老狼老狼几点钟""滚铁环"等,这些游戏规则固定、简单,流传甚广。

游戏举例:

游戏1:扔球

游戏目的:练习手臂运动能力和手眼协调能力,体验游戏的成功和快乐。

游戏准备:小型球若干,适当大小的筐2个。

游戏方法:

(1) 把一个小型球或豆球扔到3米远的地方,鼓励幼儿尽量扔远。

(2) 把一个小型球或豆球扔到3米远处的筐中,鼓励幼儿扔准。

适用年龄:3—4岁

游戏2:蚂蚁找食

游戏目的:

(1) 练习两手两膝着地向前爬行。

(2) 通过模仿、练习等提高爬行的协调性。

(3) 能遵守游戏规则,体验共同游戏的快乐。

游戏准备:

软质地(50平方米左右,用垫子搭成);小篮子4只;塑料水果(比幼儿人数多出4倍);幼儿观察过蚂蚁。

游戏方法:

全班幼儿在围成半圆形的椅子上坐好,当成蚂蚁洞。全体幼儿扮小蚂蚁。游戏开始时,请几个幼儿在垫子上手膝着地向前爬行,爬到放塑料水果处,拿一块水果,表示找到食物,然后爬回来,将水果放在小篮子里,回到椅子上坐好。之后幼儿轮换,游戏继续进行。另一种玩法是让幼儿继续爬行找食物,直到拿完最后一个水果为止。

游戏规则:幼儿爬行时,手掌和膝着地。每个幼儿一次只能拿一个水果。互相不碰撞。

适用年龄:3—4岁

3. 音乐游戏

音乐游戏是指幼儿在音乐伴奏或歌曲伴唱下进行的游戏,主要作用是发展幼儿对音乐的感知能力和表现能力。如"许多小鱼游来了""抢椅子""老猫睡觉醒不了""大鹿""熊和小孩"等,这种游戏生动有趣,受到幼儿的欢迎。

（二）规则游戏的结构

规则游戏多半是由成人编制，以规则为中心，大都带实物或有情节的游戏。规则游戏一般应包括游戏的目的、玩法、规则和结果四个部分。游戏的目的，是在游戏中完成增长知识、培养技能、发展动作和智力的具体任务；游戏的玩法，是为了实现游戏的目的，对幼儿动作和活动提出的要求；游戏的规则，是活动中必须遵守的规定，以确保游戏按要求进行；游戏的结果，是参加游戏的幼儿经过努力最后达到的目的。其中，规则是游戏的中心，如果规则不明确或不遵守规则，游戏就无法进行。

二、规则游戏的指导要求

规则游戏可由教师提供相应的材料和场地，让幼儿自选进行；也可以将其用于专门组织的教学活动中，以增强活动的趣味性，激发幼儿的主动性，使幼儿学习取得良好的效果。规则游戏要根据幼儿身心发展水平来进行，一般应注意以下几个方面：

（一）做好游戏的准备

1. 选编适合幼儿年龄和兴趣水平的游戏是良好的开端

规则游戏形式多样，种类很多，有易有难，教师要根据教育的任务、要求，结合幼儿年龄特点和实际情况挑选或改编、创编游戏。教师选编游戏，应从以下两个方面考虑：

（1）符合幼儿认知水平，能理解游戏中的情节。游戏中的情节应贴近幼儿生活，如小班幼儿喜欢捉迷藏，且喜欢被找到，甚至自己跑出来让别人找，音乐游戏"找小猫"和"老猫睡觉醒不了"就很适合小班幼儿玩。中、大班幼儿知识经验更加丰富，理解能力较好，好奇心强，音乐游戏"大鹿"和体育游戏"给灾区运粮"更能激发幼儿游戏的愿望。因此，教师要根据幼儿年龄特点和知识经验基础选编适合不同年龄层幼儿的游戏，这样会使游戏效果更好。

（2）选编多样化的游戏。规则游戏种类多，不论是智力游戏，还是音乐游戏、运动游戏都有其独特之处，都能深深吸引幼儿。因此，教师要选编不同类型的规则游戏，让幼儿感受不同类型游戏的特点和乐趣，丰富幼儿的生活，促进幼儿多方面的发展。

2. 教师要熟悉游戏的玩法及规则

教师在为幼儿选编游戏后，必须熟悉游戏的玩法和规则，了解游戏的重点，思考组织游戏的方法，并反复试玩几次，以验证游戏的玩法和规则是否合理，为指导幼儿游戏打下基础。

3. 准备好游戏的场地和材料

教师要根据游戏的内容，确定游戏的场地，选择游戏的材料。游戏的场地应尽可能宽敞，材料应尽可能丰富，可以幼儿人手一份，也可以每小组一份。让幼儿有足够的活动空间，有足够的操作材料，这样不仅能够减少幼儿等待的时间，而且可以保持幼儿游戏的兴趣。

(二) 灵活讲解和示范游戏，让幼儿"玩中学"

每一个游戏都有一定的规则和内容，幼儿需要学会后才能玩，这就需要"教"。"教"幼儿游戏最常用的方法就是讲解和示范。在讲解时要求教师语言简单明了，说清楚游戏的名称、玩法及规则。示范对于好模仿的幼儿而言格外重要，教师在示范时要正确、熟练、富有表情，能体现角色的形象，能激发幼儿想象，不能让幼儿简单、机械的模仿。这样，游戏才富有情趣，幼儿才能在游戏中不知不觉地掌握规则和玩法。

在"教"幼儿玩游戏的同时，教师要充分调动幼儿的积极性、主动性，提高幼儿参与游戏的兴趣，启发幼儿开动脑筋，寻找解决问题的方法，促进幼儿创造性思维的发展。如运动游戏"烤香肠"，教师用语言创设情境，并通过讲解和示范让幼儿明白玩法和规则：当"香肠"的幼儿必须双手紧握在胸前，当"厨师"的幼儿必须"跨"过和"钻"过"香肠"。在幼儿玩的过程中，教师把幼儿带进了烧烤的情境，幼儿不仅仅练习钻、跨，还创造性地用表情和动作表现"香肠"和"厨师"的活动。通过游戏，幼儿不仅钻、跨动作能力得到了发展，也感受到了与人合作的快乐。

(三) 在游戏中应关注幼儿掌握必要的知识和技能

幼儿园规则游戏是由教师依据一定的目标编制的一种有组织、有计划的游戏活动，其充分体现了教师在教育过程中的指导作用。规则游戏与教学活动密切相关，往往作为教学活动的组织方式，因而，规则游戏更多地包含着幼儿的学习活动，其中认知成分占主导地位。幼儿在掌握规则的过程中往往就在习得有关知识和技能。因此，在游戏中教师应该注意让幼儿掌握相关的知识和技能。如智力游戏"家禽和家畜"，幼儿应掌握家禽和家畜的特点及常见的动物；体育游戏"炸碉堡"，幼儿应掌握一定的安全知识和投掷"炸弹"的动作技能。

(四) 针对幼儿年龄特点指导游戏

1. 小班

特点：处在"动即快乐"的阶段，幼儿对游戏中角色的动作、材料感兴趣；表现出"自我中心"，只对自己所做的事感兴趣；规则意识淡薄，发现不了别人的违规，自己会破坏规则；不在乎游戏结果。

指导：教师要为小班幼儿选择规则简单，通过使用实物、玩具和简单的动作来完成的游戏；游戏玩法和规则的讲解要力求生动、简单、形象，要注重讲解与示范相结合；注重在游戏中逐步提出游戏规则，并提醒幼儿遵守；注意多让幼儿体验游戏动作的快乐，满足幼儿对游戏过程的兴趣。

2. 中班

特点：中班幼儿已具有规则意识，能够遵守规则，并开始关注游戏的结果。中班幼儿能理解规则对于比赛结果的重要性，规则意识强且特别重视游戏结果，喜欢竞赛性的规则游戏。

指导：教师需要示范、讲解游戏的玩法与规则，并在游戏中着重检查游戏玩法的掌握情况及游戏规则的执行情况，要鼓励幼儿关心并努力争取好的游戏结果，可开展规则简单的竞赛游戏。

3. 大班

特点：幼儿能很好地遵守游戏规则，并会关注其他幼儿遵守规则的情况，发现违规者就会提出抗议，要求对违规者加以惩罚，因此游戏过程中的纠纷较多。大班幼儿还喜欢改变游戏情节、游戏规则以增加游戏的新颖性。

指导：教师要为幼儿选择需要运用一定策略、在认知上有一定难度的规则游戏，可开展较为复杂的竞赛游戏；应注意多利用幼儿间的相互影响来提高幼儿的游戏水平，严格遵守游戏规则，争取更好的游戏结果；能对游戏的结果进行评价，要引导幼儿正确对待输赢，不论输赢，只要遵守规则，积极游戏就值得赞扬。

（五）过程比结果更重要

幼儿对过程比对结果更感兴趣，尤其是年龄小的幼儿，对游戏的情节、角色的形象表现出强烈的喜爱，而对结果却不感兴趣，因为游戏过程能给幼儿带来无比的快乐，使其剩余精力得到充分的释放。因此，作为教师应多关注幼儿的游戏过程，而不是追求功利性的"完美结果"。

 思考与实践

1. 什么是规则游戏？规则游戏有哪些特点？
2. 规则游戏有哪些种类？
3. 以小组为单位，设计并组织一则规则游戏。

三、讨论

案例：怎样让孩子们的游戏更顺畅

大班游戏"三个字的小鸡"，狐狸抓鸡，在追赶中，只要小鸡任意说出三个字即可站住，狐狸便不能抓。游戏中，孩子们你追我赶很兴奋，但不能很好地说出三个字，跑得十分疲累。见此情况，老师把孩子们集中在一起，告诉他们，只要小鸡能用三个字说出一种喜爱的食物，如"红苹果""弯香蕉""小虫子""棒棒糖"即可。游戏重新开始，孩子们不仅热烈追赶，也能在必要时准确说出三个字。请问从该案例中你得到什么启示？

附：案例讨论答案提示

案例提示：在规则游戏中，规则是游戏的中心，规则不明确或不遵守规则，游戏就不能正常进行。游戏"三个字的小鸡"，一开始让孩子们任意说出三个字，范围太大，要求不明确，所以孩子们不知道说什么。

思考与练习

一、判断

1. 随机观察就是没有目的的观察。（   ）
2. 尊重幼儿，充分发挥幼儿游戏的自主性，所以幼儿游戏时不需要教师指导。（   ）
3. 平行游戏适合用来指导小班幼儿游戏。（   ）
4. 幼儿对材料的操作和造型是结构游戏的支柱。（   ）
5. 游戏中的角色是由教师根据幼儿能力指定担任的。（   ）

二、选择

1. 角色游戏的特点有（   ）。
   A. 印象性   B. 规则性   C. 自主性   D. 想象性
2. 用于结构游戏的材料有（   ）。
   A. 制造类建构材料 B. 自然建构材料 C. 废旧物品材料 D. 生活用品
3. 表演游戏的特点有（   ）。
   A. 表演性   B. 自娱性   C. 自创性   D. 生活性
4. 儿童游戏的高级形式是（   ）。
   A. 角色游戏   B. 结构游戏   C. 表演游戏   D. 体育游戏
5. 规则游戏的中心是（   ）。
   A. 目的   B. 玩法   C. 规则   D. 结果

三、简答

1. 教师介入游戏的方式有哪些？出现什么情形时需要教师进行干预？
2. 简述角色游戏的教育作用，如何有效指导幼儿角色游戏？
3. 如何为幼儿选择表演游戏的故事？

四、实践与实训

1. 请运用相关知识进行一次游戏指导，并进行反思。
2. 请设计一则规则游戏，并进行试教。
3. 请利用手指设计一个表演游戏，并进行试教。
4. 请利用餐具设计一个角色游戏，然后和幼儿一起玩并分析效果。

第八章　游戏观察与评析

1. 理解学前儿童游戏观察的含义、意义、内容
2. 掌握学前儿童游戏记录与分析的方法
3. 学会使用常见的几种观察量表观测与评析学前儿童游戏

 问题提出

"开饭了,开饭了,谁吃我做的兰州拉面?"中班的小佳佳得意地端着自己亲手制作的"拉面"高声叫卖,不过,大家都忙得不亦乐乎,谁也不来吃。佳佳轻轻推了正在忙着切水果的朵朵一下,"尝尝我做的兰州拉面",朵朵手里一边切一边假装吃了一口:"味道不行,放点水果,做成水果拉面吧!"佳佳说:"哪里有水果拉面呀?"朵朵说:"外国就有,我还吃过呢!"佳佳高兴地和朵朵一起做起了水果拉面……

观察幼儿游戏

幼儿在游戏中经常会表现出令人忍俊不禁的语言和举动,我们怎样看待游戏中这些看似好笑却又富有创意的表现呢?幼儿在游戏中自然表现出来的语言、动作和人际交往往往是我们观测幼儿发展状况的主要方面。怎样记录、分析幼儿在游戏中自然表现出来的行为呢?心理学界、教育学界已有哪些科学的观测量表?怎样使用这些已有的研究改进我们指导幼儿游戏的方法?相信同学们学完本章内容就会一目了然了。

第一节　游戏观察的概述

不容置疑的事实已经告诉我们,观察是认识的开端,我们认识和教育幼儿也毫不例外。游戏观察的含义是什么?有哪些价值?主要的观察内容及方法是什么?这些是我们必须首先了解的。

一、游戏观察的涵义

观察是有目的、有计划、有思维参加的知觉。由观察获得的知觉印象比一般知觉印象更鲜明、更细致、更完整。观察在人类实践活动中具有极其重要的意义,是直接认识事物和获得有价值的第一手资料所必需的。观察力是人类重要的认知能力,它既是认知活动的源泉,又是认识事物、掌握知识的重要途径。现代心理科学的研究表明,在人脑所获得的信息中,有80%—90%是通过视觉获取的。所以,观察是人获得知识的主要途径。古今中外的科学家、教育家都非常重视观察的作用。达尔文说:"我没有突出的理解力,也没有过人的机智,只是在觉察那些稍纵即逝的事物并对其进行精细观察的能力上,我可能在中人之上。"

幼儿的游戏行为是幼儿发展水平的反映,对幼儿的任何游戏行为都能做出发展意义的解释。对幼儿游戏的观察就是成人对幼儿在游戏中自然表现出来的表情、语言、动作、交往、使用材料和工具等,加以记录并分析的过程。教师在游戏中的观察有两种:一是随机观察;二是有目的的观察。所谓有目的的观察,主要是教师根据事先设定的幼儿各种行为的发展水平指标,进行有针对性的观察。因此,教师会根据教育和研究的需要,在游戏前设计观察内容,即确定目标幼儿(有目的地观察某一个幼儿),或确定目标行为(有目的地观察某一方面的行为),以便通过观察分析确定有针对性的教育方案。

二、游戏观察的意义

我国著名教育家陶行知曾说:"教育为本,观察先行。"福禄贝尔说:"游戏是儿童生命的镜子。"蒙台梭利也曾说:"儿童的生命不是抽象的,儿童的生命是个别而独特的。"教育的对象是单独的个体,所以必须一个一个去观察。我国2001年颁布的《幼儿园教育指导纲要(试行)》也要求:"关注幼儿在活动中的表现和反应,敏感地察觉他们的需要,及时以适当的方式应答,形成合作探究式的师生互动。"游戏是幼儿在幼儿园的主要活动,对幼儿游戏的观察是全面了解幼儿发展状况和水平,也是科学指导幼儿游戏的前提基础和推动保证,对我们有的放矢地实施教育具有重要意义。

(一)了解幼儿特点和水平的前提

游戏是幼儿最喜爱的活动,特别是在自主游戏里,幼儿无拘无束地表现出他们独特的兴趣、特点、气质与性格。他们的表情、语言、动作无不表现出自己的真实的发展水平,他们对游戏的选择以及使用玩具材料、扮演角色无不表现出其认知、思维的发展以及社会交往发展水平的特征和差异。幼儿最感兴趣的游戏就是获得发展最需要的活动,我们通过游戏观察就可以获得第一手的真实材料,这正是我们了解幼儿、理解幼儿、认识幼儿的绝佳途径。

(二)预设游戏环境的理论支持

游戏的材料是开展游戏的必备条件,而游戏的场地、时间则是保证游戏质量的重要条件,丰富的生活经验则是推动幼儿游戏发展的不竭动力。通过对游戏的观察,教师可为幼儿预设下一次的游戏内容做好铺垫,也可为幼儿提供适宜其兴趣和发展水平的玩具材料和物质条件。教师如何合理安排时间、空间、材料、分组也会得到理论的支持。

(三)科学指导的有效性

教师对幼儿游戏的科学指导,是建立在观察的基础之上的。教师通过观察游戏可以针对不同气质性格和水平的幼儿进行不同的指导,合理地使用直接指导和间接指导,及时发现和抓住介入、干预和推动幼儿游戏的时机。同时,当幼儿游戏时,教师在一旁的积极观察会使幼儿有安全感和自豪感。教师的介入观察会使幼儿和教师打成一片,更好地使教师站在幼儿的角度理解他们的游戏行为。总之,游戏观察可以促进教师游戏指导的有效性,提高其科学性、针对性。

(四)科学评价游戏的客观依据

游戏观察获得的直观材料可以使教师评价幼儿游戏时避免空洞的千篇一律的说教,使评价做到客观、积极、有的放矢,对幼儿游戏中的表现采取更加积极的认识和评价,使幼儿获得自信及持续游戏的积极性。教师对游戏中存在的问题和现象更加科学地分析,为下一次的游戏提供预设和指导思路。

三、游戏观察的内容及方法

(一)观察内容

在观察幼儿游戏时,教师需要关注游戏环境是否能够为幼儿游戏提供支持,重点观察幼儿的各种行为表现,为下一步预设和指导做好准备。

1. 游戏的时间和组织

(1)是否有充足的游戏时间。充足的游戏时间是幼儿开展游戏的首要前提,游戏时间的长短直接影响着游戏的质量和水平。每天必须有相对集中的较长时间的游戏时间来保证幼儿游戏的开展。如果游戏时间过短,幼儿选用玩具材料、分配角色以及构思情节和规则还要占用一定时间,幼儿实际玩的时间就不能保证,刚进入角色和状态不得不停止的现象就会发生,长期下去就会使幼儿的游戏陷入表面化和简单化。为此,有一种观点认为:剥夺幼儿的游戏时间就是剥夺幼儿的童年。

(2)是否有过多的等待和过渡。游戏的组织也会对幼儿的游戏形成影响,特别是室内空间狭小,如果没有固定的游戏空间,到了游戏时间,教师和孩子们只能忙着搬桌子、挪椅子、铺地垫、分配材料等,这些过渡环节无疑占用了孩子们游戏的时间。

(3)是否给予了幼儿充分的自主。固定轮流的游戏分组会使孩子们不能自由选择自己感兴趣的玩具、材料和不能和自己的好朋友在一起玩而产生厌烦,在桌面游戏时间里时常出现有的幼儿不玩玩具而宁愿乱跑和聊天的现象。科学地组织幼儿减少过多的过渡和等待，让他们有充分的自主，这是保证幼儿游戏的必备条件。

2. 游戏的场地和材料

(1) 游戏的场地、材料是否安全、卫生。如：过道是否通畅，设施是否结实，场地是否过于狭小等。

(2) 场地各区安排是否有空间浪费和拥挤现象。如：动静是否会相互干扰、影响，是否便于交往和合作等。

(3) 场地标志是否清晰，规则要求是否合理。如：不同的区域是否有一目了然的图示标志和要求，这些规则要求是否便于幼儿自主游戏等。

(4) 材料是否充足，难度是否适宜。如：是否有引起极大争抢冲突的材料，幼儿是否有足够的机会去玩自己喜欢的材料，是否有过难或过易而无人问津的材料，这些材料的种类、新鲜度、成品、半成品以及自然物投放的比例和层次是否满足幼儿的兴趣、能力水平等。

3. 游戏的心理氛围

游戏的情感具有易感染性，让幼儿主动开展内容充实、丰富多彩的游戏，除了物质环境，更重要的一点是游戏心理氛围的创设。教师要为幼儿创设宽松、自由、和谐愉快的符合其年龄特征的心理环境，否则就会造成幼儿被游戏的现象。教师在游戏的心理环境的创设中起着决定作用，要从以下三方面进行观察：

(1) 教师是否和幼儿建立了平等、亲切、民主、和谐的师幼关系。如：是否有过多的强制性的要求和规定，是否有过多的随意指令和训斥，是否过多地把自己当成严格的管理者或"放羊者"，幼儿是否和老师在一起感到自然、温馨，没有压抑感等。

(2) 幼儿之间是否建立了互助友爱的积极伙伴关系。如：幼儿在游戏中是否能够相互关心、相互帮助、文明礼貌、友好谦让，有没有严重冲突，是否缺乏交往、交流等。

观察幼儿与同伴的游戏

(3) 教师之间是否真诚相待、友好合作。如：教师之间举止是否大方、语言是否文明、态度是否和蔼、行为是否规范等。这些都是幼儿最好的学习榜样。

4. 游戏中的幼儿是否积极

幼儿是否积极投入游戏，游戏是否有创新表现，这些都是我们观察的内容。如：幼儿游戏的持续时间如何，游戏是否有目的性，情绪是否积极，遇到困难时如何解决，游戏表现出来的认知、社会性、身体记忆、情绪情感以及合作水平、遵守规则爱护玩具、组织协调等表现，幼儿的游戏水平怎样，角色意识和能力如何，建构水平、表现能力如何，等等。

(二)观察方法

游戏观察是了解幼儿游戏的关键,借助观察,我们可以了解幼儿的游戏兴趣,包括喜欢参与的游戏种类,所偏好的玩具及游戏设备,喜欢在什么地点玩及所玩的游戏的主题有哪些等。我们也能从其中发现幼儿游戏发展的层次以及幼儿表现较好和表现较差的游戏是哪些。

1. 基本准则

教师应事先决定要了解何种游戏行为,并选择一适当方法来进行观察。教师应尽量尝试在幼儿的游戏情境中进行观察,要允许幼儿可以呈现各种不同的游戏能力,要有足够时间让幼儿发展更高层次的行为。如果可能,教师可尽量多地在室内及户外观察幼儿的游戏行为,以确认行为是否为典型行为或有其代表性;尽量将观察的时日间隔拉大,或用系统(随机)抽样方式;尽量将抽样观察随机化,以减少暂时性或误差性的行为。

2. 观察方法

一般采用定区观察法和定人观察法,定区观察就是观察特定区域的幼儿的整体活动,定人观察就是重点观察几个幼儿的连续活动。幼儿游戏观察常用三种具体方法:检核表、评分量表及轶事记录法。

(1) 检核表。检核表(checklists)是有用的观察工具,其用途之一是描述特定的行为,另一是提供游戏行为出现与否的简易观察系统。目前,有三个适合幼儿教育者及父母者使用的量表:帕顿/皮亚杰(Parten/Piaget)的社会/认知量表,可广泛观察幼儿社会及认知游戏;豪威斯(Howes)的同伴游戏量表,是针对幼儿社会游戏而设计的(详见本章第三节相关内容);斯米兰斯基(Smilansky)社会戏剧游戏量表,可观察幼儿群体玩戏剧游戏的层次(详见本章第三节相关内容)。

(2) 评分量表法。它是一种等级评分法,将观察行为分为若干等级,每一等级对应于确定的能力或认知要求。比如:适应行为是个人独立处理日常生活与承担社会责任达到他的年龄和所处社会文化条件所期望的程度,也就是指个体适应自然和社会环境的有效性。为了评定儿童适应行为发展水平,诊断或筛选智力低下儿童,帮助制定智力低下儿童教育和训练计划,湖南医科大学姚树桥与龚耀先于1994年编制了"儿童适应行为评定量表"。该量表适用于3—12岁智力正常或低下的儿童,采用分量表结构,有感觉运动、生活自理、语言发展、个人取向、社会责任、时空定向、劳动技能、经济活动八个分量表,信度、效度非常良好。

(3) 轶事记录法。观察者在观察过程中以记事为主,对被观察者在自然状态下发生的一些典型行为或事件进行客观记录的一种方法(详见本章第三节)。

以上这些量表共同的特点是容易使用,并可用来帮助成人丰富幼儿的游戏行为。

 思考与实践

1. 游戏时间到了,中班的刘老师赶紧集合孩子们排队到户外去活动,孩子们一到户外就像放飞的小鸟,四散乱跑。刘老师抓住了几个最调皮的男孩,让他们站在了墙根,划了一个半圆,让他们几个在里面玩,其他的孩子在老师组织下进入班里的活动区玩耍。保育员王老师负责观察孩子们的安全和秩序,刘老师赶紧拿出笔来边观察边记录自己追踪观察的一名幼儿的活动情况。请你分析一下,刘老师的做法有无不妥之处,应怎样改进?

2. 今天下雨啦,李老师组织孩子们在教室里活动,教室里地方狭小,出于安全考虑,李老师让孩子们坐在桌子前面,每人发放了一些桌面玩具,告诉他们,自己玩自己的,不要说话,要不教室里太吵,很麻烦。结果孩子们玩了一会儿,有的孩子就坐不住了,不仅说话而且"申请"去厕所的人越来越多,场面很快失控了!孩子们有的要交换玩具,有的把玩具故意扔到地上,爬在桌子底下捣乱,好几个人在厕所聊天不回来。李老师很无奈,这一天的工作好烦呀!请分析一下,为什么出现这种情况,如果是你,会怎样组织室内游戏?

第二节 观察记录

我们对儿童游戏的所有的分析都要用事实说话,而儿童当时游戏的情形如何,就需要我们做及时的记录,我们应当用哪些方法做记录及怎样使用这些方法是每位幼儿教师的必备技能。

记录的方式有很多种,教师需要根据实际需要选定。幼儿园常用的有以下几种记录方法。

一、表格记录法

表格记录法就是把要观察的内容分门别类设计成表格的形式,教师一边观察幼儿的实际表现,一边在相应的栏目内做出行为出现与否或水平差异的判断。其中行为核检表是最常见的形式,其次是等级量表。各种量表详见本章第三节。

例如:根据儿童在游戏中的社会参与程度,儿童的游戏可以分成六种类型:无所事事、旁观、单独游戏、平行游戏、联合游戏、合作游戏。

6种游戏类型的操作定义如下:

(1) 无所事事:儿童没有做游戏,只是碰巧观望暂时引起他们兴趣的事情,如没有可注视的就玩弄自己的身体或走来走去,爬上爬下,东张西望。

(2) 旁观:儿童基本上观看其他儿童的游戏,有时凑上来与正在做游戏的儿童说话,提问题、出主意,但自己并没有直接参加游戏。

(3) 单独游戏:儿童独自一人游戏,只专注于自己的活动,根本不注意别人在干什么。

(4) 平行游戏:儿童能在同一处玩,但各自玩各自的游戏,既不影响他人,也不受他人影响,互不干涉。

(5) 联合游戏:儿童在一起玩同样的或类似的游戏,相互追随,但没有组织分工,个人做自己想做的事情。

(6) 合作游戏：儿童为了某种目的而组织在一起进行游戏，有领导、有组织、有分工，每个儿童承担一定角色任务，并且相互帮助。

教师可以采用时间取样法观察和记录儿童的游戏水平。在规定的游戏时间内，依次观察每个儿童1分钟，根据儿童社会参与程度和六种游戏类型的操作定义，判断每个儿童在这1分钟内的行为属于哪种类型，记入观察记录表。

时间取样法观察记录表

游戏类型 幼儿代号	无所事事	旁观	单独游戏	平行游戏	联合游戏	合作游戏
1						
2						
3						
4						
5						
6						
……						

(资料来源：陶保平. 学前教育科研方法[M]. 上海：华东师范大学出版社，2006)

二、轶事记录法(轶事记录笔记与花絮)

这是教师常用的非正式观察法，记录可随着儿童年龄的增长而变换，由不同的教师继续使用。教师可在记录中做出推论，以增进其对儿童人格特质及行为的了解，所以应只记录人格特质或适应行为，而不适于记录像成就、创造力、智力或解决问题的能力等行为。另外，教师还可以儿童发展上的某些范围为主题，只记录与主题有关的行为。

1. 轶事记录(anecdotal records)

记录事件的故事性描述，在事件发生之时或发生之后即马上记录事件的始末。通常是记录儿童的游戏能力及表现的社会认知、学习及身体发展的情形。主要内容有：

(1) 提供日期，时间，情境及基本活动的信息。

(2) 记录主角行为及行为注解。

(3) 保留整个情节的顺序。

(4) 记录儿童所说的话，保留整个对话。

(5) 要尽量客观及正确记录。

2. 轶事花絮(vignettes)

假如儿童在游戏时，教师不能或来不及记录儿童所发生的游戏活动，那么教师可在游戏之后再回想，并做轶事花絮记录(anecdotal vignttes)，这些事实发生之后的记载称为花絮。

轶事花絮记录的要领：

（1）随时留意观察记录。

（2）对于儿童的行为能随时留意，保持敏锐的观察力。

（3）准备随时随地有可供记录的纸笔。

（4）先观察儿童一段时间，再随手做初步快速的记录，可利用一些代号快速地作记录，记录后趁着记忆犹新把资料重新整理完成。

（5）描述情境、地点、活动内容及目标儿童的行为过程：在何时，有几个人，在那里做什么，目标儿童怎么做或与其他人有什么互动，过程如何等。

（6）依序描述行为过程。依事情发生的先后顺序呈现，才能看出行为当时之因果或相互影响的过程。不只注意目标幼儿说（做）了什么，也要留意是否他人的有些行为影响目标幼儿。儿童的行为可能是受其他儿童的影响，有助于了解因果关系及行为动机，尽量能以客观、详细的句子描述，并将描述与说明（或解释）的内容区分清楚，哪些是客观的描述，哪些是主观的说明，利用双引号或颜色来加以标记。宁愿多记，也不要因少记而错失了轶事的重点。对行为有影响的关键字句，教师应详细记录，有些对话若能完整地用引号写下更好。

（7）如果不是经常出现的行为则要做进一步的解释或推论，但决定行为是属于常见或不常见，则需要靠记录者敏锐的判断。

轶事记录的目的在于了解儿童行为的产生以及相关的情景，而不仅是记录孤立的行为，记录时可以用五个"W"来记录：

Who——谁（游戏者）；

Whom——和谁产生行为语言互动；

When——哪天的哪一段时间；

Where——在什么地方，哪个游戏角；

What——有哪些动作、语言、表情、姿势、做什么事，或用哪些材料及怎样使用等。

为了快捷记录可以设计一些简单的记录代号如下：

人物代号：目标儿童——TC；其他儿童——CH；其他几位儿童——CHS；老师——T；成人——A。

动作代号：说话——＜；玩——～～；目标儿童独自一人——TC；目标儿童与其他人平行游戏——TC＝；目标儿童与其他人群体游戏——TC＆。

记录代号的意义：

TC——目标儿童自言自语

TC＜C——目标儿童对另一儿童说话

C＜TC——另一儿童对目标儿童说话

A＜TC——大人对目标儿童说话

TC＜A——目标儿童对大人说话

A＜TC＋C——大人对目标儿童和另一儿童说话

轶事描述要点示例：

轶事描述要点示例表

示例\要点	在何时	有几个人	在哪里、做什么	目标幼儿做什么，怎么做	过程如何	行为推论
1	早上入园	小英一个人	在积木区拿一块方形积木敲桌子	边敲边看老师	老师看她，就不敲，不看她就一直敲	担心老师批评，不知道自己可以不可以敲
2	自由活动时间	4个人在盥洗室	在边洗手，边聊天	小英自己边玩边洗，不和别人说话	一个儿童说："老师不让玩水。"小英没有反应，又洗手	小英对水很好奇
3	区角活动时间	3个人在娃娃家	每人抱着自己的娃娃玩，一边说	小英在给自己的宝宝穿衣服，说："快穿上，要感冒啦！"	小英给宝宝穿好衣服，又给宝宝喂药，打针，还找别的小朋友帮忙量体温。等宝宝睡觉了，小英就走开了	小英在模仿自己的经历
4	户外活动时间	6个孩子在滑滑梯	小英也在滑梯上玩	小英正一边排队一边站在上面看别人滑	小英看到别人爬着滑，说："真厉害呀，我也试试。"她也学着别人的样子滑下去	小英在学习尝试新的玩法

轶事记录举例：

观察地点：小医院

观察时间：2020年3月18日下午

今天孩子们在小医院里玩得非常开心，并且能认真地分配角色，有的当医生，有的去看病，有的去开药，还有文文小朋友像真的生病一样躺在病床上接受治疗。我看着"医生"正在为文文"病人"治疗，帮他量体温，让他吃药好好休息，非常地认真。突然，这位"病人"有要求了，他让"医生"把医药箱子给他，"医生"还没有反应过来，这个"病人"就拿起里面的输液瓶子为自己打点滴，一会儿又要吃药，一会儿又要打针，弄得"医生"不知所措……

轶事记录法的优点：随时可用；只记录有兴趣的主题；可在稍后方便的时间记录；持续记录可提供儿童学习状况及行为改变情形；可提供教保人员与家长沟通的资料；能提供教师了解儿童行为的详细资料；可不断地用来比较儿童的行为，以了解儿童的成长变化；可作为教保人员与家长沟通互动的参考,如家庭联络簿。

轶事记录法的缺点:易受教师的个人偏见影响而选择所记录的行为;不恰当的文字记录会导致阅读报告者对儿童产生错误的解释或价值判断;要有效地使用记录也不是件容易的事。

三、图示记录法

图示记录法是指利用几何的点、线、面、色彩等的描绘,把所研究对象的特征、内部结构、相互关系等方面的统计资料,绘制成整齐简明的图形,用以说明所研究对象的量与量之间的对比关系的一种方法。利用事先设计的图示记录幼儿游戏情况,简洁方便,易于获得直观明确的信息,便于比较和分析。

按图示的形式可分为以下几种方式:

(1) 条形图,用宽度相等而且平行的条形的高低或长短来表示统计事项的数量或百分比大小的统计图。它可以明显地将同类事项用不同数值加以比较。

(2) 曲线图,以曲线升降和斜度表示统计事项变动的图形。

(3) 直方图,用直方形的面积表示数量大小的图形。它适用于连续性的次数分布资料。

(4) 圆形图,用圆的总面积表示事物或现象的总体,用其中的各扇形表示总体中的各个组成部分的图形。它通常用以说明总体结构。

(5) 象形图,以统计对象的具体形象来表示统计资料大小或多少的统计图形。它比较引人注目,易收成效。

比如:某大班幼儿在活动室的情况。

幼儿活动室情况记录表

娃娃家 2女	积塑区 5男	美工区 4男2女	盥洗室
门←	室内公共集体活动区		科学区 2男
图书角 无人	医院 3男4女	餐厅 2女2男	超市 1男4女	美发厅 4女

四、摄像记录法

摄像记录法是用摄影机、数码相机等拍摄儿童游戏活动,利用照片和音像来记录儿童游戏活动的方式。特别是在教室或室外活动区域安装固定的摄像仪器,可以更加直观、形象地详细记录整个活动的过程,能够把教师从描述记录的负担中解放出来,更好地和儿童进行游戏互动。

目前这种记录方式已经在幼儿园迅速推广,摄像记录法可以为教师事后反复重温、评估儿童游戏状况提供更加客观、准确的实况,为提高教师的观察分析技能提供了便捷的方法。

思考与实践

1. 下面是某老师设计的观察记录表,看看有哪些问题,请帮助修改。

观察记录表

姓名 \ 游戏区	娃娃家	科学角	户外游戏

2. 分析以下某教师的轶事记录,看看有哪些不足。

今天,饮食店的生意特别好,许多幼儿都对教师新投放的彩泥兴趣很浓,云云一下就把红色、绿色彩泥揉在了一起;星星也把剩下的彩泥丢得桌上、地上到处都是;游戏结束了,孩子们坐到了我的身边……

第三节 游戏观察量表简介

游戏量表是观察儿童游戏行为的重要工具,美国和发达国家的心理学家和幼教界在长期的实验中制定了一些权威性的、科学性的观察量表,并由我国的一些专家学者加以引进介绍。主要有以下几个量表。

一、游戏兴趣量表

利伯曼第一个设计了游戏评价量表,他的"爱做游戏量表"广为流传,在此量表中一些诸如运动、游戏兴趣、灵活性、表达能力和想象程度都被操作化了。此量表共 7 题,每一题 5 分。

(1) A. 儿童在游戏中自发进行身体运动和活动的次数有多少?
    B. 在身体活动中,儿童的运动协调能力怎样?
(2) A. 在游戏活动中,儿童显示出来的高兴次数有多少?
    B. 儿童以什么样的自由表达来表现高兴?
(3) A. 游戏中儿童表现出的幽默感次数有多少?
    B. 幽默所表现出来的持续程度怎样?
(4) A. 儿童游戏时与周围群体结构相互作用中表现出来的灵活性次数有多少?
    B. 儿童活动时的自如程度如何?
(5) A. 在做表演和戏剧性的游戏时,儿童表现自发动作的次数有多少?
    B. 在做上述游戏时,儿童表现出来的想象程度如何?

(6) 儿童的聪明程度如何？

(7) 儿童在做的游戏对其他儿童具有多大的吸引力？

二、游戏发展进度量表

美国学者高尔登和库特勒尔，根据玩物游戏、表征游戏、社会游戏及体能游戏的发展随着年龄增长而变化的规律，制定了以下量表。

游戏发展进度表

操弄/建筑(玩物游戏)	表征游戏	社会游戏	身体/动作游戏(体能游戏)

(1) 玩自己的身体部位(如手指、脚趾)
(2) 用手臂挥打玩物并获得愉快
(3) 玩别人的身体部位，如摸别人的脸和头发
(4) 玩水
(5) 在游戏中去拿玩物(或自己拿或从别人处获得)
(6) 在玩中放开玩物
(7) 用双手去敲打玩物或拍打
(8) 做影响环境的重复性动作(如敲打玩具产生砰砰响)
(9) 堆放玩物
(10) 自发性涂鸦
(11) 拿玩具
(12) 将容器(篮子)中的玩具倒出来
(13) 可以横向排列玩具并具有组织性
(14) 玩沙(过滤、拍、抹平、倒或挂)
(15) 玩拼图
  a. 三件式形状拼图(三角形、四边形、圆形)
  b. 四件个别成形的拼图
  c. 四件组成一形体的拼图
  d. 七件组成一形体的拼图
  e. 十二件组成一形体的拼图
	(1) 在游戏中模仿：
	  a. 模仿声音
	  b. 模仿别人的手势
	  c. 模仿别人脸部表情
	  d. 延迟模仿(将以前所听过或看过的声音或动作模仿出来)
	(2) 在游戏中可制造声音
	(3) 在游戏中可用语言交谈或叫喊
	(4) 使用玩物来做假装、虚构(如假装积木为车，可使玩具具有意义)
	(5) 功能性使用表征玩具(如电话、车子、娃娃或茶具组合等)
	(6) 使用成人衣物或装扮游戏
	(7) 表现单一的假装情景游戏(如喝茶、喝酒或开车)
	(8) 表现虚构情景(事件之间有连续或单一角色持续在5分钟以下，如用茶具组合在一起喝茶、吃饼干，好像开茶话会、派对，或开车去逛街或加油等)
	(9) 表现虚构情景(单一角色的游戏可以持续5分钟以上)
	(10) 表现虚构情节(有情节、主题但较不具组
		(1) 模仿镜中的形象
		(2) 对镜中的形象微笑
		(3) 在游戏中嬉笑
		(4) 玩社会游戏(如躲猫猫、玩拍手游戏)
		(5) 单独地玩(如幼儿自己玩玩具，即使与别的幼儿彼此处在很近的距离，也不想与其他幼儿在一起玩)
		(6) 可以独立玩游戏，持续15—30分钟
		(7) 平行游戏(幼儿通常在一起玩，但各自单独做他们的活动或游戏；通常在玩相似的玩具或活动，除非他抢夺别人的玩具，不然彼此很少有社会性的互动或影响他人的活动)
		(8) 联合游戏(幼儿可在一起玩，但各自拥有自己主题的深度活动。彼此间有沟通交流，通常玩的主题是与玩物有关的活动。彼此之间各有各自的活动目标与目的，可以彼此有所关联，但不是一个完整的、有组织的活动)
		(9) 两人的合作游戏(两个幼儿参与共同目的的活动，彼此有组织，能相互协调以达到目的。通常幼儿是玩一
			(1) 可以不用支撑而坐着玩
			(2) 玩时可以独立站得很好
			(3) 爬或匍匐前进
			(4) 可以边走边玩
			(5) 可以双手将球从头上丢出
			(6) 可以用大人椅子爬上爬下
			(7) 踢球
			(8) 听音乐、做律动
			(9) 踩(骑)三轮车
			(10) 用双脚坐跳远状的动作(脚离地)
			(11) 可以从25厘米高处跳下来
			(12) 接大球
			(13) 跑得很好(不曾跌倒)
			(14) 可以在矮的玩具和梯子上爬上爬下
			(15) 跳绳(至少连续两次以上)
			(16) 会翻筋斗、跳跃、荡秋千、用轮子溜冰、走平衡木等

操弄/建筑(玩物游戏)	表征游戏	社会游戏	身体/动作游戏(体能游戏)
(16) 将玩具放入容器或篮子 (17) 会将盖子盖于有盖的容器上 (18) 玩黏土 　a. 会用手去压、挤、滚及做造型 　b. 利用工具(如棒子加上黏土做造型) 　c. 利用黏土/沙做表征的玩物(如做熟识的物品,如电话、车子或茶杯,并能说出其名称) (19) 玩积木 　a. 没有表征意识的建构游戏 　b. 具有表征意识的建构游戏 (20) 用剪刀 　a. 用剪刀剪东西 　b. 将纸或布剪成碎片 　c. 沿线剪不同形状 　d. 剪成不同形状 　e. 剪图案(除了太细小的) (21) 用图画来表征事物(大部分),画他所知道的故事并能说出故事中图画的名字 (22) 游戏建构的结果成为重要部分 (23) 工艺技巧 (24) 使用彩笔将图案着色 (25) 拓印/盖印或用笔描绘	织性) (11) 表现有组织、情节的假装游戏 (12) 可以与其他幼儿做假装游戏(社会扮演游戏)	些扮演、竞争/非竞争的比赛,或做一些作品,彼此相互支持以达目的) (10) 团体的合作游戏(两个意向的幼儿能达到的目标) (11) 游戏中有分享行为 (12) 玩时可以等待 (13) 能为他人做事以达到目标的活动 (14) 要求同伴与他一起玩 (15) 能叫出同伴的名字并炫耀(自夸其所做的事) (16) 可与特定的玩伴一起玩并可将他当作最好的朋友 (17) 能对有规则的游戏或比赛遵守规则,并能轮流共享玩具	

三、游戏的社会—认知量表

早年的游戏研究一般都是从单一角度评价儿童游戏,20世纪70年代鲁滨等人创设了两个尺度的评价系统,将帕顿量表和皮亚杰认知量表结合起来,将认知和社会性结合起来进行观测,形成12种游戏行为类型,加入非游戏行为项目,组织成认知二维列联量表——帕顿/皮亚杰量表。

帕顿/皮亚杰量表

游戏的社会—认知内容:项目			
	孤独的	平行的	集体的
基础游戏	孤独—基础游戏	平行—基础游戏	集体—基础游戏
结构游戏	孤独—结构游戏	平行—结构游戏	集体—结构游戏
角色游戏	孤独—角色游戏	平行—角色游戏	集体—角色游戏
规则游戏	孤独—规则游戏	平行—规则游戏	集体—规则游戏
两项非游戏行为:无所事事和旁观			

1. 操作定义

认知水平定义:

(1) 基础游戏——重复肌肉运动,用玩具或不用玩具。例如:跑和跳,伸和缩,操纵玩具或材料,非正式规则游戏。

(2) 结构游戏——使用玩具(积木、积塑小玩具等)或材料(沙子、橡皮泥、颜料)构造一样东西。

(3) 角色游戏——角色扮演与假扮转换。

角色扮演:假装当一个家长、婴孩、救火队员、超人或妖怪等。

假扮转换:假装开汽车(手臂运动),或用铅笔打针。

使用小型汽车或小型熨斗不能算角色游戏,除非这是在扮演角色和假扮转换动作中使用。

(4) 规则游戏——承认、接受并遵奉确立的规则。例如:棋类游戏、踢球。

社会性水平定义:

(1) 孤独游戏——孤单地玩,与周围的儿童使用不同的材料。虽然同伴处于可说话的距离,但无谈话。

(2) 平行游戏——参加周围其他儿童类似的活动,或玩与他人差不多的玩具,但没有与其他儿童一起玩的倾向。

(3) 集体游戏——跟其他儿童一起玩;角色被分配或未被分配。

非游戏行为定义:

无所事事行为和旁观行为——不断变换游戏活动的行为。

非游戏活动定义:

事先由教师或儿童选定的任务或学习活动,如涂色、计算机、教育性玩具使用等。

帕顿/皮亚杰观察记录例表

姓名_____ 观察日期_____

		认知水平			
		基础游戏	结构游戏	角色游戏	规则游戏
社会性水平	孤独的				
	平行的				
	集体的				
非游戏		行为			
	无所事事	旁观	频繁换场地	活动	

2. 使用建议

此量表使用步骤如下:

(1) 先了解各种游戏及非游戏活动种类的定义,可帮助观察者锁定那些特定的行为。

(2) 准备一些记录纸来记录儿童的游戏行为,每名儿童一张观测表。

(3) 使用多次扫描取样法观察,先把每名儿童的观察表排序,依序每名儿童观察15秒,中间5秒为间隔调整时间,再对第二名儿童进行观察。15秒是个合适的时间段,能使观察者了解正进行的是哪种游戏,但却也短到在一个观察间隔时间内游戏者不太可能改变他的游戏形式。一分钟可观察每名儿童3次行为。

四、豪威斯的同伴关系量表

豪威斯1980年发表了考察儿童社会性游戏的同伴游戏量表,主要以两个尺度考察儿童游戏水平,一是观察儿童游戏中社会交往的复杂性,二是观察他们活动组织和综合的程度。他将儿童的游戏水平分为五个层次,还吸收了帕顿的"孤独游戏"和非游戏行为条目,并增加了教师参与、游戏地点与材料各一项。

豪威斯同伴游戏量表的观察记录例表

姓名_____ 观察日期_____

种类 次数	独自游戏	水平(1)	水平(2)	水平(3)	水平(4)	水平(5)	非游戏活动	非游戏行为	教师参与	游戏地点与材料
1										
2										
3										

1. 操作定义

水平(1)——简单平行游戏

儿童在相互交往范围内参加了相近的游戏活动,但没有出现目光交接或任何社会性行为。

水平(2)——具有成熟意识的平行游戏

儿童参与相近的游戏,并有目光接触。该阶段儿童未出现社会性交往,经常相互模仿。

水平(3)——简单社会性游戏

儿童相互出现直接社会行为,包括:发出声音、给人玩具、微笑、触碰、拿玩具、攻击性行为等典型行为。这个阶段儿童的活动虽然有相互评论但并未进行合作。

水平(4)——具有成熟意识的互补/互惠游戏

儿童在游戏活动中有与同伴合作倾向的行为,能意识到各自的角色。这个阶段儿童之间虽然有动作的交往但无对话和其他社会性交流,比如:一个儿童玩积木时将一块积木给另一个儿童,那个儿童接受并还给他一块。

水平(5)——互补互惠的社会性游戏

儿童之间有合作、分工以及实质性交流。比如几个儿童一起计划分工,用积木搭建一座大桥。

2. 使用建议

每名儿童一张表,15 秒观察一名儿童,5 秒过渡,程序类似帕顿—皮亚杰量表。

五、斯米兰斯基角色评估量表

角色游戏对儿童语言、认知和社会性发展有很高的要求,此量表是由斯米兰斯基创立,作为游戏训练组成的量表,侧重评价形成高质量角色游戏的 5 个特点:角色扮演、假扮转换、社会交往、口头交流、坚持性。

斯米兰斯基量表的观察记录例表

姓名	角色扮演	假扮转换			社会交往	口头交流		坚持性
		物体	行动	情景		蜕变交流	角色交流	

1. 操作定义

(1) 角色扮演:儿童假装和扮演角色并用语言确定、表达、串联这些角色,出现相应的角色行为。

(2) 假扮转换:用一些物品、动作、语言假装代表某些物品、动作、情景等。

(3) 社会交往:两个或两个以上的儿童直接交流游戏的材料、情节、角色和动作等。

(4) 口头交流:与游戏有关的口语交流。一种是用于结构和组织游戏的蜕变交流用语,主要包括设想物体的假扮转换语言、分配角色语言、计划故事线索和斥责不称职的角色扮演者四种类型。另一种是切合于儿童接受扮演角色身份的角色交流语。比如：医生对病人说："你的肚子很疼，必须使劲压着。"

（5）坚持性：儿童沉浸于持续的游戏之中。斯米兰斯基等人的研究发现：4 岁前儿童最低限度坚持性为 5 分钟；4—6 岁的儿童至少要坚持 10 分钟。

2. 使用建议

（1）至少每人每次观察 5 分钟或 10 分钟，记录观察对象在此时间内是否出现上述五个方面的游戏行为。

（2）需要多次反复观察，确保观察结果的准确性。

（3）一般需要和帕顿、皮亚杰量表和豪威斯同伴游戏量表一起作为全面细致了解幼儿游戏发展状况的观测。这也是目前欧美发达国家学前教育界普遍通行的做法。

六、沃斯曼(Frost-Worthman)游戏发展检核表

沃斯曼游戏发展检核表是对 3—5 岁儿童的游戏行为特别是戏剧游戏、社会游戏及肢体发展的状况的观察与了解的引导指南。

沃斯曼游戏发展检核表(表 A)

社会游戏和社会化：学前儿童	表现		
	需引导	有进步	熟练
第一阶段(大约 3 岁)			
1. 从事单独游戏			
2. 从事平行游戏			
3. 和同伴短时间地游戏			
4. 了解别人的需求			
5. 表现出对别人的同情心			
6. 参与一个活动的时间：10—15 分钟			
7. 唱简单的歌曲			
第二阶段(大约 4 岁)			
1. 容易地离开妈妈			
2. 能与其他儿童沟通			
3. 能与成人沟通			
4. 能与同伴一起游戏			
5. 遵守教室常规			

续 表

社会游戏和社会化:学前儿童	表 现		
	需引导	有进步	熟练
6. 交流与分享			
7. 使用器材后,能放回原处			
8. 保管自己的物品			
9. 爱惜别人的物品			
10. 参与一个活动的时间:15—20分钟			
11. 参与团体活动			
12. 与团体一起歌唱			
13. 能了解欣赏和批评			
第三阶段(大约5岁)			
1. 完成大部分自发计划			
2. 在很少的监督下工作和游戏			
3. 参与合作游戏			
4. 倾听同伴意见			
5. 遵循多种和延迟的指示			
6. 负责特别任务(如喂养动物)			
7. 倾听并遵循成人的建议			
8. 喜欢和成人交谈			
9. 为了履行责任,可维持一段专注时间			
10. 评估自己的工作,并建议改善之处			

沃斯曼游戏发展检核表(表B)

戏剧游戏:学前儿童	表 现		
	需引导	有进步	熟练
第一阶段(大约3岁)			
1. 模仿成人(玩房子和商店游戏)			
2. 在游戏中表达挫折			
3. 创造想象的玩伴			
4. 参与家事			
5. 在大纸上涂色和绘画象征的图形			

续表

戏剧游戏:学前儿童	表现		
	需引导	有进步	熟练
6. 以积木建构简单的图案			
7. 使用交通玩具、人和动物玩具,以增进积木游戏			
8. 想象任何他或她想要的物品(象征功能)			
第二阶段(大约4岁)			
1. 在"娃娃家"游戏中进行角色扮演			
2. 角色扮演一些成人的职业			
3. 参与熟悉故事中戏剧化的过程			
4. 在自我发起的对话中使用布偶			
5. 区别真实和想象			
6. 假装洋娃娃是真实的人			
7. 建构(绘画、塑造等)可辨别的图形			
8. 参与手指游戏			
第三阶段(大约5岁)			
1. 在"娃娃家"和其他游戏中,有多种角色的扮演活动			
2. 在游戏场进行角色扮演			
3. 角色扮演多种成人职业			
4. 明了图书代表真实的物品			
5. 参与广泛的创造性活动:手指游戏、节奏乐、黏土、绘画、户外游戏、家事、歌唱等			
6. 在木工桌上制造和描述物品			
7. 制造并描述美术作品			
8. 寻找更好的建构方式			
9. 建造复杂的积木结构			

使用建议:观察者可以在与儿童互动时观察,经多次观察获得准确信息并记录。

七、游戏场的评价表

美国得克萨斯大学教授弗罗斯特(1991)提出的关于游戏场的十条评价标准。

游戏场的评价标准表

项目	教师游戏指导能力的具体标准	完全符合	一般符合	不符合
鼓励幼儿游戏	吸引人的、容易接近			
	开放的空间和令人放松的环境			
	从户内到户外通行无阻			
	有适合不同年龄幼儿的设备和设施			
刺激幼儿感官	在比例、亮度、质地和色彩上的变化和对比			
	多功能的设备			
	给幼儿多种经验			
激发幼儿的好奇心	可以让幼儿自己加以变化的设备			
	可以让幼儿进行实验和建构的材料			
	植物和动物			
满足幼儿基本的社会和身体方面的需要	给予幼儿舒适感			
	设备和器械的尺寸适合幼儿的身材			
	具有体能上的挑战			
促进幼儿和环境之间的互动	能为幼儿的行为提供一个规范的、摆放整齐的储藏室			
	可供幼儿阅读、玩拼图或独处的半封闭的空间			
支持幼儿与其他幼儿的交往	各种不同的空间			
	足够大的空间以避免冲突的发生			
	能促进幼儿社会性交往的设备和设施			
支持幼儿与成人的交往	易于保养和维护的设备设施			
	足够大的和使用方便的储藏室			
	方便教师观察监督的空间结构			
	可供幼儿和成人休息的空间			
丰富认知类型的幼儿游戏	功能性的、体能性的、大肌肉运动的、活动性的			
	建构性的、创造性的			
	扮演角色的、假装的、象征性的			
	有组织的、规则性的			
丰富社会性类型的幼儿游戏	独自的、独处的、沉思性的			
	平行的、肩并肩的			
	合作性的相互关系			

续表

项目	教师游戏指导能力的具体标准	完全符合	一般符合	不符合
促进幼儿的社会性和认知发展	提供渐进的挑战性			
	整合户内和户外的活动			
	成人参与幼儿的游戏			
	定期的成人和幼儿共同参与的制定计划			
	游戏环境具有动态性,处于不断的变化之中			

(资料来源:刘焱.儿童游戏通论[M].北京:北京师范大学出版社,2004)

 思考与实践

李老师用场地观测量表记录了自己幼儿园的情况,发现了很多问题,比如场地空间狭小、尺寸不符合幼儿游戏的要求以及幼儿与成人交往的空间很缺乏等,可是这些问题反映给园长,园长说:"咱们是人多地少和外国不一样,没必要搞这么复杂,你班孩子不出事故就行了。"李老师很受打击,并说,还学这些理论干什么呀!请你给她一个合适的分析和建议。

八、讨论

案例:一线教师如何做好观察

小班的李老师学习了各种观测量表,特别想试试,她制作了许多表格放在教室里和口袋里,每天一上班就仔细观察,试图找出表上所要的信息,一旦发现就赶紧找出表格填写。结果发现,自己的注意力过于集中在观察幼儿和记录幼儿的事上了,却没有时间思考一下教学计划中要完成的教学任务。自己有时在观察一个角落或一名幼儿,常常被其他的幼儿或事情打断,她不禁哀叹,看来科研观察是需要不教课的老师来做的,一线的老师哪有精力观察呀!请问李老师的问题是什么原因造成的,请你给她提供一个合理的观察建议。

附:案例讨论答案提示

案例提示:观察记录可以是即时的,但更多的是事后轶事记录。

 思考练习

一、判断

1. 观察幼儿游戏可以为指导幼儿游戏提供依据。(   )
2. 行为核检表是可以随意制定的量表。(   )

3. 幼儿旁观的行为也是游戏行为。（　　）
4. 每次详细观察每个幼儿是不现实的。（　　）
5. 观察记录可以事后记录。（　　）

二、选择

1. 观察幼儿游戏的常用方法主要有（　　）。
   A. 随机观察　　　B. 实验室观察　　　C. 扫描观察　　　D. 定点观察
2. 游戏观察的内容包括（　　）。
   A. 游戏时间　　　B. 游戏材料　　　C. 游戏空间　　　D. 游戏自主
3. 豪威斯量表考察儿童游戏水平的标尺有（　　）。
   A. 社会交往　　　B. 游戏时间　　　C. 综合程度　　　D. 玩具难度
4. 斯米兰斯基角色评估量表侧重评价形成高质量角色游戏的特点有（　　）。
   A. 角色扮演　　　B. 假扮转换　　　C. 社会交往　　　D. 口头交流
5. 沃斯曼游戏发展检核表是对3—5岁幼儿游戏行为特别是（　　）的观察与了解的引导指南。
   A. 戏剧游戏　　　B. 社会游戏　　　C. 肢体发展的状况　　　D. 积木游戏

三、简答

1. 游戏观察的内容有哪些？
2. 游戏观察的主要方法有哪些？
3. 常用的游戏量表有哪些？

四、实践与实训

1. 请观察一名正在进行游戏的幼儿，做一份轶事记录并分析其游戏水平。
2. 请选择一种观察量表到幼儿园进行实地观测，并提交一份分析报告。
3. 设计一次参与性游戏观察，并尝试分析幼儿水平。
4. 设计一次旁观者观察幼儿集体游戏，并评估分析。

第九章　其他游戏资源简介

> **学习目标**
> 1. 了解民间游戏、亲子游戏的内涵、特点及发展价值
> 2. 收集民间游戏素材,掌握初步的民间游戏创新玩法
> 3. 了解亲子游戏的意义,丰富亲子游戏素材,能有针对性地设计和指导亲子游戏

第一节　民间游戏的传承与开发

 问题提出

先请看以下三个问题:

问题一:放风筝的孩子哪儿去了?

2010年12月25日下午,在南京师范大学的国家级幼儿园骨干教师培训课堂上,教育专家、原江苏省教科所所长成尚荣老先生声情并茂地朗诵了我国当代诗人邵燕祥的《放风筝的孩子哪儿去了》的诗作,并叩问在座的200余名来自全国各地的优秀幼教工作者:为什么现在的孩子不快乐?为什么现在的老师没有游戏精神,有的甚至童心缺失?在教师的严厉教导下,那些曾经捉萤火虫、堆雪人、放风筝的孩子都去哪儿了呢?

附该诗作原文:

放风筝的孩子,哪儿去了?
作者:邵燕祥

放风筝的孩子,哪儿去了? 哪儿去了,你放风筝的孩子,大沙燕,黑锅底,小屁帘……飞舞着一代人的童年的天空,没有老,还是那么蓝,那么蓝。许多年过去了,天又是那么蓝,蓝得旷远,蓝得勾魂,蓝得像海,在狂暴的风涛过后,等待着,呼唤着一片片船帆,等待着,呼唤渐飘渐远的风筝。天没有老,可放风筝的孩子哪儿去了? 放风筝的孩子也就是堆雪人的孩子、粘知了的孩子、捉萤火虫儿的孩子。难道你们也像萤火虫儿一样,让人捉去了吗? 难道你们像知了,让人使计粘去了吗? 难道你们像雪人,无声无息地消灭或者竟是像风筝,挂在电线上被风撕碎跌落到天边地角,化作尘泥? 就从那一天,你妈妈叫你回家吃晚饭,你没回来,叫你回家吃早饭,你也没回来,你就一夜没回家,一天没回家,两天没回家,你就永远不再回家……到了秋天谁能像妈妈那样望远天,大晴天也望不到你放的风筝的影子,又到了春天,有风没风都是风筝天,所有望眼欲穿的人都不知道,放风筝的孩子,哪儿去了? 哪儿去

了,哪儿去了,哪儿去了,放风筝的孩子,还有你们那些小伙伴?

问题二:妈妈,怎么玩嘛?不好玩呀!

五岁的萱萱没有什么玩伴,妈妈总是工作很忙没工夫管她,萱萱没事就老爱躺在床上发呆,偶尔妈妈发现了,会随口问问:萱萱,你怎么不去玩呀?萱萱懒懒地应一声,怎么玩嘛?一点都不好玩呀!——其实,现在很多的家长都会时不时被孩子一句"哎呀,不好玩呀,怎么玩嘛"弄得很茫然,他们会感叹:现在的孩子怎么了,玩都不会了!我们小时候可是从来就没有问过父母这个问题,总是玩不够呀,怎样玩哪里还需要父母操心呢!只要爸妈别那么快叫我们回家吃饭就行!为什么现在的孩子不会玩呢?是现在的孩子自身的问题,还是家长亦或教育的问题使然?问题究竟出在哪里呢?

问题三:璇璇为什么总爱和爷爷玩?

璇璇五岁半,总爱黏着爷爷玩,妈妈很奇怪,为什么璇璇对爸爸买回来的很多精美的电动玩具不感兴趣,而总爱缠着爷爷呢?妈妈稍微留心观察找到了答案。原来,爷爷和璇璇在一起有很多花样玩法,爷爷总有很多有趣的儿时游戏如骑大马、玩泥人、弹蛋珠、叠纸飞机、木头人、竹蜻蜓等,为什么爷爷的游戏总是玩不够呢?璇璇每次缠住爷爷的第一句话就是"爷爷,我们今天玩您小时候的哪种游戏呀?"看来,还是经典的民间游戏最受孩子们的青睐呀!

当今,儿童正处在一个资讯和技术高速发展的时代,儿童的游戏空间日益被电动玩具、电脑游戏所占领,传统丰富的儿童民间游戏资源被忽视和遗忘,如何发掘整理这些资源,并倡导和鼓励儿童玩民间游戏,做好中华民族民间文化的传承,补充与完善现有儿童游乐方式,成为目前幼教工作者义不容辞的责任。

我们知道,玩具是孩子的天使,游戏是孩子的天性。如果一个孩子连玩都不会了,那他就是一个"问题儿童"了!而作为成人的老师或家长,如

亲子游戏

果没有童心或者游戏精神缺失那也是可悲甚至可怕的,而孩子就是直接受害者。把游戏还给孩子,把放风筝的孩子找回来吧,让孩子诗意地栖居在大地,在健康快乐的童年生活中成长吧,让我们在无穷无尽的众多经典的民间游戏中去放飞孩子们的童真和快乐吧!

一、民间游戏的定义

传统民间游戏是指流传和流行于广大地区的,儿童在日常生活中自愿和自由嬉戏、玩耍与娱乐的活动,这些游戏与传统文化相关联,是在儿童同伴结识和玩耍过程中为了满足自身的需要而自发形成的。民间游戏历史悠久,种类繁多,它曾给一代又一代人的童年带来了无尽的乐趣,留下了美好的回忆。那么,什么是民间游戏呢?

民间游戏是指流传于广大民众生活中的嬉戏娱乐活动,俗称"玩耍",主要是少年儿童玩和成人在节日娱乐活动中玩。民间游戏由于没有功利性、生动有趣且极具地方文化特色,所以被当地人民喜爱和接纳,所以民间游戏常常和浓浓的乡情及愉悦的回忆联系在一起。民间游戏作为民族传统文化的重要组成部分,由劳动人民改编,在民族传统文化的基础上,经过不断加工,具有浓烈地方特色和生活气息,是适合儿童年龄特点的、儿童乐于接受的且富有浓厚趣味性和娱乐性的游戏活动。总的来说,民间游戏是一种以口头形式传授,以直接参与为目的的竞技和演示活动,可分为成人游戏和儿童游戏。本章指民间儿童游戏。

民间游戏常常蕴含在民间传统文化之中,它是当地人民几千年智慧的结晶,是一种地方文化历史积淀。它不仅深受儿童的喜爱,还能有效弥补现代各式各样大小电动玩具和网络游戏的不足,使现代儿童的生活更加充实和丰富多彩。

二、民间游戏的种类

一般来说,民间游戏是一种融聚地方文化的综合性游戏,为了便于大家理解和掌握,我们对它进行一个粗略的分类。民间游戏从空间活动形态上可以分为室内游戏和庭院游戏;从性质上可以分为智能游戏、体能游戏以及智能与体能相结合的游戏。

(一)根据游戏使用器具情况分类

1. 民间器具游戏

民间器具游戏,是指一般借助各种器具来完成的游戏,如跳皮筋、打沙包、玩扑克,打弹珠等民间游戏。

2. 民间智力游戏

民间智力游戏,是指以锻炼儿童的脑、眼、手,并在游戏中以发展智力、获得逻辑力和敏捷力为目的的一种趣味游戏。智力游戏一般注重强调参与者头脑反应的速度,例如:猜谜语、绕口令、拼七巧板、成语接龙及各种棋类、牌类、语言游戏等。

(二)根据游戏的来源和教育价值分类

在现实生活中,由于民间游戏产生的不同历史背景和具有的教育价值差异,我们将民间游戏分为:民间巫术游戏、民间占卜游戏、民间体育游戏、民间社会游戏、民间语言游戏、民间娱乐游戏等。

1. 民间巫术游戏

巫术游戏来源于古代的一些巫术仪式,后来随着社会的发展、观念的更新,某些仪式逐步被淘汰,但在一些传统民间游戏中还能看到他们的影子。如传统民间经典游戏:捉迷藏。

捉迷藏的游戏起初是在晚上玩。最初的玩法是:由孩子们猜拳决定谁来当"鬼",然后蒙住"鬼"的眼睛,趴在树干上数数,数到 10 或者 20,同时其他小伙伴迅速寻找一个藏身之处,数完数字后"鬼"享有绝对权利,即任何一个孩子只要被"鬼"看到并喊出名字,或者被"鬼"摸到,那就算被"鬼"抓住了,只有一种情况可以免遭厄运,那就是在被"鬼"看到之前用手触摸刚才选中的大树。游戏结束后,由被"鬼"抓出的孩子重新选出"鬼",游戏重新开始。在这个游戏中,"鬼"是一个关键性人物,它既不属于人类,又不属于超自然物,而是具有一种神秘色彩的处于游离状态的事物。该游戏具有巫术性质,即:他想要获得一种地位,必须通过猎取,即替代物来获取新生。

随着时代的发展,现代儿童玩的捉迷藏游戏内容不断更新和丰富,增添了很多趣味性,巫术的神秘性渐渐淡化。

2. 民间占卜游戏

民间占卜游戏是指具有胜负成败的竞技游戏,既可以用来赌输赢,同时又具有占卜的性质。例如,爱斯基摩人每年秋季举行拔河比赛,夏季出生的人和冬季出生的人比赛,如果夏季一方获胜,来年就会丰收;如果冬季一方获胜,那食物供应的前景就不太妙。在这里,拔河游戏显然成为一种占卜方式。在日本或者朝鲜,民间占卜游戏也是确保丰收的一种形式。

3. 民间体育游戏

传统民间游戏中许多都是以促进儿童身体动作发展为主的体育游戏。如踩高跷、跳房子、打水漂、滚铁环、跳皮筋、跳竹竿、舞狮、舞龙、荡花船等都属于民间体育游戏。

4. 民间社会游戏

皮亚杰曾说:儿童游戏是大千世界的一种缩影,这种游戏中的微型世界反映了由一系列约定俗成的社会规则所建立起来的人际关系。民间社会游戏是指儿童模拟各种社会活动并能促进儿童社会性发展的游戏,如鸡毛信、过家家、娶媳妇、攻城、警察抓小偷等。

5. 民间语言游戏

民间语言游戏是指以语言发展为主要元素的游戏活动,这种游戏常常有游戏儿歌伴随,并对儿童语言应对有一定的要求。常见的民间语言游戏如:顶锅盖、荷花荷花几月开、城门城门几丈高等。

6. 民间娱乐游戏

民间游戏本身起源于广大民众茶余饭后的嬉戏娱乐活动,因此娱乐性是其本质属性。所以很多民间游戏就是娱乐游戏,在民间节日中供人们玩耍,如斗鸡、斗蛐蛐、百戏、六博、投壶、猴戏、鱼戏等。

三、民间游戏的特点

随着社会的发展和物质生活的丰富,以及现代玩具的增多,民间游戏越来越趋于没落,特别是在城市,各种现成玩具的丰富、多样,以至于儿童几乎没有机会接触民间游戏。但是不可否认的是,民间游戏确实有很多现代游戏所不具备的优点。民间游戏是源于民间并在民间广泛流传的一种游戏形式,参与者在活动中感到轻松、愉快,所以备受幼儿及成人的青睐。总的来说,民间游戏具有以下几个方面的特点:

(一) 具有浓厚的地方文化和时代特征

民间儿童游戏是人们在民族传统文化的基础上经过不断加工而形成的,具有浓烈的地方特色和生活气息,能满足儿童的需求,是深受儿童喜爱的一种游戏形式。同时,不同时代人们的文化价值观不同,相应地也在民间游戏中有所体现。民间游戏将传统文化与儿童的现实生活状态相连,是幼儿园不可多得的教育资源。

(二) 具有较强的趣味性和娱乐性

民间游戏来源于民间,是劳动人民从长时间的实践中得来的,它之所以能够代代相传,就是因为它迎合了儿童的特点,有着广泛的趣味性,内容生动活泼、轻松。如"捉迷藏""丢手绢""老鹰捉小鸡""打陀螺""点蚰蜒""牵鸡摸白菜"等游戏,充满了新奇、期盼的等待和追逐动作。一般娱乐性较强的民间游戏都具有共同的特点:内容生动具体,形式活泼多样,并配有朗朗上口的儿歌。娱乐性强的民间游戏会激发儿童参与的积极性,通过游戏满足儿童好动、好玩、好模仿的心理特点。如川西地区的办酒酒游戏,游戏内容贴近儿童的生活,儿童通过扮演角色模仿角色的行动,在游戏中边玩边吟唱,从中获得积极的愉快的情绪体验。

(三) 简便易学,不太受时间和空间的限制

由于民间游戏来源于日常生活,是人们在日常生活中形成的智慧结晶,是在现实生活劳动中开发锤炼而成的,所以具有这样一些特点:能因陋就简、就地取材、娱乐性强、易学易玩,几乎不受时间、地点、材料、人数等的限制。因为来源于日常的生活生产,所以多是日常的生活材料,方便取得,并且民间游戏往往不受材料空间的限制,一个小石子,一条绳子,一块空的场地,即便没有材料游戏也能正常进行。如民间手影游戏、手指游戏等方便简单有趣,随时随地可玩;再如民间游戏"跳房子",只要一块空地便可,游戏中儿童不仅锻炼了大肌肉,同时在跳房子的过程中,往往会伴有歌谣,儿童的语言感知能力也能得到提升。

四、民间游戏的教育文化价值

(一) 民间游戏有助于传统文化教育的启蒙

由于民间游戏极具地方文化特色,且大多数民间游戏都配有朗朗上口的童谣和优美动听的儿歌,这些童谣和儿歌中包含许多关于自然和社会的知识,囊括了社会生活的各个方面,所以幼儿可以在游戏中体验民间文化。如民俗游戏"抬花轿",幼儿可以把自己了解到的地方风俗习惯运用到游戏中去,在娱乐中巩固知识,且接触相关的民间音乐、民间美术等知识,这就是在游戏中充分感受地方文化的魅力。再如传统跳绳游戏中的儿歌:"马兰开花二十一,二五六二五七,以及一一一,什么一? 一是小猫钓大鱼;二二二,什么二? 二是小猫梳小辫;三三三,什么三? 三是小猫爬雪山;四四四,什么四? 四是小猫写大字。"这种从一数到九的数字歌,能发展幼儿的语言、记忆、思维、想象、创造等各种能力。玩质朴悠扬的民间歌

谣游戏,两人边念儿歌边拍手,在身心愉悦的同时,也增进了同伴间的情感交流,幼儿乐在其中、美在其中、悟在其中,潜移默化地感受中华民族悠久的独具魅力的民俗文化。

(二)民间游戏能增进幼儿的身体健康,提高运动能力和身体素质

民间游戏大多为民间体育游戏,能满足幼儿身体各器官的发展需要。从幼儿的神经系统到循环系统再到消化系统,从眼耳口鼻舌到四肢,幼儿在进行游戏时的看、听、说、唱等活动以及跑、跳、爬、钻、投掷、攀援、躲闪、平衡等动作中增强了自身的生理机能训练,而且使其体力、耐力、抵抗力和反应能力等也得到了很好的锻炼。如训练幼儿跑的民间游戏有"老狼老狼几点钟""狼和小羊""听号赛跑",训练幼儿走的民间游戏有"小鱼游""木头人""卷心菜",训练幼儿平衡和钻的游戏有"钻山洞""两人三足"等,这些游戏对幼儿是极好的体能训练。

(三)民间游戏有利于开阔幼儿视野,丰富幼儿的认知

游戏对幼儿来说,是一种主要的学习成长模式。民间游戏因为其具有浓厚的地方文化特色和较强的趣味性为幼儿所喜爱,能达到寓教于乐的效果。民间游戏来源于民间,具有一定的知识性、科学性。在民间游戏中,幼儿能掌握许多平时不易得到的知识,了解当地民俗民貌,如:玩民间游戏"卖小猪",幼儿不仅掌握了童谣,而且还较详细地了解到小猪的外形特征——胖乎乎,细尾巴,大耳朵,圆圆的肚子。又如:游戏"荷花荷花几时开?"里的儿歌是以一问一答的形式进行的,荷花荷花几月开(二月开),二月不开几月开(三月开)……一至问到六月(六月荷花朵朵开)。通过边问边答的游戏,不但训练幼儿的反应能力,使幼儿懂得月份的排列顺序和荷花开放的时间,而且还通过游戏延伸和创编,以这种问答式的方式使幼儿了解了更多花卉的不同开放时间。

总之,民间游戏融科学性、知识性为一体,简便、随意,富有趣味,代代相传,能很好地开阔幼儿视野,丰富其认知。

(四)民间游戏促进幼儿的社会性发展

民间游戏在发展幼儿的社会性,尤其是在幼儿的主动性、独立性、自信心、合作意识等积极情感和良好个性心理品质发展方面作用巨大。在民间游戏中,幼儿始终处于主动、积极的活动中,他们自己选择游戏主题,准备玩具材料,协调角色,构思情节,控制游戏环境。教师只有在不破坏游戏的情况下指导游戏,才能充分发挥幼儿的积极性、自主性、创造性,表现自己的本领。例如:在民间游戏"老鼠偷鸡蛋"中,幼儿可以自由地找出他们心中的妈妈,不需要老师特别安排。

民间游戏简单有趣,具有满足幼儿体验成功的机会和条件。幼儿通过玩民间游戏可看到自己的能力,渐渐产生信心,逐步形成肯定的自我概念。例如:民间游戏"弹弹珠""抓籽""跳皮筋"等的游戏规则不是很难,几乎每个幼儿都能很好地完成,这使幼儿感受到了自身的

价值,增强自信心,同时感受到集体游戏的快乐,利于幼儿乐群性行为的培养。

再如在游戏"头顶头"中,它所附的童谣是:"大黄牛,小黄牛,见了面,头顶头,顶着头,慢慢走,往前三十一,往后二十九。"游戏时,两名幼儿一组,面对面,胳膊抱胳膊,两人用头顶一气球,教师发出信号后,幼儿有节奏地按着童谣提示的动作进行游戏。在民间游戏中搭配这样既押韵又易学的童谣,不仅提高了幼儿的游戏兴趣,而且还为幼儿与同伴间相互交流、增进感情提供了有利的条件。

(五) 民间游戏促进幼儿的创造性、想象力发展

民间游戏能满足幼儿的想象力和好奇心。幼儿的好奇心和创造力的发展是成正比的,好奇心强的幼儿,一般创造性也较强。一般幼儿在玩民间游戏时,自己选择游戏方式,准备玩具材料,协商角色,构思情节,设计游戏内容,制定游戏规则,能够充分地表现自己的创造才能。有时幼儿会自己不断调整规则,设置角色,或者做一些大胆的尝试。如在玩"摔泥碗"的民间游戏时,幼儿对摔在地上的泥碗为什么会发出声响,为什么有时很响、有时不响,十分好奇。于是他们就不停地捏呀、摔呀。在这捏呀、摔呀的过程中,幼儿的好奇心得到极大的满足,同时会通过不断尝试最后探索出空气与力及空间大小的关系。

民间游戏为幼儿提供了实践创造性的机会、条件。大部分民间游戏的内容都是对现实生活的模仿,但其中的角色、场景、游戏内容都是多变的。幼儿可以根据自己的经验和丰富的想象力来不断创新内容和玩法,如"娃娃家"的"角色"可以是爸爸、妈妈和孩子,也可以是爷爷、奶奶和孙子;"场景"可以是家里,是医院,是商店,是公园;"内容"可以是做饭喂孩子,给孩子看病,送孩子上幼儿园,全家人一起逛公园等。幼儿的游戏在某种程度上与戏剧反映现实生活相近似,具有类似成人的艺术创造。通过上述种种做法,幼儿的艺术想象力和创造性会日益得到发展和提升。

(六) 民间游戏在很大程度上提高了幼儿的艺术修养

许多民间游戏具有较强的民风民俗和地方文化特色,且配有朗朗上口的儿歌或童谣,很多民间游戏本身就是民间艺术的化身,如川西民间游戏中的变脸游戏、剪纸游戏、蜡染游戏、舞狮舞龙游戏等,能让幼儿在玩耍中体会民风民俗,得到艺术的启蒙和熏陶。

(七) 民间游戏有助于幼儿园、家庭、社区的多方交流

中国传统民间游戏产生于民间,流传于民间,折射着民族的精神风貌,积淀着丰富的文化底蕴。民间游戏作为传统文化的一部分以其独有的特点及价值,在幼儿发展中起着十分重要的积极作用。民间游戏是幼儿园活动中不可多得的可资利用的民族文化教育资源。民间游戏由于所表现的内容往往是来源于人们的现实生活和劳动,游戏活动中所配的歌谣一般是用当地人习惯的语言表达方式表达出来的。这就使得民间游戏贴近自然,贴近幼儿的现实生活。而在各类电子游戏、网络游戏占据着大部分游戏市场的今天,民间游戏承受着在

夹缝中求生存的艰辛,幼儿园应大力开发和利用民间游戏资源,广泛搜集、精心筛选民间游戏,对民间游戏进行适宜的改编与创新,整合家庭、社区、幼儿园教育资源,做好幼儿园、家庭、社区的多方有效互动。

五、民间游戏的传承与开发

民间儿童游戏是由民间创编并在民间代代相传的儿童喜闻乐见的活动,它给人们带来了童年的欢乐。但随着人们生活方式风土习俗的演变,有的存在着时代局限性,有的还夹杂着一些不适合幼儿的内容。故在幼儿园民间游戏开发和运用中,我们首先面临的就是如何创造性地继承的问题。我们应遵循"去其糟粕,取其精华;古法新玩,推陈出新"的原则,科学客观地开发民间游戏。

民间游戏的开发和利用,可以分为两种方式。一是直接式继承。有些经典隽永的民间游戏,在内容与形式、玩法与材料上不需要加工改造,可以尽量保持原貌,直接运用,如:放风筝、打水漂、滚铁环、推土车、挤油渣、打陀螺等可以直接继承沿用。二是改造式继承。由于民间游戏往往与当地的民俗民风密切相联,并且具有时代特征,所以有些民间游戏在内容、形式或者玩法上不太适合现代幼儿,这类民间游戏就需要进行改造,创新玩法,在玩法、材料利用、形式与内容甚至规则制定等方面进行创新,使其更加符合现代幼儿的发展需要。

对于民间游戏的改造式继承,一般说来,可以通过一些分离、整合、移植等方式来改编创新,达到改造式继承的目的。分离是指将传统的民间游戏中不符合时代精神的内容、形式、玩法、材料进行分离,保留其适合幼儿年龄特征且有利于幼儿发展的部分。整合是指在原民间游戏的基础上,添加一些民间歌谣、民间舞蹈或者民间风俗等元素,让游戏更加丰富和有趣。如瑶族的竹竿通过与游戏整合可变为竹竿游戏,傣族的泼水舞可以整合到民间体育游戏中为泼水乐等。整合也可以是将传统的民谣或者现代的儿歌整合到民间游戏中,增添情景和趣味,如将"摇啊摇,摇啊摇,一摇摇到外婆桥,外婆桥,真热闹,桥下船儿多,桥上马儿跑,好宝宝,我带他到外婆桥"这一民谣用于"摇摇船"的游戏,可训练幼儿动作的协调性,培养其合作精神,同时让幼儿感受亲情的可贵和温暖,利于幼儿良好情感的培养。

改编后的民间游戏举例如下:

改编后民间游戏实例一

传统民间游戏:老狼老狼几点了

改编一:更换游戏情景

以幼儿熟悉的动画情景取代原有的游戏情景,"老狼老狼几点了"是孩子们非常喜爱的游戏,狼追小动物的情景营造了紧张惊险的游戏氛围,教师为了让游戏情景更适合小班孩子的年龄特点,将孩子们熟悉的动画片《喜羊羊和灰太狼》的情景加入游戏中,将灰太狼替代老狼游戏角色,使这个传统的老游戏有了时代感,更加受孩子们的喜爱。

改编二:增添新玩法

游戏目的:

(1) 在原有民间游戏的基础上,引发幼儿创造新的玩法,体验自主游戏的快乐。

(2) 引导幼儿学会分析并选择合适的游戏形式,提升幼儿间的合作能力。

(3) 锻炼幼儿灵敏的反应能力和身体协调性。

游戏准备:

(1) 会玩传统游戏"老狼老狼几点了"。

(2) 自制"老狼"面具一只。

(3) 适度创设与游戏相关的环境(如:时钟、数卡、铃鼓等)。

游戏过程:

(1) 重温传统游戏"老狼老狼几点了"。

一位教师扮成大灰狼,幼儿当小兔子。游戏开始时幼儿问大灰狼:"老狼老狼几点了?"大灰狼回答说"一点钟""两点钟"直到"天黑了",幼儿听到"天黑了",马上跑到小兔子的家里去。大灰狼去抓小兔子,被抓到的小兔子表演节目,游戏继续。

游戏规则:小兔子走在大灰狼的后面,不推别人。

教师引导幼儿自发游戏并能注意游戏中的自我安全防范。

(2) 激发幼儿大胆想象与尝试,创编出老狼报数的不同方法。

教师提出"老狼还可以想出什么新方法带大家玩?"引发幼儿创新思维并介绍自己的新玩法。

教师鼓励幼儿自主验证新玩法,体验自主游戏的快乐。

(3) 激发幼儿进一步想象与尝试,创编小动物躲避老狼的方法。

教师引导幼儿按创新的游戏规则进行自主游戏,在游戏的过程中不断进行改进,使新的玩法更实用、更有趣。

教师参与游戏,提升游戏情趣,激励幼儿更大胆地投入游戏情境。

(4) 幼儿游戏自我评价。

首先,教师提出评价主题,引领幼儿自我评价。

其次,教师进行引导性的提示,激发幼儿挖掘此游戏更多玩法(如:老狼还可以有哪些更有趣的方式带大家游戏、小动物还可以想什么办法躲避老狼的追击、游戏的规则上还可以有哪些新的玩法……)

再者,教师要注意个别幼儿游戏活动量需适度。

最后,教师应激发幼儿对自主游戏的兴趣,为下一次继续游戏做好铺垫和延伸。

改编后民间游戏实例二

传统民间游戏:三步猫

参与人数:10人之内。

游戏目的:锻炼幼儿小腿动作的发展和反应能力,发展幼儿的模仿能力、想象能力、平衡能力,丰富幼儿的情感,激发幼儿的学习兴趣。幼儿可以通过此游戏认识很多动物。

游戏玩法:幼儿首先进行"石头剪刀布"猜输赢,输了的就当猫,其余的人各跨三步。当猫的那个幼儿跨两步去逮其余的幼儿,如果逮不到就可以自己想办法让其他的幼儿回来,如:扮僵尸(像僵尸那样地伸直手臂,面无表情地跳,在跳的过程中不能笑,不能说话);老婆婆买菜(像老婆婆一样边念儿歌:老婆婆买菜,屁股扭一扭。过程中不能笑);学各种动物跳着回来;念红灯绿灯,看幼儿的反应能力;一起坐火箭,谁最慢回去就输了。

注意事项:幼儿在跨三步的时候,教师必须在身边陪同,以免发生安全事故。在玩的过程中教师可适当地换一下当猫的幼儿,以免让幼儿厌烦,以至于不想再玩了,在幼儿玩了两遍后就可以不玩了,这样下次幼儿才更有兴趣玩。

六、补充资料:民间游戏举例

民间体育游戏:老鼠钻风箱

游戏名称:老鼠钻风箱。

游戏对象:中、大班幼儿。

游戏目的:训练幼儿迅速跑和追逐跑的能力。

游戏玩法:由猜拳的方式决出当猫的幼儿(输的幼儿),再选出两个幼儿当风箱,其余的幼儿当老鼠。游戏开始,两个当风箱的幼儿手圈在一起扮作风箱;扮老鼠的幼儿站在风箱内,当猫的幼儿站在圈外等候。大家一起开始念儿歌,念完儿歌的最后一句,风箱内的"老鼠"全都向外跑,"猫"开始追他们。中途跑不动的幼儿可以跑到"老鼠洞"里(一个划定的区域),这时"猫"就不能捉到跑进洞里的"老鼠"了。反之,被捉到的"老鼠"就要受罚,表演儿歌。下一轮游戏时,换他当猫,游戏继续。

游戏规则:①扮猫和老鼠的幼儿在跑的时候都要学猫和老鼠的动作;②裁判是当风箱的两个幼儿;③从风箱中跑出来的幼儿不能跑回风箱中避难。

附儿歌:一群老鼠钻风箱,风箱两头乒乓响,尿了老鼠一裤裆。

民间传统游戏:瞎子摸鱼

适合年龄:4—7岁。

游戏目的:①训练幼儿听觉、触觉的协调能力;②训练幼儿身体协调能力和小肌肉的发育;③训练幼儿思维的敏捷性。

游戏准备:一条密度高的布(能遮光)。

游戏玩法:石头剪刀布,第一个输的幼儿就当瞎子,第二个输的幼儿当裁判,其余的幼儿当鱼。在裁判宣布开始后,"瞎子"开始进行捕捉,裁判没有发出口令时可任意进行捕捉行动,裁判发出红灯口令时,"鱼"就要停止脚步的移动,但身体可躲闪;发出黄灯时,"鱼"只能慢行,绿灯时畅行无阻。口令以 10 秒为限。被捉住的幼儿要替换裁判,三次被捉住后将被惩罚。

注意事项:游戏要考虑人均密度来选择活动场地。

民间体育游戏:跳拱

适合年龄:5—8 岁。

游戏目的:锻炼跳跃能力。

游戏玩法:①选一名幼儿当拱双脚合拢,双手抱双膝,弓背站立;②其余幼儿依次跳过拱,不能跳过的就算输,输的幼儿就当拱,游戏继续进行。

游戏规则:当拱的幼儿不能随意站起来。

民间体育游戏:螃蟹抢蛋

适合年龄:3—5 岁。

游戏目的:锻炼幼儿的腿部肌肉,培养应变能力。

游戏准备:小石子或毽子数个。

游戏玩法:①任选一名幼儿当螃蟹妈妈,用双手双脚支撑身体趴在地上,保护自己的蛋宝宝;②选数名幼儿站在旁边,想法去抢蛋宝宝,螃蟹妈妈为了保护蛋宝宝,用脚轻轻地踢或用手轻轻地触摸对方,只要螃蟹妈妈触摸到对方身体任何一个部位就为胜;③输的幼儿与螃蟹妈妈交换角色继续游戏。

游戏规则:抢蛋宝宝的幼儿只能一个一个地去抢。

民间体育游戏:夹粽子

适合年龄:3—5 岁。

游戏目的:①训练幼儿手的灵活性和巧用手劲的能力;②训练幼儿手脚配合的协调能力。

游戏玩法:①用手拿两根筷子,夹住沙袋;②从起点跑到终点;③沙袋掉在地上重新用筷子夹起沙袋向终点跑去;④谁先跑到终点谁就取得胜利。

游戏规则:不能用手拿或用手帮忙。

民间体育游戏:划龙舟

适合年龄:3—6 岁。

游戏目的:培养幼儿团结协作,互相关爱的精神。

游戏玩法:幼儿分成五个人一组,每组五个幼儿都蹲下,后面的幼儿拉着前面幼儿的衣服往前划,哪一组幼儿先划到终点就算赢。

游戏规则:①强调幼儿间团结合作,互相关爱;②游戏中不能不顾别人一个人往前划。

民间体育游戏：编花篮

适合年龄：5—7岁。

游戏目的：①通过游戏培养幼儿互相协调、团结友爱的精神；②锻炼幼儿身体的协调性。

游戏玩法：孩子们先手拉手站好，其中，一名幼儿将自己的一只腿放在旁边两名幼儿的手上，单腿站立。然后，幼儿依次将自己的一条腿放在另一小孩的腿上，所有幼儿将腿搭好后，最先那名幼儿的腿放在最后一名幼儿的腿上。开始游戏时，大家边单腿跳边唱儿歌："编、编、编花篮，花篮一编有小孩，小孩的名字叫花篮。"

游戏规则：①人数三人以上；②一名幼儿的腿掉下来了，游戏重新开始。

民间体育游戏：挤"油渣"

适合年龄：3—5岁。

游戏目的：①增加同伴之间的感情；②训练幼儿的合作能力和控制力。

游戏玩法：几个幼儿靠墙而立，用肩部的力量向中间挤，被挤出的幼儿向旁边去，再向中间挤，如此反复进行。如果让幼儿边念儿歌边游戏，更能增添情趣，并培养协作精神。

游戏规则：不能将对方推倒在地或是有身体伤害。

民间体育游戏："手推车"

适合年龄：5—7岁。

游戏目的：①锻炼幼儿身体的控制力；②训练幼儿的协作能力。

游戏玩法：三人猜拳决胜负，胜者先趴下做"车"，其余两名幼儿分别把胜者的小腿抬起，夹在身体的一侧做"推车"人，"推车"人不能过分用力，做"车"的人要双手撑地走，注意要选择平整而清洁的地面进行游戏。

游戏规则：不能将腿抬得过高，如果腿掉到地上则输。

民间体育游戏：脚尖脚跟脚尖踢

适合年龄：3—7岁。

游戏目的：①训练幼儿的注意力；②训练幼儿的节奏感；③训练幼儿身体和大脑的协调能力。

游戏玩法：幼儿双手叉腰，边念边跳。"脚尖"（右脚尖朝后点地），"脚跟"（右脚跟朝前点地），"脚尖踢"（将右脚尖朝左前方点地，接着向右前方踢）。第二遍换左脚，依次反复进行。

游戏规则：念词的时候必须按照节奏进行。

民间体育游戏：锤子、剪刀、布

适合年龄：4—7岁。

游戏目的：训练幼儿的观察能力和思维能力。

游戏玩法：四人参加游戏，两人一组，一人做猜拳人，一人做走步人，走步人站在起点线上。猜拳双方相对而立,边原地跳边说"锤子、剪刀、布",当说到"布"时,双方用脚做出想做出锤子、剪刀、布的模仿动作,以动作快慢决出胜负,胜者一方的走步人向前跨一大步。游戏反复进行,直至走步人到达终点,先到终点为胜方。

游戏规则:做动作时双方必须在同一节奏点上,不能过快或过慢。

民间手指游戏:翻花绳

适合年龄:5—7岁。

游戏目的:①锻炼幼儿的思维能力和创新能力;②锻炼幼儿的手指和小肌肉。

游戏玩法:准备一根三尺长短的绳线,两端绾结成圈。一般为两人游戏,一人把线圈拉套在两手上,用手指穿拉出一个花样,对方绾赶到自己手上,形成一种新的图案,对方再绾赶,自然又成一种形式,如此反复绾赶。主要有上翻、下翻和左右翻。绾赶有样式走向。心灵手巧者能绾赶出簸箕、筛子、斗、花面旗、长条旗、斜面、方块、雨伞等花样。

游戏规则:讲究先后顺序,章法规矩,在一定的时间内比赛。谁翻出的花样精致、好看、特别,谁获胜。

民间体育游戏:老鹰抓小鸡

适合年龄:5—7岁。

游戏目的:①体验游戏中角色的情感;②训练幼儿的注意力。

游戏玩法:一人扮演老鹰,一人扮演鸡妈妈,多人扮演小鸡。小鸡们一个接着一个地拉着鸡妈妈的衣服。老鹰去捉小鸡,鸡妈妈两臂张开护着小鸡们,不让老鹰捉小鸡,老鹰只能捉最后一只小鸡。小鸡如果被老鹰捉到,就算输了。

游戏规则:在一定的区域和时间内老鹰没有抓到小鸡算输,抓小鸡时要避开母鸡的庇护。

民间亲子游戏:拉"大锯"

适合年龄:2—4岁。

游戏目的:①培养幼儿的模仿能力和记忆力;②训练幼儿的节奏感。

游戏玩法:两人对坐,双脚自然盘曲,双手对握,随儿歌节奏做拉锯似的前俯后仰动作。锻炼幼儿的大臂肌肉群,培养幼儿的节奏感。

游戏规则:动作没有跟上儿歌节奏或儿歌词说错,动作做错便为输。

附儿歌:拉大锯,扯大锯,姥姥家,看大戏。看的什么戏?看的《西游记》,接姑娘,请女婿,就是不让×××去。

民间体育游戏:贴烧饼

适合年龄:3—7岁。

游戏目的:①培养幼儿的观察力和反应力;②锻炼幼儿的小肌肉。

游戏玩法:幼儿扮演烧饼围成一个圆圈。一人做贴烧饼的人,一人去追贴烧饼的人。贴烧饼的人在被追的时候可以贴在圈上的任何烧饼上,被贴的烧饼必须马上逃跑,如果被抓到则交换角色继续游戏。此游戏可以做多层的烧饼进行。

游戏规则:贴错方向或没有被贴就跑的人算输。

民间体育游戏:打籽

适合年龄:4—7岁。

游戏目的:①锻炼幼儿的观察力和反应力;②训练幼儿的躲闪力。

游戏玩法:在场地上画两条直线,两线间隔5米。用沙包作籽,游戏者分成两组。一组游戏者在两线的区域内,一组的游戏者站在两线的外面。站在区域外的游戏者用沙包打向区域内的游戏者,区域内的游戏者进行躲闪,不让沙包砸到。如果被砸中就停止游戏,如果能接住沙包就能救起被砸中的游戏者。两组可互换角色反复游戏。

游戏规则:如果没有接稳沙包掉在了地上算被砸中,不能用手去捡。

民间语言游戏:捉人

适合年龄:2—7岁。

游戏目的:①训练幼儿的反应力和敏捷力;②训练幼儿的思维协调能力。

游戏玩法:幼儿一人将手掌掌心朝下向前伸。其余幼儿每人伸出一食指顶住伸掌者的手心,念儿歌。儿歌念到最后一字时,伸掌者迅速抓握掌心中的食指,伸食指者要尽快逃脱,被抓住食指者就做下一次游戏的伸掌者。

游戏规则:儿歌念完没有捉住或没有去捉算输。念儿歌的时候伸食指者不能将手移开。

附儿歌:风大,不怕。雨大,不怕。真的假的?真的。

民间体育游戏:"警察"捉"小偷"

适合年龄:2—5岁。

游戏目的:①培养幼儿的认知能力;②训练幼儿身体的协调力和闪躲能力。

游戏玩法:幼儿平均分为两组,一组为"警察",一组为"小偷"。场地上,分别画两个圈为各自的"家"。游戏开始,"小偷"出来活动,四散跑开,"警察"出来捉"小偷",把"小偷"捉回"警察"的家,未被捉住的"小偷"如果跑回自己的"家","警察"就不能再捉了。

游戏规则:在跑和追的过程中要有时间和区域限制。

民间体育游戏:切西瓜

适合年龄:4—7岁。

游戏目的:训练幼儿的运动能力与方向感。

切西瓜游戏

游戏玩法：几位幼儿手拉手围成一个大圆圈（做"大西瓜"）。一位幼儿做"切瓜人"，边念儿歌边绕着圆圈走，并做"切西瓜"的动作，念到最后一个字时，将身边两位幼儿拉着的手切开，然后站在被切开的位置。被切到的两位幼儿则必须立即朝不同方向跑一圈，再回到原位，先到达原位者即为再次游戏的"切瓜人"。

附儿歌：切，切，切西瓜，我把西瓜切两半。

民间体育游戏：跳皮筋

适合年龄：5岁以上。

游戏目的：锻炼幼儿的协调能力。

游戏准备：橡皮筋；一个较宽敞的平地。

游戏玩法：两人玩时，可以分别抓住橡皮筋的两端。若三人以上，则由两人扯住皮筋，跳者边跳边唱。"马兰花、马兰花，风吹雨打都不怕，勤劳的人在说话，请你马上就开花。"唱不同的歌，跳法不同，一般在唱完一首歌后，脚要正好将皮筋踩住。每跳完一曲，皮筋高度便升高一次。一般是从脚踩皮筋开始，依次为：脚腕、膝部、胯部、腰部、腋下、肩膀、耳朵、头顶、小举、大举。如跳时犯规或够不到皮筋时，则换人。

民间体育游戏：打沙包

适合年龄：5岁以上。

游戏目的：训练幼儿反应能力，锻炼下肢和上肢力量。

游戏准备：沙包；一个较宽敞的平地，在平地上划一个方框。

游戏规则：①人数三人以上；②沙包打中的幼儿要出来与外面扔沙包的幼儿交换；③躲避范围在方框内，不能跑出框外；④不能躲在别人后面；⑤只能用手接沙包，手以外的地方接触沙包都会淘汰。

游戏玩法：①最少三个人就可以玩，用沙包作为"投杀"武器。在规定的场地内，两边都用沙包投掷站在中间的人，中间的人若被沙包打中则下场，只要用手接住"投手"们扔过来的沙包就能多一条命。②如果人数为四人以上，则两边的投手联手投击中间的人，被击中者罚下场，若能接住，可储存"一条命"或"复活"本方已下场的队友一名。全部被罚下场则替代"投手"的位置。

注意事项：①沙包选择软一点但必须有重量的；②沙包选择易清洁的材料；③选择场地的时候别选有水坑的地方。

游戏价值：这个游戏的运动量特别大，既要能抗击打，还要有灵巧的身手，更重要的是得眼观六路、耳听八方，练就腾、挪、躲、闪的"功夫"。这个游戏锻炼了幼儿的躲闪能力，增强了幼儿的体质，在跳跃和投掷过程中还能锻炼幼儿的上肢和下肢力量。

民间游戏名称:炒豆豆

游戏对象:4—5岁。

游戏目的:锻炼幼儿双手大臂的翻转,小肌肉的协调能力。

游戏玩法:两个幼儿双手拉着,念儿歌《炒豆豆》,念完两人同时在一个方向向后翻转,即转360度。翻转时速度可以慢慢提高。

游戏规则:若没有翻转过来的,就被幼儿当作豆豆炒。

民间语言游戏:城门城门几丈高

适用年龄:5岁以上。

游戏目的:训练幼儿的反应能力。

游戏玩法:(可以分队进行比赛)两个幼儿双手相握上举做城门。幼儿事先讲好一方为"橘子",一方为"香蕉",然后幼儿依次从城门钻过,同时念儿歌。当儿歌念到最后一个字时,做城门的两个幼儿将手放下,套住一个幼儿,然后问他要吃什么?幼儿说出来后,让他到一边等。游戏继续进行,直到所有的幼儿都被套住,看哪个队先过门。

附儿歌:城门城门几丈高?三十六丈高!骑花马,带大刀,走进城门套一套,问你吃橘子还是吃香蕉(也可以其他吃的东西)?

民间语言游戏:拍大麦

适用年龄:5—7岁。

游戏目的:培养幼儿协作游戏的能力。

游戏玩法:两人一组。游戏开始,甲、乙两人边念儿歌边做动作。念"一箩麦"时,乙两手合拢,甲双手同时摞乙的手背;念"二箩麦"时,甲两手合拢,乙双手同时摞甲的手背;念"三箩开始拍大麦"时,动作同"一箩麦";从"噼噼啪"开始至最后,两人边念儿歌边按节奏对拍,先自拍一下,然后右手拍对方右手,再自拍一下,然后左手拍对方左手,依次进行。

游戏规则:摞手背时两人必须轮流进行。

注意事项:对拍时,可根据幼儿发展水平,增加或降低拍手难度,变换花样:①两人同时伸出双手,手心手背对拍;②先自拍一下,然后左手拍对方右手,再自拍一下,然后右手拍对方左手;③先自拍一下,右手拍对方左手(连续两次),然后换左手拍对方右手(连续两次)。

附儿歌:一箩麦,二箩麦,三箩开始拍大麦。噼噼啪,噼噼啪,大家来打麦。麦子好,麦子多,磨面做馍馍。馍馍香,馍馍甜,爱惜粮食要牢记。

七、讨论

1. 与同桌分享、讨论儿时玩过的民间游戏,思考其对自己成长的价值。
2. 分小组选择一则经典民间游戏,轮换组织一次游戏活动,分析其价值和改进的地方。

3. 分小组讨论并选择一则民间游戏，尝试进行创新玩法的设计。

第二节 亲子游戏的设计与指导

著名家庭教育专家戴洁女士在她的《亲子如是：对孩子轻轻说"是的"》一书中这样写：蚂蚁通过触角的碰触来向妈妈传递爱和信息，而森林里此起彼伏的清脆鸣叫，是小鸟在和鸟妈妈联系。有一个小孩，最喜欢和妈妈玩"呼唤"游戏，叫一声"妈妈！"妈妈回答："哎！"再叫一声："妈妈！"妈妈回答："哎！"孩子和母亲都是那么幸福，呼唤、应答多少遍都不厌倦……呼唤的背后，是亲子之间爱的呼唤！

是的，就如戴洁女士所言：是父母爱的邀请，我们来到世间；是孩子爱的邀请，我们成为父母！一切源于爱！孩子是上天赐给父母的礼物，父母用浓浓的爱和天使般的孩子在亲子游戏中共同成长！

随着人民生活水平的提高和家庭结构的变化，亲子教育受到越来越多的家长和幼教工作者的关注，而亲子游戏作为亲子教育的主要形式和核心内容，成为家长和教师们的重点研究对象。目前积极关注亲子游戏的开展成为国际早期教育的最新发展趋势，亲子游戏以亲缘关系为主要维系基础，以孩子与家长互动游戏为核心内容，全方位发展孩子的运动、语言、认知、情感、创造、社会交往等多种能力，帮助孩子初步完成从"自然人"向"社会人"的过渡。

亲子淘金集市

一、亲子游戏的定义

根据百度百科解释："亲子游戏是家庭内父母与孩子之间，以亲子感情为基础而进行的一种活动，是亲子之间交往的重要形式。"即亲子游戏是以亲缘关系为主要维系基础，以家长和孩子共同游戏为形式的一种活动，它是指父母与子女之间和祖父母与孙子孙女之间的游戏行为。亲子游戏是以孩子为主体、父母为主导进行的，是亲子教育中的核心内容及主要元素，也是实施亲子教育的重要手段和方法。在游戏的发生发展过程中，亲子游戏的发生先于其他游戏，即孩子一生下来就与父母和看护人有了直接接触，从而发生了最早的亲子游戏。如用玩具、用手指逗小婴儿，父亲将小婴儿高高抛起再平稳接住逗得其哈哈大笑等，就是最早的亲子游戏。

二、亲子游戏的特点

亲子游戏是父母与孩子交往及情感联系的重要方式，是父母在自然的情景下，与孩子结成平等的玩伴关系,在和孩子游戏过程中自觉或不自觉地"寓教育于游戏"之中,用自己的知识、经验、想法去影响孩子的游戏。所以亲子游戏是在亲近、亲切和亲热的"三亲"原则和自由自在、自言自语和自由活动的"三自"原则的基础上开展的,具体来说,主要有以下三个特点:

1. 合作互动性

亲子游戏是以亲子互动为主要形式;亲子游戏是让孩子主动寻求父母的配合,通过双方合作,自然而然地使父母教给孩子一些知识和技巧。父母对孩子微笑,以及孩子与父母"唧唧咕咕"的对话,都可以加深亲子之间的依恋和愉悦情绪。当亲子之间面对面的活动开始之后,亲子之间的共同合作能进一步深化其社会协作性。亲子双方会对对方及其社会行为做出反应,当他们之间的社会互动并不成功时,双方会对合作形式进行适当调整,最终达成有效互动。

2. 愉悦性

亲子游戏以亲子双方,尤其是孩子身心愉悦为主要目的;很多亲子游戏都是在父母温柔的语言伴随下,在父母深情的拥抱和触摸中,特别是亲子协作中共同迎接一些挑战,孩子可从中感受到亲人之间的温暖和父母浓浓的爱。通过亲子游戏,让孩子在游戏中体会到创造和成功的快乐,而家长则能够体会到亲子游戏的幸福,亲子游戏是在孩子愉悦的情绪中、在寓教于乐中完成的。

3. 平等性

父母是亲子游戏的参与者,是游戏中孩子的游戏伙伴,父母与孩子应处于平等的地位,而不是高高在上,指手画脚。现代教育理念要求父母打破传统的以管教为主的教育

"爸爸,你做孙悟空"

理念,取而代之的是父母对子女的启发、引导和关怀。亲子游戏中父母与孩子平等的、快乐的游戏,更利于父母与孩子建立融洽的亲子关系。

三、亲子游戏的意义

亲子游戏是父母(长辈)与孩子之间增进感情,促进交往的娱乐游戏活动。因为游戏是孩子生活认知的主要方式,孩子的想象与创造通常表现在各种游戏活动之中,父母应充分利用游戏这一教育手段。著名的幼教专家陈帼眉教授说过,家长对孩子的教育,一是培养他良好的生活习惯,二是跟孩子做亲子游戏。幼小的孩子,最希望的就是和父母一起玩。开展亲子游戏,是家长与孩子的需要,也是完成幼儿教育使命、促进孩子身心健康发展的需要。具体来说,亲子游戏的意义体现在以下三个方面:

其一,亲子游戏有益于家长与孩子之间的情感交流,密切亲子关系。

其二,亲子游戏有利于促进孩子的全面发展。亲子游戏可以促进孩子基本动作和精细

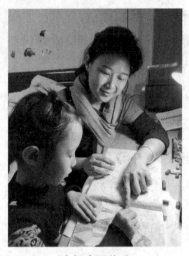

密切亲子关系

动作的发展,积累感觉印象,有助于孩子认知能力的发展。通过亲子游戏,孩子可以体验初步的交往关系,有助于其社会性的发展,同时也联结了亲子之间的情感联系,有助于孩子个性的完善和发展。在亲子游戏中,大量语言的感知和运用,有助于孩子语言能力的发展;大量亲子感统训练,更利于孩子感官能力的发展。

其三,亲子游戏有益于孩子把在亲子游戏中获得的对待物体的态度、方式、方法以及人际交往中的态度迁移到自己的现实生活中去。

瑞士著名儿童心理学家皮亚杰在《皮亚杰的理论》(1970)一书中提出了儿童任何知识的构建都要通过儿童的操作活动来获得,活动在儿童的智力和认知发展中起着重要作用的观点。亲子游戏就是这样一种让儿童自由操作、实验、观察、思考,自己认识事物、发现物体、得出答案,为儿童创设问题情景,提出富有启发性的问题,促进儿童重新组合与思考的活动。在亲子游戏的过程中,情景的设计和语言的刺激能帮助孩子构建外部世界的知识,在潜意识的层面上让孩子获得经验,让他们了解别人的想法,也从别人的言谈中感受到别人对自己的态度。在亲子游戏中,父母的引导及跟父母的合作对孩子是很好的成长引领,孩子可以从中获取宝贵的知识和经验。

四、亲子游戏的指导

(一) 提供适宜的游戏场地

针对不同年龄阶段的孩子提供适宜的游戏场地:

(1) 出生0—6个月的婴儿处于躺、抱、坐阶段,他的游戏场所便是摇篮、摇床、摇车等。父母要为孩子布置好这些场所,可以在摇车上贴上色彩鲜艳的图画,在摇床上挂摇铃、气球,在婴儿室四周贴上黑白图片或人像等。

(2) 随着孩子逐渐长大,他们从坐过渡到爬。这时家长要为孩子留有一个相对独立的活动场所,并布置色彩鲜艳的图画、添置玩具、幼儿读物等。一岁以后,孩子开始走路,自我意识不断提高,父母可以在孩子的活动场所放置各种包装盒、饮料瓶、毛线头、纸张、彩笔、图书等,让孩子真正成为这个小天地的"主人",能根据自己的意愿去游戏。除了在家中游戏外,家长还可以带孩子到广场、公园、游乐场所、亲子活动中心、附近幼儿园等地方,与孩子参加各种亲子娱乐游戏。

(二) 提供适宜的游戏材料或玩具

玩具是开发孩子智力的天使,是孩子必不可少的游戏伙伴,它是为特定年龄阶段的孩子设计和制造的。因此,父母要根据孩子不同的年龄特点正确选择玩具。科学研究表明,不同年龄的孩子由于生理和心理发展水平不同,所需要的玩具也不同。

(1) 0—1岁的孩子正处于各种感觉器官迅速发展的重要时期,父母应该为他们选择能够促进感官功能发展的玩具,如色彩鲜艳的彩球、气球等可促进孩子的视觉;能发声的玩具如拨浪鼓、音乐盒等有助于发展孩子的听觉,并愉悦情绪;许多供孩子抓握的玩具,如拨浪鼓、花铃棒、软体小面包等可发展孩子的触摸觉和精细动作等。另外,在孩子的床头贴人像或者黑白图片,有助于训练其视觉能力和初步的观察力等。

(2) 1—3岁的孩子能独立行走,能进行最基本的各种活动,使用的玩具主要有:智力玩具,如认识颜色、形状、大小的积木;发展语言功能的玩具,各类拼图等;体育玩具,如小足球、推拉玩具、小推车等;发展手指灵活的"串珠"玩具等;形象玩具,如娃娃、餐具等。父母为孩子选择玩具时,不仅要考虑年龄特征、性别差异,还要符合卫生安全要求。玩具应无毒,易清洗,孩子在玩耍时不会刺伤、划伤等,如许多毛绒玩具脱毛掉毛,个别电动玩具存在安全隐患等,这类玩具尽量让孩子远离。

(三) 选择适合不同年龄段的亲子游戏

不同年龄的孩子,其生理、心理发展不同,其游戏内容方式也不同。

(1) 0—6个月的孩子,主要是发展视觉、听觉、触摸觉等各种感官,所以亲子游戏主要表现在发展孩子视听觉、触摸觉等感统游戏上。如用彩球引逗孩子,用色彩鲜艳彩球的滚动训练孩子用眼跟踪的能力;各种小鼓、铃铛或为孩子唱歌的游戏,可帮助发展孩子的听力。

0—6个月孩子主要的亲子游戏是亲子抚触操游戏、照镜子游戏、人脸捉迷藏游戏等。①亲子抚触操游戏主要通过母亲或者养护人在轻柔的音乐的伴随下,或者与孩子温柔的游戏情境"交谈"中每天定时对孩子进行按胸、腹、四肢、背部、臀部顺序的轻柔地按摩、触压等游戏活动。亲子触摸游戏以孩子半空腹、沐浴后为最佳时间,每日1—3次,从每次5分钟逐渐增至每次15分钟。通过触摸,不仅可以全方位训练孩子的触觉,还可以刺激孩子的淋巴系统,增强抵抗疾病的能力,改善其消化系统功能,增进食欲;同时可以安抚孩子的不安情绪,减少哭闹,加深孩子的睡眠深度,延长睡眠时间;促进母婴间的交流,令孩子感受到妈妈的爱护和关怀。②照镜子游戏通过让孩子玩镜子,观察镜子中的自己,训练孩子的观察力,初步培养自我意识。③"人脸"捉迷藏游戏,即养护人或者父母在孩子视线20厘米外用一块方巾挡住脸,停留半分钟后拿开,同时嘴里发出"嘚驾"的声音,面对孩子微笑,其不仅可以训练孩子的观察力,还可以融洽亲子关系。④做鬼脸游戏也一样,妈妈靠近宝宝的小床边,在距离宝宝眼睛20厘米的地方,妈妈展露笑脸,可以温柔地和宝宝讲话,对着宝宝扮鬼脸,比如吐舌头、挤鼻子、眯眼睛等,这不但能吸引宝宝的注意力,给他增添乐趣,还能刺激宝宝的模仿能力。妈妈和宝宝近距离玩耍一段时间之后,妈妈把宝宝抱在怀里,让宝宝感受妈妈的气息,与宝宝身体的接近和温暖的气息可以使宝宝获得安全感。除了让宝宝看妈妈的脸,还可以换成其他亲人的脸,或是娃娃、小动物的图片,注意要选择色彩鲜艳的图片,这样容易吸引宝宝的注意力。

（2）6个月—1岁的孩子，由坐到爬，语言开始发展，这一时期的游戏分为动作游戏和沟通游戏。扔玩具、敲小鼓、爬行追逐、比赛站立等动作游戏，有益于孩子基本动作的发展。与成人"捉迷藏"、看图书听故事等沟通游戏，有助于促进孩子语言的发展。

（3）1—3岁的孩子开始独立行走，语言、动作、自我意识都迅速发展。这一时期适合孩子玩的游戏有：音乐游戏——器乐、律动、做动作；讲故事、看图书——与父母一同看书，一同解说，做动作表演；追逐游戏——父母与孩子追逐、扔球、踢球、接球、比比谁最快等；攀爬游戏——爬阶梯、坐滑梯、攀爬孩子登架等。

五、亲子游戏分类及实例

（一）亲子游戏的分类

1. 按游戏的内容与性质分

亲子游戏可分为：感官训练游戏、艺术游戏、手指游戏、生活游戏、益智游戏、语言游戏、运动游戏等。

2. 按双方活动方式分

亲子游戏可分为：一对一式和集体式游戏。一对一式是父母与子女单独进行游戏的方式。集体式是多个家庭共同参与的游戏。

（二）常见部分亲子游戏实例

1. 感官训练类亲子游戏

* 视觉训练亲子游戏：踩影子(1—2岁)

游戏目的：体验与父母、影子游戏的快乐。

游戏准备：每位孩子一面小镜子。

游戏玩法：①首先，家长出示小镜子，叫孩子认识镜子，让孩子用镜子随意照一照，然后带孩子到户外空地上，家长拿着小镜子站在阳光能照射到的地方，用小镜子朝阴处晃动，引起孩子的注意。②接着，家长不停地变动位置，引导孩子去捉反射的影子；家长也可以有意识地站在没有阳光的地方，引导孩子发现只有在阳光下才能反射出影子。③最后，家长把小镜子给孩子，孩子自己玩一玩光与影的游戏。

* 发展触觉的亲子游戏(2—3岁)

（1）"摸一摸"。

游戏目的：感知物体的软硬、大小等特性，发展感知觉。

游戏准备：选择安静的氛围环境；孩子平时爱玩的玩具，如小皮球、海绵球；孩子爱吃的水果等；摸箱一个。

游戏玩法：家长将孩子平时爱玩的玩具或者爱吃的水果放在地板上，请孩子用手摸一摸,感觉一下;将准备好的材料放进摸箱,家长鼓励孩子按要求摸一摸,并将摸到的东西拿出来,说一说是什么。

(2)"我的宝宝在哪里"。

游戏准备:布带若干。

游戏玩法:每个家庭由一名家长和一名孩子参加,请孩子手拉手围成圆圈,相应的家长蒙上眼睛站在圈内,孩子手拉手边唱歌边绕着家长转,唱完歌曲立定,悄悄走至家长身边然后请家长触摸辨认自己的孩子。

游戏要求:孩子用手捂嘴,尽可能少地发出声音,去找父母,父母通过触摸找到自己的孩子。

* 感觉统合训练亲子游戏——跨越山峰(3—6岁)

游戏玩法:在房间和客厅内各放两堆积木搭成两座"山",两座山峰的间距为30厘米左右,妈妈当裁判,击掌助兴,爸爸和孩子各自模仿孙悟空和猪八戒的动作,用最快的速度,以"S形"穿越山峰返回原处,速度快且积木倒地少者为胜。游戏中父母要照顾孩子,让孩子有获胜的机会,能体验到成功感。

2. 精细动作训练类亲子游戏

* "塞"的动作训练

(1)塞核桃(9个月—1岁)。

游戏准备:一个有洞的小桶,一个小碗(内装10个小球或核桃)。

游戏玩法:将核桃(或小球)一个一个地放入有洞的小桶内,然后对孩子说:"宝宝来试试好吗?"让孩子学着做。

注意事项:1岁左右的孩子对洞洞非常敏感。每拿到一个玩具,家长应先展示给孩子正确的玩法,示范时动作要慢要夸张,有助于孩子的模仿。

(2)塞豆子(1—2岁)。

游戏准备:一个小瓶子(孩子双手握住就可以),一个小碗(内装一些小豆子)。

游戏玩法:瓶口变小,塞物也变小了,需要孩子用两个手指头塞进去,孩子刚开始用5个手指大把抓,慢慢会过渡到2个手指捏豆子。

注意事项:家长是观察者、协助者,在孩子练习时切勿打断以免分散其注意力。

* "按"的动作训练

(1)按图钉(2—3岁)。

游戏准备:彩色图钉,一个小碗(内装图钉),一个塑胶垫。

游戏玩法:家长展示,把图钉放在塑胶垫上,左手拿图钉,右手大拇指向下按,图钉就按在塑胶垫上了,展示了几次让孩子试试。如果孩子一指按练得很熟练,可以在塑胶垫上涂上几个小红点,让孩子把图钉按在小红点上。

注意事项:练习时家长一定要在旁边,不玩了要求孩子把图钉一个一个拔出来。

(2) 按"按扣"(2—3岁)。

游戏准备:布条,按扣(布条上缝上子母扣)。

游戏玩法:布条上缝上子母扣,让孩子练习按扣,熟练后孩子带按扣的衣服可以自己按了。

(3) 嵌板(1—3岁)。

游戏准备:带抓手的嵌板。

游戏玩法:①13—18个月的孩子可练习简单的带抓手的嵌板,让孩子摸摸图形然后找到相应位置放好。②19—24个月的孩子可练习复杂的嵌板,如小动物的嵌板,让孩子找到相应位置放好。

注意事项:2岁以上的孩子可练习无抓手的嵌板。

* "穿"的动作训练

"穿"可训练孩子手眼协调能力,手的灵活性,同时培养生活自理能力。孩子由穿线、穿珠子等慢慢过渡到"缝"。

(1) 穿珠子或大扣子(2—3岁)。

游戏准备:大珠子或大扣子,一根长线。

游戏玩法:家长展示穿珠子的动作2—3次,然后让孩子试着穿。如果孩子穿珠子的动作熟练了可以让孩子把形状或颜色一样的珠子穿在一起(妈妈对孩子说:"你能把圆形的珠子串在一起吗?"或者"你能把红色的珠子串在一起吗?")以此增加穿珠子的趣味性。孩子学会穿珠子后让他练习按指定顺序穿(如:先给一张卡片,卡片上珠子的数量与给孩子准备的珠子数量一样多,让孩子根据卡片上珠子的顺序穿珠子),培养观察力和记忆力。

注意事项:练习结束时,让孩子把珠子或扣子取下来使之养成良好的习惯。

(2) 穿手链(3—5岁)。

游戏准备:颜色不同的小珠子若干,一根细线。

游戏玩法:家长展示用细线穿小珠子穿成一个小手链戴在孩子手上,对孩子说:"宝宝自己穿一个漂亮的小手链好吗?"

(3) 穿(缝)线板(3—5岁)。

游戏准备:卡通线板,一根线。

游戏玩法:家长演示用线按着线板上的小洞洞教孩子练习缝的动作,缝过几次后请孩子试试。

注意事项:家长不要急着提高穿线的难度,增加孩子对穿、缝的兴趣是关键。

* 舀的动作训练

舀豆子(1—2岁)。

游戏准备:两个小碗,豆子(装进一个小碗里),一把小勺子。

游戏玩法:家长用勺子舀起一勺豆子放进另一个小碗里,如此反复几次,在放进另一个小碗的过程中故意洒落几粒豆子,然后立即捡起,对孩子说:"宝宝,你来舀好吗?"

注意事项：展示前家长先告诉孩子"这是小碗，这是小勺，这是豆子"，以培养其认知能力。展示过程中故意洒落豆子，让孩子知道掉了东西要及时捡起以养成好习惯。该游戏可训练孩子3个手指的灵活性，培养生活自理能力，为拿筷子、书写做准备。请注意：不要让孩子将豆子塞进鼻子或耳朵里。

3. 语言类亲子游戏

* 贴鼻子(3—6岁)

游戏玩法：将家长的眼睛蒙上，原地转三圈，请孩子用语言指挥家长将鼻子贴到动物的准确位置即获成功。

游戏规则：家长要将眼睛蒙好不能偷看，孩子只能用语言指挥。

* 齐心协力吃果果(3—6岁)

游戏目的：要求孩子能用清楚的语言指挥家长，正确判断出方向。

游戏准备：圣女果若干，小碟子四只，遮眼布四条。

游戏人数：共12个家庭，每个家庭由三人组成，四个家庭为一组，共分三组进行预赛，每组胜出者参加决赛。

游戏玩法：妈妈手持圣女果，站在指定位置，爸爸蒙上眼睛，背着孩子，原地转三圈。在孩子的语言提醒下，爸爸背着孩子去寻找妈妈手中的果实，并用嘴吃掉果实，最先吃完者为胜。

* 我和妈妈拉着手(1—2岁)

游戏目的：练习发出"走"和"手"的音，感受儿歌的语意，模仿大人做相应的动作。

游戏准备：儿歌《我和妈妈拉着手》。

游戏过程：教师和家长一边念儿歌《我和妈妈拉着手》，一边做走、跑、跳和飞的动作，引起孩子的兴趣。家长引导孩子跟在成人后面模仿动作，并和孩子一起边念儿歌边玩游戏，孩子根据每句儿歌前半句内容做相应的动作，家长根据每句儿歌后半句内容做相应的动作。

* 拍手歌(1—2岁)

游戏目的：能在成人的帮助下跟着儿歌节奏拍手，并能做出相应的动作。

游戏准备：儿歌《你拍一，我拍一》。

游戏过程：教师引导家长和孩子面对面坐着，家长跟着教师一边拍手一边念儿歌，引导孩子跟着一起拍手，激发孩子的兴趣。家长念儿歌，让孩子根据儿歌内容做相应的动作。

注意事项：孩子也许还不能完整地念儿歌，可以让孩子跟着家长一起念，或者可以让家长念儿歌，让孩子念数字。念到每句儿歌的最后一句时，家长可以让孩子自由地做动作。

附儿歌：你拍一，我拍一，一个小孩坐飞机；你拍二，我拍二，两个小孩梳小辫；你拍三，我拍三，三个小孩吃饼干；你拍四，我拍四，四个小孩写大字；你拍五，我拍五，五个小孩在跳舞。

4. 艺术类亲子游戏

* 神奇的小球(2—3岁)

游戏目的:感知色彩的变化。

游戏准备:小碟子若干个,每个碟子里装有不同颜色的已经稀释过的水粉,小球若干个(乒乓球或者小玻璃球),旧纸盒若干,每只纸盒里放一张白纸和一把夹子。

游戏过程:教师出示小球,告诉孩子这里有一些神奇的小球,它们会画画,引起孩子的兴趣。家长和孩子一起把这些小球分别装入有各种颜料的小蝶中滚一滚,让小球蘸满颜料。家长帮孩子把小球夹出来,放进装有白纸的旧纸盒里,再让孩子拿起纸盒晃动,使小球在白纸上滚动,并且留下颜色的轨迹,这样一幅画就画好了。家长可以请孩子说一说小球画的是什么,最后将作品展示出来。

注意事项:孩子也许会选自己喜欢的颜色来滚画,此时家长要指导孩子选不同的颜色来表现画面;在滚动过程中,如果孩子弄脏了手、脸和衣服,家长不要责备孩子,在活动结束后洗净就可以了。

* 画泡泡(2—3岁)

游戏目的:感受涂鸦的快乐。

游戏准备:水彩笔、吹泡泡玩具,每位孩子一套,画有吹泡泡小孩的画若干张。

游戏过程:家长同孩子一起吹泡泡,引导孩子仔细观察泡泡的形状,请孩子说一说泡泡的形状。教师发给每位孩子一张画有吹泡泡小孩的画,请家长在画上给孩子做画泡泡的示范,一边示范一边给孩子讲解,让孩子自己画泡泡,家长给予引导与鼓励。

注意事项:在绘画过程中,家长应引导孩子尽量将泡泡均匀地画在整个画面上,不要将所有的泡泡都挤画在画面的一个位置上。

5. 生活类亲子游戏

* 钻山洞(2—3岁)

游戏目的:练习自己穿裤子。

游戏准备:儿歌《钻山洞》。

游戏过程:教师指导家长和孩子念儿歌《钻山洞》,以此来引发孩子穿裤子的兴趣。结合儿歌,家长告诉孩子,两只小脚是车头,腿是车身,裤子的两个裤腿是山洞,请孩子跟着儿歌练习穿裤子。

注意事项:家长要为孩子选择前后有明显标志的裤子;初步引导孩子辨别裤子的前后,孩子学会穿裤子之后,家长可以与孩子进行比赛,看谁穿得又快又整齐。

附儿歌:两辆小火车,呜呜呜呜呜。看见两个洞,钻呀钻钻钻。快来比一比,看谁先出洞。

* 玩具宝宝穿衣服(1—2岁)

游戏目的:学会解开铐纽,感受成功的乐趣,提高孩子的生活自理能力。

游戏准备:带铐纽的宝宝衣服一件,玩具每个孩子一个。

游戏过程:教师出示玩具,告诉孩子,玩具宝宝很冷,请孩子帮玩具宝宝穿上衣服。家长把带铐纽的衣服穿在玩具宝宝身上,然后告诉孩子玩具宝宝要睡觉了,它要脱衣服了,请孩子仔细看妈妈是怎么解开铐纽的。家长握住孩子的手,分别拉住带有铐纽的衣服上下片,然后用力拉开,引导孩子给玩具宝宝解铐纽。(家长可以在家用花布剪成同样大小的布块,缝上铐纽,让孩子练习解铐纽和按铐纽)

6. 运动类亲子游戏

* 钻山洞(2—3岁)

游戏目的:训练孩子的钻、爬行等动作。

游戏过程:爸爸双腿跪地,双手扶地搭一个山洞,孩子手脚着地,爬着钻过山洞。爬时身体不许与山洞接触,违者犯规。山洞也可用纸箱等做成,或用小床或者写字台代替。

* 小青蛙吃蚊子(2—3岁)

游戏目的:训练孩子模仿动物跳的能力。

游戏准备:儿歌《小青蛙吃蚊子》,蚊子的卡片若干。

游戏过程:教师指导家长和宝宝念《小青蛙吃蚊子》的儿歌,以此来引发孩子学青蛙的兴趣。教师指导家长带领孩子边念儿歌边学青蛙跳:下肢弯曲,手心向前,五指分开,向摆放有蚊子的卡片方面跳去,边跳边唱"呱呱呱",到达终点后,蹲下吃蚊子——捡起蚊子图片放在旁边的筐子里。

附儿歌:我是一只小青蛙,我有一张大嘴巴,两只眼睛长得大,看到蚊子吃掉它。

* 小刺猬背果子(2—3岁)

游戏目的:锻炼孩子的爬行能力和身体的协调性。

游戏准备:选择铺有柔软地毯的平整地面;沙包若干个,小刺猬图片一张,与孩子人数相同的头饰、小背篓。

游戏过程:教师出示小刺猬的图片,引导孩子模仿小刺猬的动作,激发孩子玩的兴趣。家长将沙包当作果子洒在地毯上,指导孩子模仿小刺猬,爬过来把"果子"搬回去。当孩子爬过来后,家长把"果子"放在孩子背的背篓里,让孩子再爬到指定的地点。

注意事项:洒在地毯上的沙包不能与孩子的距离太远,以免孩子体力不支;提醒孩子要一步一步慢慢地爬,不要着急乱爬。

* 小鸡吃米(2—3岁)

游戏目的:练习走和弯腰的动作。

游戏准备:小鸡头饰每个孩子一个,音乐磁带。

游戏过程:教师交代游戏玩法,家长扮成鸡妈妈,孩子带小鸡头饰扮成小鸡。教师放音乐,家长教孩子把两个食指相对放在嘴边,带孩子走或者绕着圈走,边走边说,"小鸡叽叽叽,跟着妈妈去找米,小鸡叽叽叽,快快把米吃"。

注意事项:家长要引导孩子学会小鸡吃米的动作,让孩子知道小鸡吃米要弯腰、低头。

六、讨论

1. 与同桌描述儿时与父母玩过的游戏,思考其带给自己及家庭哪些快乐。
2. 参照本教材中出示的案例,分小组讨论,尝试设计训练儿童感官、语言、体能、艺术、生活自理能力的亲子游戏各一则。

 思考与练习

一、判断

1. 民间游戏就是一种民间儿童游戏。(　　)
2. 民间游戏是人们在传统文化的基础上经过不断加工而形成的,具有趣味性、娱乐性、复杂性的特点。(　　)
3. 亲子游戏是以亲子互动为主要形式,是亲子教育中的核心内容及主要元素。(　　)
4. 幼儿园开展亲子教育是办园理念与形式的一次创新,其教育对象除了孩子,还有家长,而且首要的是家长。(　　)
5. 孩子头三年经验的重要性远远超过我们过去所想象的,婴儿和学步的孩子每个生活中简单的动作,都是他们日后发展的基础,没有什么工作比抚育头三年的孩子更重要。因此,亲子游戏的成长价值是巨大的,因为童年只有一次,成长不能重来!(　　)
6. 流传下来的民间游戏较多是民间体育游戏。(　　)

二、选择

1. 民间游戏具有哪些特点?(　　)
   A. 复杂性　　　　　B. 简单性　　　　　C. 趣味性
   D. 娱乐性　　　　　E. 文化性　　　　　F. 时代性
2. 按照民间游戏的内容和教育价值来看,民间游戏的种类有(　　)。
   A. 民间巫术游戏　　B. 民间语言游戏　　C. 民间占卜游戏
   D. 民间社会游戏　　E. 民间体育游戏　　F. 民间趣味游戏
3. 亲子游戏的特点有(　　)。
   A. 互动性　　　　　B. 自主、自愿、自由的"三自"原则
   C. 合作性　　　　　D. 平等性　　　　　E. 愉悦性
4. 民间游戏的传承与开发主要通过哪些基本方法来完成?(　　)
   A. 分离　　　　　　　　　　　　　　　B. 整合
   C. 移植　　　　　　　　　　　　　　　D. 否定
5. 多多开展亲子游戏可以(　　)。
   A. 融洽亲子关系　　　　　　　　　　　B. 促进孩子全面发展

C. 使孩子学会基本的应对事物的方法和态度　　D. 使孩子感受到父母的爱

三、简答

1. 你对民间游戏的内涵、特点,尤其是目前在幼儿园的教育价值是怎样理解的?
2. 开展亲子游戏的现实意义是什么?
3. 教师如何指导家长有效地开展亲子游戏?
4. 作为一名幼儿园教师,在充分利用地方文化教育资源的基础上,应该如何传承和开发当地的民间游戏?

四、实践与实训

1. 收集整理一则儿时玩过的经典的民间游戏,并尝试设计其创新玩法。
2. 调查5名幼儿家长有关亲子游戏开展情况,自拟调查表,并写出调查报告。
3. 调查当地幼儿园开设亲子园现状及亲子游戏开展情况,思考相应的亲子游戏指导策略。
4. 请总结指导家长进行亲子游戏的技术性语言,并尝试使用。
5. 对五例民间游戏创新玩法进行实践并分析。

主要参考文献

1. 曹中平. 儿童游戏的认知心理分析[J]. 学前教育研究,2000(3).
2. 曹中平. 儿童游戏论——文化学、心理学和教育学三维视野[M]. 银川:宁夏人民出版社,1999.
3. 常璐. 教师介入幼儿游戏的时机研究[D]. 上海:华东师范大学,2006.
4. 陈杰琦,埃米勒·艾斯贝格,玛拉·克瑞克维斯基. 多元智能理论与儿童学习活动[M]. 何敏,李季湄,译. 北京:北京师范大学出版社,2002.
5. 成都市成华区教师进修学校. 娃娃玩民俗——川西民间文化的幼儿园课程研究[M]. 成都:四川教育出版社,2009.
6. 戴洁. 亲子如是:对孩子轻轻说"是的"[M]. 北京:化学工业出版社,2009.
7. 黛安·E·帕普利,萨利·W·奥尔兹. 儿童世界——从婴儿期到青春期[M]. 华东师范大学外国教育研究所《儿童世界》翻译组,译. 北京:人民教育出版社,1981.
8. 丁海东. 学前游戏论[M]. 大连:辽宁师范大学出版社,2003.
9. 关少英. 幼儿园创造性游戏活动中的教师指导研究[D]. 福州:福建师范大学,2007.
10. 郭泮溪. 中国民间游戏与竞技[M]. 上海:上海三联书店,1996.
11. 胡晓月,唐立宁. 推进游戏理论研究,提高游戏实践成效——全国幼儿游戏论坛综述[J]. 幼儿教育,2010(07).
12. 华爱华. 幼儿游戏理论[M]. 上海:上海教育出版社,1998.
13. 黄进. 关于幼儿园游戏教育化的思考[J]. 学前教育研究,1999(04).
14. 黄进. 游戏精神与幼儿教育[M]. 南京:江苏教育出版社,2006.
15. 黄全愈. 玩的教育在美国[M]. 北京:作家出版社,2001.
16. 黄人颂. 学前教育学[M]. 北京:人民教育出版社,1989.
17. 霍力岩,英国的学前游戏小组[J]. 幼儿教育,1986(01).
18. 简尔贤. 幼儿园亲子教育——教学活动篇[M]. 北京:同心出版社,2003.
19. 井卫英,陈会昌,孙铃. 幼儿的游戏行为及其与社会技能、学习行为的典型相关分析[J]. 心理发展与教育,2002(02).
20. 卡罗尔·卡特仑,简·艾伦. 幼儿教育课程:一种创造性游戏模式[M]. 王丽,译. 北京:中国轻工业出版社,2002.
21. 劳伦斯·夏皮罗. 读懂你的孩子:孩子的秘密语言[M]. 白敬萱,等,译. 北京:中国青年出版社,2005.
22. 雷湘竹. 学前儿童游戏[M]. 上海:华东师范大学出版社,2012.
23. 李洪增. 学前儿童家庭教育[M]. 大连:辽宁师范大学出版社,2004.

24. 李季湄.幼儿教育学基础[M].北京:北京师范大学出版社,1998.
25. 林茅.幼儿游戏论[M].上海:华东师范大学出版社,1998.
26. 刘立民.倡导亲子游戏的意义与策略[J].鞍山师范学院学报,2009(01).
27. 刘馨.学前儿童体育[M].北京:北京师范大学出版社,1997.
28. 刘焱.儿童游戏通论[M].北京:北京师范大学出版社,2004.
29. 刘焱.幼儿园游戏教学论[M].北京:中国社会出版社,1999.
30. 罗伯特·杰·欧.我的游戏权利——有多种需要的儿童[M].侯怡,刘焱,译.北京:北京师范大学出版社,2010.
31. 马晓琴.浅谈幼儿表演游戏[J].中小学教育.2012(02).
32. 玛拉·克瑞克维斯基.多元智能理论与学前儿童能力评价[M].李季湄,方钧君,译.北京:北京师范大学出版社,2015.
33. 彭兵.对建构幼儿园游戏课程的思考和探索[J].学前教育研究,2006(03).
34. 彭尼·塔索尼,卡林·哈克.儿童早期游戏规划[M].朱运致,译.南京:南京师范大学出版社,2009.
35. 邱学青.学前儿童游戏[M].南京:江苏教育出版社,2005.
36. 汝小美,刘焱.儿童·游戏·家庭[M].北京:北京师范大学出版社,1997.
37. 沈金燕.对0—3岁婴幼儿亲子游戏的认识与指导[J].和田师范专科学校学报(汉文综合版),2011(02).
38. 斯泰西·戈芬,凯瑟琳·威尔逊.课程模式与早期教育[M].李敏谊,译.北京:教育科学出版社,2008.
39. 唐豫翔.0—3岁婴幼儿教育资源手册[M].北京:少年儿童出版社,2004.
40. 屠美如.向瑞吉欧学什么——《儿童的一百种语言》解读[M].北京:教育科学出版社,2002.
41. 吴航.学前儿童游戏研究的新趋向:从分类学到生态学[J].学前教育研究,2008(05).
42. 徐妍.谈游戏对幼儿智力发展的重要作用[J].新课程学习(上),2011(04).
43. 杨枫.学前儿童游戏[M].北京:高等教育出版社,2006.
44. 易利红.民间游戏训练对3—9岁儿童社会技能影响的实验研究[D].长沙:湖南师范大学,2003.
45. 余丹,牟映雪.传统文化传承与发展——将民间游戏融入幼儿园课程[J].文学教育,2011(05).
46. 约翰逊,等.游戏与儿童早期发展[M].华爱华,郭力平,译.上海:华东师范大学出版社,2006.
47. 翟理红.学前儿童游戏教程[M].上海:复旦大学出版社,2006.
48. 张建岁,霍习霞.中国学前教师专业标准岗位达标实训[M].上海:复旦大学出版社,2012.
49. 郑健成.学前教育学[M].上海:复旦大学出版社,2007.
50. 郑名.学前游戏论[M].兰州:甘肃人民出版社,2006.
51. 周兢.中国民间游戏[M].南京:江苏少年儿童出版社,1991.
52. 朱邓丽娟,等.幼儿游戏[M].北京:北京师范大学出版社,1994.